―― 왕PD의 토크멘터리 ――
조선왕조실록 2

왕PD의 토크멘터리
조선왕조실록 2

초판 인쇄 2022년 10월 25일
초판 발행 2022년 10월 28일

지은이 왕현철
일러스트 귀여곤
펴낸이 유해룡
펴낸곳 ㈜스마트북스
출판등록 2010년 3월 5일 | 제2021-000149호
주소 서울시 영등포구 영등포로5길 19, 동아프라임밸리 611호
편집전화 02)337-7800 | **영업전화** 02)337-7810 | **팩스** 02)337-7811

원고투고 www.smartbooks21.com/about/publication
홈페이지 www.smartbooks21.com

ISBN 979-11-90238-68-7 04910
　　　979-11-90238-66-3 04910 (세트)

copyright ⓒ 왕현철, 2022
이 책은 저작권법에 따라 보호받는 저작물이므로 무단 전재와 무단 복제를 금합니다.
Published by SmartBooks, Inc. Printed in Korea

왕PD의 토크멘터리   왕현철 지음

조선
왕조
실록

2

스마트북스

머리말

조선왕조실록 완독의 즐거움

KBS 다큐멘터리 PD로 정년퇴직하고 조선왕조실록 완독에 도전해서 5년여 세월이 흘렀다. 매일 아침 일찍 일어나서 조선왕조실록을 읽어왔다. 지금 생각해도 5년 전의 시작은 가치 있는 도전이었다고 자평하고 싶다. 특히 코로나19 상황으로 외출이 줄어들면서 역사적 인물과 사건을 맞이하는 즐거움은 더욱더 컸다. 그 사건과 인물을 확인하기 위해서 전국 곳곳을 찾아가는 것 또한 기분 좋은 현장답사였다. 이러한 지속적인 노력과 즐거움으로 『왕PD의 토크멘터리 조선왕조실록』 1권이 세상에 나왔고, 어느덧 2권을 출간하게 됐다. 제2권은 제8대 예종에서 제11대 중종까지의 이야기를 담았다.

조선왕조실록 완독에 도전한 이유

조선이 임진왜란과 병자호란으로 침탈당하고 일제강점기로 연결되어 평가절하를 할 수도 있지만, 500년 동안 지속된 것은 그 속에 무언가의 힘이 저변에 흐르고 있을 것이라고 생각했다. 그래서 크게 두 가지 이유로 조선왕조실록 완독에 도전했다.

　우선 학창시절이나 역사 프로그램을 제작하면서 조선의 역사에 대해서 어느 정도 공부를 해서 지식은 있었지만, 늘 한 곳이 비어 있는 갈증을 느꼈기 때문이다. 전체를 보지 않고 부분적으로 파악하는 아쉬움이었다. 어떤 인물이나 사건에는 그것이 형성되고 일어난 원인이 있다. 현재 드러난 부분의 근원이 어디에서 시작해서 어떤 흐름으로 흐르는지 그 뿌리와 맥을 찾아서 전체의 연결고리를 만들고 싶었다. 그러나 현역 PD 시절은 늘 해야 할 일이 산더미처럼 쌓여 있었다. 하나의 일이 끝나면, 또 다른 일이 닥쳐왔다. 현실적 시간의 제약으로 전체를 파악하는 데는 한계가 있었다.

　또 하나의 이유는 퇴직 전부터 준비한 '버킷리스트'를 열어 처음부터 끝까지 할 것과 중간 중간에 할 것을 분류했는데, 처음부터 끝까지 도전할 것으로 분류된 것이 '조선왕조실록 완독'이었다. 조선왕조실록은 4,770만 자로 그 양이 어마어마하다. 현역 PD 시절부터 갈증으로 남아 있던 전체의 연결고리를 찾기 시작했다. 이것이 조선왕조실록 완독에 도전한 이유다.

조선의 기록정신

조선왕조실록을 읽을 때마다 늘 조선의 '기록정신'을 생각하게 된다. 예종1년, 『세조실록』을 편수하기 위해서 사초를 거두어 들였다. 그런데 사초에 사관의 이름을 쓰게 하자, 이미 제출된 사초를 다시 빼내 고치는 일이 벌어졌다. 봉사첨정 민수는 '양성지는 구용, 즉 구차하게 아부한다'는 등 대신들을 비판하는 내용을 많이 기록했다. 양성지는 춘추관의 당상관으로 『세조실록』의 편수관이 된 이로 내용을 볼 수 있는 위치에 있었다. 민수는 양성지가 그 내용을 볼까 두려워서 한때 동료였던 기사관 강치성에게 부탁해서 사초를 빼내서 '구용'이란 글자를 지웠다. 이 외에도 몇 군데 더 고쳤다. 그런데 수정한 사실이 알려졌다.

사헌부 정언 원숙강도 고친 것이 드러났다. 특히 원숙강은 '세조가 부처를 좋아했다'는 왕의 허물은 그대로 두고, '권남이 큰 저택을 지었다'는 대신의 허물은 지운 것이 드러났다. 예종은 임금의 허물은 그대로 두고 대신의 허물을 고친 것에 더욱더 화를 냈다.

"너는 사초를 고치는 것은 죽음에 이르는 것을 알지 못했는가?"

"신은 알고 있었지만, 단지 생각이 여기에 미치지 못하였을 뿐입니다." 『예종실록』 1년 4월 27일

예종은 강치성과 원숙강을 참형에 처하고 민수를 제주로 유배 보낸다. 강치성은 동료의 부탁으로 사초를 빼내준 것만으로 참형에 처해졌다. 사초를 고친 민수도 참형에 처하는 것이 마땅했으나, 예종의 세자시절 공부 스승이었고, 부모가 살아계시는 외아들임을 눈물로 호소해서 사형은 면할 수 있었다. 이처럼 사초를 고치는 것은 목숨과 바꾸는 일이었고, 사초를 기록하는 것도 이와 비슷했다.

중종 때 기사관 채세영은 '조광조를 사형에 처하라'는 임금의 판부를 기록할 수 없다고 거부했다. 승지 김근사가 그의 붓을 빼앗아

대신 기록하고자 했다. 채세영은 붓을 잡고 뒤로 물러나서 "이것은 사관의 붓이다. 다른 사람이 쓸 수 없다"라고 끝까지 버텼다. 그는 중종의 명을 거부해서 결국 파직을 당하고 오랫동안 등용되지 못했다. 기록된 사초는 수정할 수 없고, 역사를 정확하게 기록하기 위해서는 한자 한자에 직필을 해야 한다는 '기록정신'이 묻어 있음을 알 수 있다.

"사관의 직책은 중요하다. 사실에 근거해서 한결같이 기록한다면 천년 후에도 역사는 없어지지 않는다."『성종실록』 11년 1월 18일

조선왕조실록은 조선의 500년 역사를 압축한 데이터 사진이라고 할 수 있다. 사관들의 치열한 기록정신에 근거한 사초와 각 부서의 문서를 정리한 「춘추관시정기」, 「의정부등록」, 「비변사 등록」, 관상감이 기록한 일기예보 등을 종합해서 왕의 사후에 편찬한 것이다. '나라는 망할 수 있어도 역사는 멸할 수 없다'는 고금의 지론이 조선시대에도 통용되었던 것이다.

조선왕조실록 완독에 도전한 나의 노력과 즐거움이 독자들에게 조금이나마 전달되어 역사의 향기를 같이 향유했으면 한다. 그 바람으로 오늘도 내일도 계속 조선왕조실록을 열어볼 것이다.

2022년 10월
왕현철

| 들어가기 전에

조선의 입과 귀 광화문에 서다

오늘날 경복궁 광화문 앞의 너른 마당은 자동차가 쌩쌩 달리지만, 조선시대는 의정부, 삼군부, 사헌부, 육조, 한성부 등 조정의 여러 관청이 좌우로 줄지어 있었다. 관리들은 정책과 백성의 목소리를 담아 궁에 들어가 임금에게 아뢰었고, 정책이 결정되면 광화문을 나와 여러 관청의 실무작업을 거쳐 임금의 명령이 전국적으로 퍼져 나갔다. 광화문은 임금의 명령과 조선 백성의 소리가 드나드는 입과 귀의 역할을 했다.

조선의 입과 귀

태조4년 10월 7일*, 경복궁이 준공되고 정도전은 태조의 명으로 궁궐 전각의 이름을 짓고 남쪽에 있는 문을 '정문正門'이라고 해서 의미를 부여했다.

"천자와 제후가 남쪽을 향해 앉아서 정치하는 것은 모두가 '바름'을 근본으로 한다. 명령과 정교는 모두 이 문을 통해서 나가게

- 조선왕조실록은 음력으로 기록되어 있다. 일반적으로 조선왕조실록의 날짜를 인용할 때는 양력으로 환산하지 않고 그대로 사용하기에, 이 책에서 인용하는 날짜도 모두 음력을 그대로 사용했다.

된다. 그 내용을 살펴보고 신실하게 한 후에 명령이 나가면 참소하거나 속이는 말이 돌지 못한다. 문을 닫아서 사특한 사람의 말을 막고, 문을 열어 사방의 어진 사람을 오도록 하는 것이 '바름'이다."『태조실록』4년 10월 7일

정도전은 궁궐의 정문을 통해서 임금과 백성의 소리가 올바르게 들어가고 나가야 됨을 강조했다. 뒷문을 통해서 몰래 사특한 말이 오가는 것을 경계한 것이다.

경복궁 정문이 '광화문'이라는 이름을 얻은 것은 세종 8년이다. 세종의 명을 받은 집현전은 두 번째 문을 '홍례', 세 번째 문을 '광화'라고 이름을 지어 올렸다 첫 번째 문 근정문은 이미 태조4년에 정도전이 지었다. 궁궐의 주인은 임금이기에 광화문은 임금의 시선으로 경복궁의 세 번째 문인 것이다.• 조선 후기 학자 허전은 '광화光化'를 이렇게 설명했다.

"임금의 밝은 빛은 천지사방을 다 비추고光 그 교화는 온 나라를 감화시킨다化."『성재선생문집』권지17 임금의 올바른 성덕이 광화문을 통해서 모든 백성에게 골고루 비추어지기를 염원한 것이다. 광화문은 그 이름처럼 임금의 밝은 빛이 백성들에게 골고루 퍼져 나갔을까?

• 광화문이란 이름은『태조실록』4년에 처음 등장한다.『태조실록』은 태종13년, 세종30년 등 두 번 편찬되었는데, 세종30년에 편찬할 때 세종8년에 지은 '광화'라는 이름을 사용했기 때문이다.

조선의 새벽을 깨우는 곳

태조 때 광화문은 상하 층으로 지었다. 당시 2층 누각은 단연 돋보이고 우러러봐야 했을 것이다. 누각에는 3칸의 다락도 만들어 종과 북을 달았다. 광화문의 종과 북은 조선의 새벽과 저녁을 알리는 역할을 했다. 새벽을 깨우는 파루는 33번, 저녁을 닫는 인정은 28번 쳤다.

광화문의 종은 백성들이 억울함을 호소하는 수단이기도 했다. 세종10년 사노비 자재가 광화문의 종을 쳐서 억울함을 호소했다. 승정원에서 까닭을 물으니 "의금부에서 신문고를 치지 못하게 해서 대신 종을 쳤다"고 했다. 당시 조선왕조실록에 세종이 신문고 소리를 들었다는 기록이 있는 것으로 보아, 신문고는 경복궁 안에 있었던 것으로 추측된다. 자재는 사노비로 궁궐에 들어가기 어려우니 비교적 접근이 쉬운 광화문에 올라가 종을 쳐서 자신의 억울함을 알렸던 것이다.

광화문의 북은 임금의 행차를 알리는 신호로도 활용되었다. 첫 번째 북소리일엄에 궁궐 문을 열고, 두 번째 북소리이엄, 중엄에 군사들이 갑옷을 입고 병장기를 갖추고, 세 번째 북소리삼엄에 군사들이나 수행자들이 경계를 서서 움직였다.

금령, 탐주와 궤

광화문과 그 앞의 너른 뜰은 나라의 정책을 알리는 곳이기도 했다. 세종11년, 사헌부가 금령 43개를 광화문 밖, 도성 문, 종루 등의 문자판에 붙여 알렸다는 기록이 있다. 이 금령을 보면 조선 초기의 생활상을 엿볼 수 있다. 혼례의 사치를 금하고, 관리들이 직무를 수행할 때는 흰옷을 입지 못하고, 궁궐과 종묘 앞은 말을 타고 지나갈 수 없고, 임금의 명을 수행할 때 외에는 도성 안에서 말을 달릴 수 없는 등의 조항이 들어 있었다.

광화문 앞 너른 마당은 백성들의 소리를 직접 듣는 장소로도 활용되었다. 세조12년 6월, 임금은 광화문 밖에 방을 내걸었다.

"정치의 잘잘못과 백성에게 이롭고 손해되는 점을 이야기하고자 하거나 원통함을 풀고자 하는 자는 매일 진시아침 7~9시에 광화문 앞에 나와서 기다려라."『세조실록』 12년 6월 25일

백성들은 아침 일찍 줄을 서서 제비를 뽑았는데 이를 '탐주'라고 한다. 주서와 사관이 제비에 뽑힌 사람들의 말을 기록해서 임금에게 보고하면, 임금은 그 내용을 파악해서 조치를 취했다. 세조는 궤를 궐내와 도성의 문에 놓아두어 백성들이 자신의 원통함을 소장에 기록해서 넣으면 직접 물어보고 조치를 내리기도 했다. 임금이 탐주와 궤를 이용해서 백성의 소리를 직접 듣는 제도는 세조의 승하와 함께 더 실시되지 않아 아쉬운 점이 있다.

익명서가 나붙고

광화문 밖 담벼락은 자신의 주장을 알리는 수단으로도 활용되었다. 중종6년 4월, 누군가가 광화문 밖 담벼락에 방을 붙였다. 오늘날의 대자보다.

"김근사·성운·김굉·이빈은 사흉이다.

김근사는 연산군의 충직한 신하로서 연산군이 총애한 기생을 첩으로 삼았으니 신하라고 할 수 있겠는가? 성운은 조정을 경멸하고 부정한 재물로 큰 집을 지었다. 김굉은 집안 대대로 음란한 기풍이 있어 두 기생을 첩으로 삼고 음란한 짓을 한다. 이빈은 상중임에도 불구하고 강물을 막아서 논을 만들고 있다. 이것은 온 나라의 중론이다." 『중종실록』 6년 4월 17일

벽서에서 혹독하게 비판했지만, 후에 김근사는 영의정까지 오르고, 성운은 병조판서, 김굉은 임금의 공부 스승 시독관, 이빈은 예조참판까지 오른다. 조선은 게시자의 신분을 밝히지 않는 익명서는 불문에 붙였다.

무과의 전시, 문과를 치르던 곳

광화문 앞마당은 국가의 인재를 뽑는 장소이기도 했다. 조선의 과거는 초시·복시를 거쳐 임금 앞에서 전시를 치르는데, 무과의 전시는 말을 타고 활을 쏠 공간이 필요했다. 무과의 전시는 모화관·경

회루·광화문에서 치렀는데, 광화문은 모화관보다는 좁지만 종일 볕이 들고 곧은길이 쭉 뻗어 있어 자주 이용되었다. 광화문에서 세종과 중종, 명종 때 무과 전시를 치른 기록이 있다.

광화문 마당에서 문과시험도 치렀다. 정조 때 정시 초시가 열리자 수만 명이 응시했다. 당시 과거를 세 군데로 나누어 치렀는데, 광화문은 제1고사장으로 32,598명이 응시했고, 이 중 제출한 답안지는 13,737장이었다. 광화문 마당에서 1만4천여 명이 하얀 종이에 선비의 지혜를 모았고, 그 일부는 조선의 정책이 되었을 것이다.

산대극이 펼쳐진 곳

광화문 마당에는 볼거리도 있었다. 바로 산대山臺였다. 산대는 가면극의 일종인 산대놀음으로, 광화문 마당의 산대극은 주로 중국 사신을 위해 열렸는데 백성들도 구경했다. 중국 사신이 산대극의 재미에 푹 빠져 궁궐에 늦게 들어간 경우도 종종 있었다.

산대놀음을 준비하는 것은 고된 일이었다. 산대 설치에는 넓은 공간이 필요했고, 상당한 목재와 인력이 동원되었다.

선조15년 산대도감의 자료에 따르면, 목재를 강원도에서 벌채해 운반하고 산대를 설치하는 데만 총 2,700명이 동원되었다 한다. 27미터 나무 24주, 24미터 나무 48주, 기둥으로 쓸 6미터 이상의 나무는 부지기수로 필요했다고 한다.

광해군12년 9월, 중국 사신을 위해서 산대극을 하고자 했으나, 임진왜란으로 국고가 비고 목재를 구하기 어려운데다가 경복궁이 불타서 창덕궁 앞을 고려했으나 좁은 공간에 설치하기 어려워 포기한 기록이 있다.
　세종부터 경복궁이 불타기 전까지 광화문 마당에서 산대가 여러 번 열렸고, 조선 후기에도 이어졌다. 인종과 영조 때는 산대의 한 모퉁이가 무너져 구경하는 백성 수십 명이 깔려 죽기도 했다. 산대는 백성들에게도 상당히 인기가 있었음을 알 수 있다.

　광화문과 그 마당에는 이처럼 조선의 다양한 이야기가 담겨 있다. 백성들이 억울함을 호소하기 위해서 종을 치고 벽에 대자보를 붙이고, 아침 일찍 줄을 서서 제비를 뽑아 자신의 말을 임금에게 올렸다. 또한 산대놀음을 보기 위해서 몰려오기도 했다.
　조선은 광화문을 나라의 정책을 알리는 마당으로도 활용했다. 백성이 금해야 할 것을 알리는 방문을 붙였으며, 무과 응시자들은 광화문 마당에서 말을 타고 활솜씨를 겨루었고, 문과 응시자들은 자신의 학문을 붓으로 쏟아냈다.
　역사적 아픔도 있었다. 일제강점기 때 광화문은 경복궁의 동문 건춘문 쪽으로 옮겨지는 수난을 당했고, 한국전쟁 때는 폭격으로 소실되었으나 이후 콘크리트로 복원되기도 했다.

이제 광화문은 제자리에 복원되어 위용을 다시 드러내고 있다. 그 마당에는 의정부를 비롯한 조선의 관청 일부도 복원되고 있다. 아직은 도로가 더 많은 공간을 차지해서 한계가 있지만, 과거의 원형이나 상징이 차츰 복원되기를 기대한다.

    여기에 여러 이야기를 발굴해서 콘텐츠를 만들어가면 광화문의 가치는 더욱 빛날 것이다. 과거, 현재와 미래를 관통하는 시대의 공간이 되어 광화의 빛이 전국적으로 퍼지면 금상첨화일 것이다.

차례

머리말 조선왕조실록 완독의 즐거움 … 4
들어가기 전에 조선의 입과 귀 광화문에 서다 … 8

1장 예종, 자신의 기둥을 버리다

◆ 즉위하자마자 남이를 병조판서에서 해임하다 … 24
  역사는 전쟁을 통해 영웅을 탄생시킨다 / 내 말은 옳다. 나는 죄가 없다

◆ 남이를 처형하다 … 29
  속내를 드러낸 일생일대의 오산 / 유자광, 문효량과의 대질심문 / 나는 겨우 스물여섯인데 진실로 애석하다

◆ 정말 반역을 꾀했을까? … 35
  사나이 스무 살에 나라를 평정 못 한다면 / 혜성의 출현
  ‖ 남은 이야기 ‖ 남이의 활

◆ 귀성군 이준, 예종의 기둥으로 만들다 … 40
  이시애의 난은 왜 일어났을까? / 진압군의 책임자가 되다 / 이시애의 난을 진압하다 / 한명회는 지는 해, 이준은 뜨는 해
  ‖ 남은 이야기 ‖ 이준에 대한 세조의 사랑

◆ 27세 이준, 영의정의 독배를 마시다 … 50
  세조의 파격적 발탁 / 영의정에서 3개월 후 쫓겨난 이유 / 신공신의 싹을 자르려는 구공신의 반격 / 두 번째 시련 / 이준의 좌절, 신공신의 좌절
  ‖ 남은 이야기 ‖ 세조의 숨겨진 여인 덕중

◆ 두 곳의 명당을 빼앗다 … 59
  명당을 찾아서 / 세 번째 복

2장 성종, 홍문관의 날개와 폐비 윤씨의 비극

◆ 예종 승하 당일, 성종이 왕위에 오르다 … 64
　예종의 갑작스러운 변고 / 자산군이 주상자로 결정되다 / 8시간 만에 조선의 앞날을 결정하다

◆ 정희왕후, 정사를 청단하다 … 68
　정희왕후가 국정 경험이 풍부했던 이유 / 과감한 호패법 개혁 / 가혹한 몽둥이 사용 금지 /
　정책기준은 백성의 눈높이 / 정희왕후의 임금 교육법 / 철저한 주변관리 / 익명서와 노비소송
　‖남은 이야기‖ 자산군을 왜 주상자로 결정했을까?

◆ 성종의 홀로서기 ① – 홍문관을 가두다 … 81
　정희왕후와 원상이 떠난 빈자리, 홍문관의 부상 / 임사홍이라는 벽 / 위험한 발언 / 조선의
　기록자 사관과 주서 / 합동상소 / 임사홍을 둘러싼 성종과 신하들의 대격돌 / 홍문관을 감옥
　에 가두다
　‖남은 이야기‖ 홍문관에 들어가지 못한 사람들

◆ 성종의 홀로서기 ② – 홍문관을 신뢰하다 … 94
　성종과 종친 이심원의 설전 / 이심원과의 면담으로 홍문관을 복직시키다 / 임사홍의 몰락 /
　성종과 홍문관
　‖남은 이야기‖ 임사홍의 복수와 자멸

◆ 홍문관의 상소 ① – 조정을 뒤흔들다 … 101
　지독한 가뭄 / 홍문관의 가뭄 대책 상소, 조정을 흔들다 / 전례 없는 사직서 행렬 / 석 달 만
　에 비가 내리다

◆ 홍문관의 상소 ② – 성종이 바뀌다 … 108
　홍문관의 상소 / 홍문관 상소와 성종의 맞대응 / 초기와는 다른 불통의 모습
　‖남은 이야기‖ 궁궐의 숨은 실세, 봉보부인

◆ 두 번째 왕비 윤씨를 맞이하다 … 117
　왕비 1순위가 된 이유 / 중전 즉위 3개월 만에 원자를 낳다 / 1차 중전 폐비 거론 사건 /
　출궁 철회

◆ 중전 윤씨를 폐비로 내치다 … 123
    2차 폐비 거론 사건 / 출궁 / 성종과 대왕대비의 증언 / 어찌 왕비의 탓으로만 돌립니까?

◆ 폐비 윤씨에게 사약을 내리다 … 129
    폐비 윤씨에 대한 성종의 분노 / 사약을 내리다 / 역사의 아이러니

◆ 최부, 표류에서 무사귀환하다 … 134
    중국에서 들려온 뜻밖의 소식 / 제주에서 들은 아버지의 부고 / 망망대해에 표류하다 / 중국 절강성 영파부에서 만난 도적 / 절강성에서 수차를 보다 / 표류 6개월 만에 압록강을 넘다

◆ 최부의 『표해록』, 충과 효의 갈림길에 서다 … 141
    최부의 임명과 서경 거부

‖남은 이야기‖ **최부와 송흠의 말 이야기**

3장 연산군, 최초의 반정으로 쫓겨나다

◆ 연산군, 왕에 오르다 … 148
    준비된 나라의 새로운 왕 / 굴곡 / 학문을 싫어하는 세자 / 이해할 수 없는 명령들

◆ 대쪽 같은 최부와 연산군 … 152
    성균관 생원을 가두다 / 우이독경 / 조정을 발칵 뒤집은 최부의 상소 / 삼사의 간언을 외면하다

◆ 최초의 사화를 일으키다 … 158
    무오사화의 시작 / 김종직의 조의제문 / 무오사화의 이면

◆ 내시 김처선·김순손·김계경 … 164
    연산군일기에 기록된 김처선 이야기 / 개인 기록물에 담긴 김처선의 간언 / 내시 김순손 / 내시 김계경

‖남은 이야기‖ **내시의 구성과 역할**

◆ 궁궐의 여인들 ① - 궁녀의 다양한 삶과 죽음 … 173
정치는 궁중에서 시작된다 / 궁녀 선발이 화제가 된 이유 / 최고의 궁녀와 비련의 궁녀 / 임금의 허락으로 궁녀가 결혼한 경우 / 궁녀를 풀어주는 경우 / 생명이 끈질긴 궁녀 / 왕을 업신여긴 궁녀

‖ 남은 이야기 ‖ 세종 며느리의 비뚤어진 사랑과 두 궁녀의 비극

◆ 궁궐의 여인들 ② - 궁녀의 별, 상궁 … 184
최고 직위 상궁, 누가 무엇을 했을까? / 단종 때 상궁 박씨 / 중종 때 상궁 박씨 / 저주 사건에 등장하는 상궁들 / 교자를 탄 상궁 / 궁궐 화재와 상궁 / 승은을 받은 궁녀들 / 상궁으로 살다간 최씨와 김씨

◆ 갑자사화와 연산군의 보복 … 193
부왕의 유훈을 어기고 / 피로 물든 궁궐 / 갑자사화

◆ 궁궐의 여인들 ③ - 권력을 공유한 장녹수 … 198
연산군을 단숨에 사로잡다 / 인사개입 / 처녀 차출에 손녀를 안 보낸 홍귀달 / 궁녀 전향과 수근비, 옥지향 / 재상을 겁박하는 장녹수의 종 / 장녹수의 집 / 중종반정이 일어나기 10일 전

◆ 반정으로 쫓겨나다 … 210
거사 당일 / 거사 당일의 연산군 / 거사 다음날

‖ 남은 이야기 ‖ 연산군의 최후와 수구초심

‖ 남은 이야기 ‖ 연산군의 부인과 자식들

4장 중종의 개혁정치, 조광조와 함께 사라지다

◆ 중종반정, 누가 왜 했을까? … 222
성종과 연산군의 인척 박원종 / 박원종이 돌아선 이유 / 성희안은 왜 참여했을까? / 반정의 진짜 동기

◆ 첫 정사, 조강지처를 버리다 … 230
　7일의 왕비 / 반정세력들은 왜 신씨를 내쫓았을까? / 중종은 정말로 그랬어야 했을까?

◆ 속내를 감추고 조광조를 죽이려 하다 … 235
　경복궁의 소란한 밤 / 추국 / 하루 만에 돌변한 왕 / 중종의 속내

◆ 주초위왕, 대학자 조광조를 잃다 … 242
　중종이 증거를 밝히지 않은 이유 / 사약

◆ 조광조를 죽이는 밀지 … 246
　안달복달하는 임금 / 홍경주에게 내린 언문 밀지

◆ 중종의 개혁정치 진심이었나? ① - 소격서 폐지와 부활 … 251
　소격서 폐지 / 중종의 응어리

◆ 중종의 개혁정치 진심이었나? ② - 현량과 설치와 폐지 … 255
　과거시험 기피 현상 / 조선에서 딱 한번 치러진 현량과 / 현량과의 비극

◆ 중종의 개혁정치 진심이었나? ③ - 위훈삭제와 부활 … 259
　세종은 왜 공신을 한 명도 임명하지 않았을까? / 중종반정의 공신 수는 왜 많았을까? / 공신 남발 / 정국공신 개정 / 정국공신 개정 10일 만에 철회

◆ 조광조에 대한 사랑이 증오로 바뀌다 … 266
　성균관과 조광조 / 조정에 파란을 일으킨 첫 상소 / 왕의 신뢰, 파격 승진 / 중종에 대한 평가

◆ 작서의 변, 의심만으로 죄를 주다 … 276
　경빈 박씨 / 작서의 변

◆ 경빈 박씨와 첫아들을 죽이다 … 283
　경빈 박씨와 복성군의 죽음
　‖ 남은 이야기 ‖ 작서의 변과 세자궁 목패 사건의 진범

◆ 왕이란 무엇일까? ···289
  왕으로서의 무력감
  ‖남은 이야기‖ 중종은 어떻게 생겼을까?

◆ 종계변무를 고치고자 하다 ···294
  왜곡된 역사 / 중종의 노력 / 뜻밖의 희소식과 굴욕 / 모화관과 태평관에서

◆ 경회루 외교, 역사를 바로잡다 ···301
  경회루에서 / 곤룡포를 질질 끌며 / 경복궁 잔치와 양화도 유람 / 190년 후에야 바로잡힌 역사왜곡
  ‖남은 이야기‖ 중종의 의녀 대장금

◆ 신문고, 임금과 백성의 소통창구 ···312
  신문고를 칠 수 있는 조건 / 초기에 신문고를 친 사람들은 대부분 사대부 / 신문고를 두드린 일반 백성 / 신문고로 벌 받은 이 / 무고금지법 / 부활한 신문고

◆ 상소, 임금과 신하의 소통길 ···318
  집현전의 상소 / 출세의 디딤돌이 된 유자광의 상소 / 언로를 개방하소서 / 남명 조식의 상소 / 조헌의 지부상소

에필로그 ···328

◆ 일러두기

- 조선왕조실록은 제1대 태조부터 제25대 철종까지 472년간 1,894권, 888책으로 이루어져 있다. 권卷은 오늘날 1장, 2장 같은 '장'으로 이해하면 된다. 권은 '말다, 구부리다'란 뜻으로 옛날에 글씨를 쓴 종이나 비단을 두루마리로 말아서 사용한 데서 유래했다. 책冊은 묶어서 하나로 제본해 놓은 형태를 말한다.
- 고종과 순종 실록도 있으나 조선총독부 주도로 조선사편수회가 편찬했기 때문에 활용하려면 주의가 필요하다.
- 원전의 이름은 『예종양도대왕실록』, 『성종강정대왕실록』, 『중종공희휘문소무흠인성효대왕실록』이다. 그러나 이 책에서는 독자들이 쉽게 이해하도록 『예종실록』, 『성종실록』, 『중종실록』 등으로 표기했다.
- 단종은 『노산군일기』로 원전에 표기되어 있지만, 단종으로 복위되었기에 『단종실록』이라고 했다.
- 연산군과 광해군은 원전대로 『연산군일기』와 『광해군일기』로 표기했다.

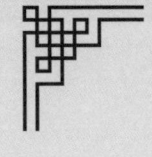
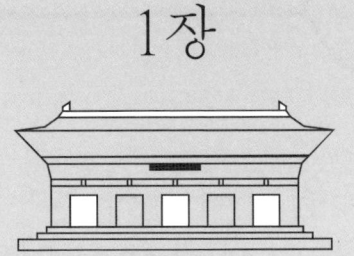
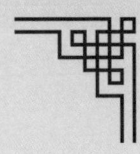

1장

예종, 자신의 기둥을 버리다

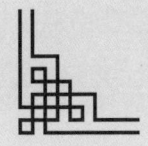
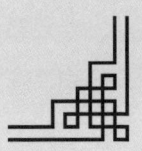

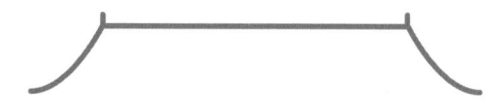

즉위하자마자 남이를
병조판서에서 해임하다

세조는 정희왕후 윤씨와 2남 1녀를 두었는데, 첫째아들은 세조1년 17세에 세자의경세자로 봉해졌으나 2년 후 병으로 죽고, 둘째 해양대군후에 예종이 7세에 세자가 되었다.

세조는 승하 약 4개월 전부터 병으로 몸이 편치 않아 왕위를 물려주려 했으나, 신하들의 반대로 실행에 옮기지 못했고, 병권을 제외한 모든 권한을 세자에 맡겨 대리청정을 하두록 했다 왕의 병이 깊어지자, 조정은 사직과 종묘, 명산대천의 영험한 곳에 기도를 올리고 유배자를 풀어주었으며 직첩을 빼앗긴 신하들에게 돌려주었고, 나중에는 계유정난에 연좌된 사람들까지 풀어주었다. 또한 세조는 왕비와 함께 궁궐 밖 큰아버지 효령대군, 조카 자을산군후일 성종, 한명회 집 등으로 옮겨 피접을 하기도 했다. 조정대신들이 거의 매일 문안인사를 드리고 환후를 살폈지만 회복의 기미가 없었다. 세조14년 9월 7일, 임금은 죽음을 목전에 두고 최종 결심을 한다.

"내가 세자에게 양위하겠으니 모든 준비를 하라."

"병이 점차 회복되시는데 어찌 양위하고자 하십니까? 불가하옵니다."

"운이 다한 영웅은 자유롭지 못하다. 나의 뜻을 어기고자 하느냐? 양위를 반대하는 것은 나의 죽음을 재촉하는 것이다." 『세조실록』 14년 9월 7일

세조는 신하들의 반대를 뿌리치고 환관에게 왕이 입는 최고의 예복인 면복을 가져오게 했다. 이에 세자 해양대군은 수강궁세종이 상왕 태종을 위해서 창덕궁에 지은 전각 중문에서 즉위하고 신하들의 하례를 받았다. 제8대 예종이 탄생한 것이다. 세조는 예종의 즉위 바로 다음날 승하했다.

예종 즉위년 9월 7일, 임금은 즉위하자마자 바로 남이를 병조판서에서 임명과 동시에 해임했다. 왜 그랬을까?

: 역사는 전쟁을 통해 영웅을 탄생시킨다 :

남이는 무인으로서 인생을 굵고 짧게 살다갔다. 세조 때 17세에 무과에 급제해서 26세에 공조판서, 오위도총부 도총관수도경비사령관, 27세에 병조판서국방부장관까지 오른다. 10대에 무과에 급제해서 20대 젊은 나이에 두 판서를 역임하는 초특급 승진을 한 것이다.

역사는 전쟁을 통해서 영웅을 탄생시킨다. 남이는 세조 때 일어난 두 전쟁을 통해서 존재감을 드러냈다.

첫 번째는 세조13년에 일어난 '이시애의 난'이었다. 남이는 진북장군 강순의 군관장교으로 참전했다. 대규모 전투가 함길도 북청에서 벌어졌는데, 반란군은 1만6천 명으로 기세가 대단했다. 남이는

선봉장으로 사력을 다해서 싸웠다. 몸에 화살을 4,5개 맞고도 얼굴빛이 태연자약했을 정도로 용감했고 이숙기와 함께 반란군을 가장 많이 베었다. 세조13년 7월, 임금은 반란군 진압이 끝나지 않았음에도 남이의 전공을 인정해 행부호군으로 삼고 이숙기와 더불어 당상관에 임명했다. 이시애의 난 전에 남이는 세자의 선전관으로 종6품으로 추정되는데, 당상관으로 최소 5단계 이상 한꺼번에 뛰어오른 셈이다. 난 초기에는 100명의 군사를 지휘했지만, 난이 평정된 후 10배인 1천 명의 군사를 거느리고 함길도의 종성·온성·경원·경흥 등의 고을을 소속시키는 역할을 맡았다. 이후 행호군으로 승진하고 중추부 동지사종2품가 되었다.

남이에게 두 번째 기회가 찾아왔다. 이시애의 난이 평정된 무렵, 명나라가 파저강 주변 건주의 여진족을 함께 정벌하자고 요청했다. 세조도 여진족 정벌의 필요성을 느끼고 있었기에 파병을 결정하고, 강순을 주장, 남이와 어유소를 대장으로 삼았다. 남이는 이시애의 난에 출병할 때는 장교였으나 이제 당당히 대장이 되었다.

조선은 1만여 군사로 파저강의 건주로 쳐들어가 추장 이만주와 아들 이고납합, 이타비라 등 286명을 참했다. 특히 이만주는 세종 때부디 섬멸하고자 했던 앓던 이였다. 우리의 피해는 거의 없었다. 더구나 명나라 군대는 나타나지도 않은 조선의 단독 정벌이었다.

"경들이 두 번의 전투에서 수고한 것을 위로한다. 특히 이번 정벌은 중국까지 그 명성을 드높이지 않았는가?" 『세조실록』13년 10월 17일

세조 13년 10월 17일, 남이와 어유소가 먼저 돌아와서 승전을 보고하자, 임금은 칭찬을 아끼지 않고 침전으로 불러 술을 내렸다. 남이는 이시애의 난을 진압한 공으로 적개공신 일등뿐만 아니라 사복장도 겸하게 되었다. 겸사복장은 1,500명을 통솔해 임금을 호위하거

나 궁궐을 지키는 역할을 하는, 임금의 정예 친위군이다. 이어서 남이는 공조판서에 임명된다. 이시애의 난 이후 6개월 사이에 장교에서 판서까지 오른 것이다. 최단기간에 최연소 판서에 오른 초특급 승진이었다.

: 내 말은 옳다, 나는 죄가 없다 :

세조14년 5월 1일, 경복궁 후원에서 내구마(임금의 거둥을 위해 내사복시에서 기르는 말) 한 필을 걸고 임금이 참석한 가운데 종친과 신하들의 활쏘기가 열렸다. 내구마는 이시애의 난 때 같이 활약한 이숙기가 가져갔다. 남이는 이날 화살이 자꾸 빗나가 임금으로부터 오히려 비웃음을 샀을 정도였다. 남이는 이래저래 자존심이 구겨진 것 같다. 임금이 베푼 술자리에서 취하도록 마시고 취중진담을 털어놓는다.

"임금께서 귀성군 이준을 지나치게 사랑하시니, 신은 간절히 아니라고 생각합니다."

"귀성군은 종친이고, 또한 이시애의 난에서 큰 공을 세웠다. 내가 귀성군을 사랑하지 않고 누구를 사랑하겠느냐? 너의 말은 정실이 있으니 누구와 상의하였느냐?" 『세조실록』 14년 5월 1일

세조는 단단히 화가 나서 곁에 있는 대신들에게 남이의 말이 옳은지를 물었고, 모두가 남이의 말이 틀렸다고 입을 모았다. 남이는 다른 사람과 상의하지 않았다고 변명했으나 의금부 옥에 갇혔다. 다음날 풀려났지만 겸사복장의 직위는 내놔야 했다.

"내 말은 옳다. 나는 죄가 없다." 『세조실록』 14년 5월 2일

남이가 위로해 주는 사람들에게 건넨 말이다. 이 말을 들은 사람들은 모골이 송연했다고 한다. 남이는 징계의 의미로 하루 옥살이를

했음에도 주장을 굽히지 않았다. 자신의 벼락 출세는 잊은 듯했다. 세조는 그전 해인 즉위13년 10월에 남이의 성격을 파악해서 미리 당부한 바 있다. "그대는 이미 큰 공을 이루어 공신에 봉해졌으니, 다만 자랑하는 마음만을 가지지는 말라." 『세조실록』 13년 10월 17일 그럼에도 남이의 겸손은 간 곳이 없었다.

이로부터 2개월 후인 세조14년 7월 15일, 남이는 또 자신을 과신하고 오해를 살 만한 발언을 한다. 세조와 신하들이 병서를 강론하면서 오랑캐를 다스릴 방도를 주고받는 자리였다.

"신은 젊어서부터 오랑캐여진족를 평정하는 데 뜻이 있었습니다. 요즘 북쪽 국경이 소란스럽다고 해서 밤에 잠을 이룰 수 없습니다. 신이 오랑캐를 쳐부수어 임금의 은덕에 보답하고자 합니다."

"요·순 시대에도 이민족의 근심거리는 있었다. 이미 설치한 북방의 진, 세종 때 북방개척을 위해서 설치한 군사기지를 잘 지키는 것도 화평의 방법이다."

"신에게 20만 명을 주시면 천하를 마음대로 돌아다닐 수 있게 하겠습니다." 『세조실록』 14년 7월 15일

세조가 정벌보다는 방어에 중점을 둘 것임을 밝혔음에도, 남이는 물러서지 않고 구체적 군사 숫자까지 언급하며 재차 정벌의지를 드러냈다. 공조판서의 업무와도 맞지 않은 요구였다. 게다가 10개월 전 1만여 명으로 파저강 여진족을 쳐부셨는데, 무려 20만 명의 군사를 요청한 것이다. 이는 다른 오해를 불러일으킬 수도 있었다.

"경의 말이 너무 지나치다." 『세조실록』 14년 7월 15일

세조는 남이를 자제시키고 마무리를 지었다. 그러나 그 자리에 참석한 다른 대신들은 그 말을 흘려듣지 않고 남이를 언젠가 사달을 일으킬 위험한 인물로 여길 수도 있었을 것이다.

남이를 처형하다

세조 14년 8월, 임금은 27세인 남이를 병조판서에 임명했다. 1년 3개월 사이에 세자의 선전관에서 겸사복장, 공조판서를 거쳐 병조판서까지 오른 것이다. 27세 젊은이에게 국방 책임을 맡긴 초특급 승진이었다. 세조가 든든한 후원자 역할을 했다. 세조는 세자를 위해서 훈구대신이 아닌 또래의 인물을 키우려 했다. 그런데 남이가 아무리 혁혁한 전공을 세웠더라도 날카롭게 보는 눈들이 있었다. 임금의 신임이 워낙 두터웠기에 수면 아래에서 드러나지 않았을 뿐이었다.

남이가 병조판서에 오른 보름 후, 세조 14년 9월 세조가 52세로 승하하고 19세의 예종이 즉위한다. 예종 즉위년 9월 7일, 세자 시절 스승이자 중추부지사 한계희가 임금에게 아뢰었다.

"남이의 인물됨이 군권을 맡기는 것은 마땅치 않습니다."『예종실록』 즉위년 9월 7일

예종은 남이를 병조판서에서 해임했다. 남이는 병조판서로 재직

한 기간이 짧아 뚜렷한 역할을 하지 못했다. 남이를 지탱해준 버팀목 세조는 사라졌다. 그동안 지켜보던 대신들의 견제가 수면 위로 올라온 것이다.

: 속내를 드러낸 일생일대의 오산 :

예종 즉위년 10월, 남이는 여러 사람들을 만난다.

"내가 병조판서에 제수되었는데 김국광·노사신·한계희가 주상께 아뢰어 취소되었다. 저들은 재물을 탐해 나와 원래 사이가 좋지 않았다."『예종실록』 즉위년 10월 25일

남이는 평소 같이 바둑과 활쏘기를 즐기던 이중손에게 불만을 터트렸고, 병조참지 유자광도 만나서 속내를 내비쳤다. 유자광은 이시애의 난으로 발탁된 인물로 남원의 갑사에서 정3품 병조참지로 일약 출세했으나, 첩의 자식이기에 불안한 신분이었다. 남이가 유자광을 자기 세력으로 끌어들이려 한 것인지는 모르겠지만, 친분이 두텁지 않은 그에게 속내를 드러낸 것은 일생일대의 오산이었다. 유자광은 밤에 승정원을 통해서 임금을 뵙고, 남이가 자기 집을 찾아와서 한 말을 고한다.

"혜성이 사라지지 않아서 누군가 반역의 기미가 있다. 임금을 경복궁으로 옮겨서 거사해야 할 것이다. 많은 장정들이 군사나 부역으로 동원되어 원성이 높다. 나는 호걸이다. 이러한 사실을 털어놓으면 우리 둘 중의 한 명은 죽는다."『예종실록』 즉위년 10월 24일

남이의 말에는 반역, 거사라는 단어까지 있었다. 유자광은 남이가 이전에도 이런 말을 하면서 김국광·노사신 등의 대신들을 죽이고자 했다고 덧붙였다. 예종은 바로 비상조치를 취했다. 궁궐과 도성문을

엄격히 지키게 하고, 주요 대신들을 궁궐로 불러들이고, 승지 한계순에게 명해서 군사 100여 명을 데리고 남이를 체포하게 한다. 남이는 임금의 명패로 자신을 급하게 부르자, 집에 없다고 거짓을 고하게 하고, 칼과 활을 차고 담을 넘어 집을 빠져나가려고 했지만 집을 포위한 군사들에게 사로잡혀서 궁궐로 붙들려 왔다. 그의 첩 탁문아도 잡혀왔다.남이는 이미 이혼한 상태였다.

: 유자광, 문효량과의 대질심문 :

창덕궁 숭문당현 희정당에 국문장이 설치되었다. 예종은 남이가 최근에 만난 사람들을 진술하지 않자, 유자광과 대질을 시킨다.

"유자광은 본래 저에게 불평을 가지고 있어서 무고한 것입니다. 신은 충의지사로서 평생에 악비를 자처했습니다. 어찌 반역을 꾀하겠습니까?"『예종실록』 즉위년 10월 24일

악비는 금나라군을 격파한 남송의 장수였으나 참소로 옥중에서 살해당했다. 남이는 밀고자가 유자광임을 알고 머리로 땅을 치면서 부인했으나, 이미 입에서 나간 말을 거두어들일 수는 없었다.

순장야간통행을 관장하던 직책 민서도 잡혀와서 과거 남이와 나눈 대화를 진술했다.

"하늘의 변고가 있으니 간신배가 일어날 것이다. 내가 먼저 죽임을 당할까 우려스럽다."

남이의 말에 민서가 물었다고 한다.

"간신이 누구입니까?"

"상당군 한명회다."

"어찌해서 임금에게 아뢰지 않습니까?"

"좀더 자세하게 파악해서 아뢸 생각이다."『예종실록』즉위년 10월 24일

남이는 유자광에게 말했던 것처럼, 민서에게 하늘의 변고가 있다면서 한명회를 역모를 일으킬 인물로 지목했다고 한다. 한명회가 남이의 집에 와서 적자를 세워야 한다고 해서 그가 반역을 꾀하는 것으로 알았다는 것이다. 한명회는 국문장에서 남이의 집에 가서 그런 이야기를 한 적이 없다고 부인했다. 한명회는 세조의 일등공신으로 예종의 장인이자 원상*이며 조정에서 여전히 권력을 갖고 있었는데 사위 예종을 왕위에서 쫓아낼 이유가 없었다. 예종은 남이의 말을 믿지 않았다. 남이의 첩 탁문아는 심문에서 말했다.

"남이는 북방이 어수선하다고 갑옷을 수리하고 활과 화살을 만들고 있습니다. 밤에도 야간통행 금지를 위반하고 출입을 합니다. 그 이유를 물으면 꾸짖기만 했습니다."『예종실록』즉위년 10월 24일

세조의 승하로 국상 중에 의심스러운 행동으로 오해받을 수 있지만, 반란의 직접적 증거로 보기엔 무리가 있었다. 남이가 만난 사람이나 노복 등을 더 심문했으나 직접적 증거는 찾지 못했다.

남이는 집에 찾아온 문효량에게도 혜성이 나타난 것을 언급했다고 한다. 문효량은 제주 사람으로 세조 때 스스로를 추천하는 상소를 올려 겸사복에 임명된 인물이다. 그는 곤장 50대를 맞고 진술했다.

"우선 한명회 등 대신들을 죽이고 차례로 종친과 임금을 없애자, 그리고 내남이가 왕위에 오른다고 했습니다."『예종실록』즉위년 10월 26일

- 원상(院相): 세조가 도입한 제도로 임시벼슬이다. 세조는 병으로 정무를 처리하기 어렵자 병조, 도총부, 상례와 다른 일 등은 자신에게 직접 보고하게 하고 그외의 정사는 세자와 원상이 의논해 처리하게 했다. 예종은 즉위해서 원상제를 그대로 이어받아 신숙주, 한명회, 구치관 등 9명을 원상으로 임명하고 날마다 번갈아 승정원에 나와 정무를 처리하게 했다. 이후 원상제는 어린 왕으로 등극한 성종이나 인종, 명종 등의 초기에 실시되었다.

문효량이 남이가 역모를 꾀했다는 구체적 증언을 한 것이다. 이제 남이도 본격적으로 국문을 받는다.

"신은 어려서부터 활을 쏘고 말을 타는 무인으로 자랐습니다. 국경에 일이 있으면 공을 세워서 나라를 위했습니다. 신은 충의지사입니다."『예종실록』즉위년 10월 27일

남이는 처음에는 역모를 부인했지만 고문을 당하고 태도를 바꾸었다. 박동량의 『기재잡기』에 따르면 남이는 다리뼈가 부러질 정도로 심한 형벌을 받았다고 한다.

"신이 꾀한 일을 말하자면 깁니다. 우선 한잔 술을 주시고 묶은 끈을 풀어주면 하나하나 진술하겠습니다. 신이 반역을 꾀하고자 했습니다. 유자광과 이야기한 말은 모두 옳습니다."『예종실록』즉위년 10월 27일

남이는 유자광의 집을 찾아가서 한 말을 인정하고 직속상관이었던 강순도 끌어들였다.

: 나는 겨우 스물여섯인데 진실로 애석하다 :

강순은 무인으로 함길도 절제사를 거쳐서 이시애의 난과 건주의 여진족 정벌로 일등공신이 되고 우의정까지 오른 인물이다. 남이는 강순과의 대화에 대해 이렇게 진술했다. 강순이 먼저 물었다고 한다.

"별의 변고가 있다. 이에 대한 대비를 해야 하지 않겠는가?"
"약한 자가 선수를 쳐야 합니다."『예종실록』즉위년 10월 27일

남이가 다시 물었다고 한다.

"누구를 임금으로 삼으면 좋을까요? 영순군 이부는 어떠합니까?"

강순은 남이의 진술을 듣고 펄펄 뛰었다.

"내가 어찌 너와 더불어 모의했느냐?"

"공은 그런 말을 하지 않았는가? 나와 같이 죽는 것이 옳다. 공은 이미 정승이 되었고 나이도 늙었으니 죽어도 여한이 없을 것이다. 나는 겨우 스물여섯*인데 진실로 애석하다."

남이는 자신들이 추대할 임금도 강순이 정했다고 주장했다. 강순은 자신이 78세로 나라의 은혜를 입고 있는데 역모를 일으킬 이유가 없다고 부인했으나 결국 매질을 견디지 못하고 태도를 바꾸었다.

"신이 어려서부터 곤장을 맞지 아니하였는데 어찌 참을 수 있겠습니까? 남이의 말과 같습니다." 『예종실록』 즉위년 10월 27일

박동량의 『기재잡기』에는 남이가 "내가 강순을 고의로 끌어들인 것이다"라고 기록되어 있다. 예종이 거사방법을 묻자 남이가 대답했다.

"임금께서 부왕의 산릉에 행차할 때, 창덕궁과 수강궁에 불을 질러서 경복궁으로 돌아오시기를 유도하고, 신은 겸사복을 거느리고, 강순은 입직 군사를 거느리고 거사하려고 했습니다." 『예종실록』 즉위년 10월 27일

예종은 남이와 강순을 반역죄로 저자에서 사지를 찢어 죽이는 환열형에 처하고 7일 동안 효수했다. 남이는 세조의 발탁으로 27세에 병조판서에 올랐지만, 그 권한도 행사하지 못한 채 형장의 이슬로 사라졌다. 초특급 승진이 오히려 생명을 단축하는 독이 되었다. 주변을 배려하지 않는 거친 성격도 한몫했다. 남이가 위기에 처하자 편이 되어준 대신은 아무도 없었다. 남이는 훈구세력에 포위되어 일찍 지는 꽃이 되었다. 남이는 사후 349년이 지난 순조18년 1818년 신원이 복원되었다.

- 남이는 27세에 병조판서에 임명되었다가 취소되었다. 국문을 당할 당시 27세이나, 남이가 26세로 진술한 원전을 살폈다. 만 나이로 26세라고 말한 듯하다.

정말 반역을 꾀했을까?

남이는 병조판서 임명이 취소되자 한 달여 동안 여러 사람을 만나서 불만을 터트렸지만, 반역을 위해 구체적 행동을 실행한 것은 없었다. 주변 사람들도 남이의 반역혐의를 부인했으나 모두 고문에 못 이겨서 원래의 진술을 번복했다. 남이도 매질을 견디지 못하고 진술을 번복해서 반역을 꾀했다고 했다. 백두산과 두만강에서 국경을 지킨다는 자긍심 혹은 자만심 가득했던 조선의 인재는 반역혐의로 일찍 쓰러졌다. 그는 실제로 반역을 꾀했을까?

: 사나이 스무 살에 나라 평정 못 한다면 :

남이는 세조6년 17세의 나이로 무과에 급제했다. 의령 남씨로 이른바 뼈대 있는 집안 출신이다. 5대조는 조선의 개국공신이자 우의정까지 오른 남재이고, 부친은 사헌부 감찰종6품을 지냈고, 할머니는 태종의 넷째 딸 정선공주이며, 장인은 세조의 일등공신으로 좌의정까지 오른 권남이다. 그는 좋은 문벌을 갖고 있음에도 고위직에 오르기 어려운 무과로 진출했다. 어릴 때부터 활과 칼을 손에서 놓지 않았다는데 이것이 무과로 진출한 이유일 것이다.

남이가 조선왕조실록에 처음으로 등장한 것은 세조9년으로 22세 때이다. 경복궁 후원에서 소규모 진법훈련이 열렸는데, 이날 기병으로 참여한 기록이 있다. 세조는 이날 훈련에 만족해 남이를 비롯 십수 명에게 1자급을 올려주었다. 두 번째 등장은 한 달여 후 한명회의 선전관으로 차출된 것이다. 세조는 북방의 여진족을 다스리기 위해서 좌의정 한명회를 함길도·평안도·황해도·강원도 4도체찰사로 임명해 파견했는데, 남이는 군관으로 북방의 순찰에 수행했다. 남이가 남긴 시는 이때 지은 것으로 추측된다.

"백두산 돌은 칼을 갈아서 다 없애고 / 두만강 물은 말을 먹여서 없애네. / 사나이 스무 살에 나라 평정 못 한다면_{사나이 스무 살에 나라를 태평하게 하지 못 한다면}/ 뒷세상에서 그 누가 대장부라 하리오."

스무 살 청년으로서 국토의 북쪽 끝 백두산과 두만강에서 국경을 지키겠다는 늠름한 기상이 엿보인다. 그러나 이 시는 후일 남이가 역모를 꿈꾸었다는 혐의의 단서로 이용되었다.• 이후 남이는 세조의 금강산 순행 때 선전관으로 세자후에 예종의 호위를 맡았고, 포천·영평 등에서 살인과 강도짓을 하는 도적을 체포하기 위해서 파견된 기록이 있다. 이시애의 난 이전까지를 보면, 남이는 무과급제자로서 특이사항은 없고 평범한 업무를 수행했다.

남이가 능력을 발휘한 것은 앞서 말한 것처럼 이시애의 난과 건

• 이자의 『음애일기』에 따르면, 유자광은 남이의 시에서 미평국(未平國)을 미득국(未得國)으로 고쳐서 역모를 품고 있다고 임금에게 고했다.

주의 여진족 정벌이었다. 그러나 세조의 승하와 예종의 즉위로 남이의 날개는 꺾였다.

: 혜성의 출현 :

조선시대 모반과 관련해 등장하는 것 중 하나가 별의 변고, 즉 혜성의 출현이다. 세종 때의 문신이자 천문학자 이순지의 『천문유초』에는 혜성의 빛이 사방으로 펼쳐지는 것은 악한 기운을 만들어내는 것으로 역모나 전란이 일어난다고 기록되어 있다. 즉, 혜성의 출현은 임금의 부덕의 소치로서 하늘의 경고로 여겼다. 예종 즉위년 10월, 남이도 유자광의 집에 찾아가서 혜성의 존재에 대해서 물었다.

"혜성이 이제까지 없어지지 아니하는데, 공도 보았소?"

"나는 보지 못하였소."

"혜성은 하늘 가운데 있으나 햇살이 모두 희기 때문에 쉽게 볼 수 없소. 반드시 하늘에서 응답이 있을 것이오." 『예종실록』 즉위년 10월 24일

조선왕조실록에는 혜성에 대한 얘기가 2천 건 이상 나온다. 혜성이 출현할 때마다 역모사건이 일어난 것은 아니다. 혜성의 출현을 어떻게 해석하느냐에 따라서 임금의 부덕이 되고, 모반의 분위기를 일깨워 주는 존재가 된 것이다.

남이는 유자광 외에 다른 사람들에게도 혜성의 출현을 이야기했다. 하늘의 뜻에 따르는 모반의 분위기를 조성하려는 의도로 오해받을 수 있었다.

세조의 상중에 갑옷을 수선하고 활과 화살을 만든 것, 친분이 두텁지 않는 유자광을 찾아가 혜성의 출현을 얘기한 것도 신중치 못한 행동이었다. 그러나 이것이 모반의 직접적 증거가 될 수는 없다. 남

이의 자백도 매질, 즉 고문이 있었다. 현대적 관점으로 보면 고문으로 인한 자백은 증거가 될 수 없다.

"남이의 죄명이 참인지 거짓인지 알 수 없다."

김시양의 『부계기문』에 기록된 내용이다. 이처럼 개인기록을 인용하는 것은 특히 역모죄에 관한 조선왕조실록의 기록은 승자의 관점이기 때문이다. 남이의 역모사건은 오늘날의 잣대로 보면 역모죄(?)라고 할 수 없다. 역모를 일으킨 구체적 증거나 군사를 동원한 증거가 없고 고문에 의한 자백뿐이기 때문이다.

역사는 기록이다. 조선왕조실록은 조선을 대표하는 기록물이다. 국가가 편찬한 공적기록이기 때문에 그 기록을 신뢰할 수밖에 없다. 그러나 특히 역모죄에 관한 승자의 기록을 읽고 해석하는 것은 독자의 몫이다. 그 기록을 꿰뚫을 수 있는 혜안이 있다면 더욱더 좋을 것이다. 역사의 시계는 되돌릴 수 없지만, 그 역사를 바라보는 관점은 시대와 증거에 따라서 다시 정리되어야 한다.*

- 중종3년 홍문관에서 『무자년 정난기록』 1책을 바쳤다는 기록이 있다. "지금 익대공신을 표상하는 은전은 좌익공신의 예에 의하여 거행하라." 남이의 역모사건이 무자년이고, 익대공신은 남이의 역모혐의를 밝히는 데 공헌한 신하들에게 준 공신이다. 그래서 『무자년 정난기록』은 남이의 역모사건을 기록한 것으로 추정된다. 하지만 이 책은 아직 세상에 나오지 않았다. 그 어딘가에 있어서 세상에 드러난다면 남이의 역모사건을 새롭게 조명할 수 있을지도 모르겠다.

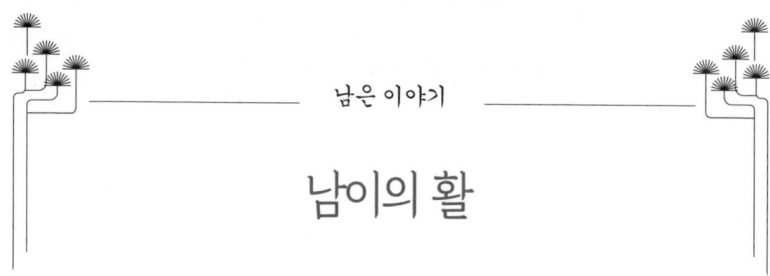

남은 이야기

남이의 활

건주의 여진족 정벌이 끝난 후, 명나라 황제는 공을 치하하기 위해 조선 출신으로 명나라 내시가 된 강옥과 김보를 사신으로 파견한다. 조선은 화자火者제도가 있었다. 12세에서 18세의 남자를 거세해서 명나라 내시 후보로 보내는 것이다. 강옥은 세종9년 화자로 명나라에 보내졌는데, 40여 년 후 중국의 사신으로 조선에 파견되었다. 임금과 맞상대할 정도로 신분이 바뀌고, 가족도 관직을 제수받을 수 있었다.

강옥과 김보는 명나라 황제의 칙서를 전하고, 왕과 강순, 어유소, 남이에게 은과 비단 등을 내렸다. 사신들은 남이의 활에 관심이 높았다. 김보는 남이의 화살을 미리 받았다면서 그의 활솜씨를 보고 싶어했다.

세조14년 5월 18일, 남이는 임금의 명을 받고 큰 화살을 뽑아 상현각궁 반달 모양의 활을 힘껏 당겼다.

"이런 훌륭한 장수는 얻기 어렵습니다. 전하께서는 남이 같은 사람을 좌우로 두었으니 무엇이 두렵겠습니까?" 『세조실록』 14년 5월 18일

강옥은 남이의 활솜씨를 매우 칭찬했고, 김보는 중국으로 돌아가서 남이의 활을 자랑하겠다고 했다.

"건주의 여진족을 정벌한 남이 대장군의 활이다." 『세조실록』 14년 5월 18일

그러나 그 활을 바라보는 내부의 시선이 달랐기 때문에, 남이의 활은 더이상 나라를 지키는 무기와 자부심이 될 수 없었고, 조선은 나라를 지키는 활의 주인공을 일찌감치 잃은 것이다.

귀성군 이준,
예종의 기둥으로 만들다

세조14년1468년 7월, 임금은 너무나도 혁신적인 인사를 단행한다. 27세의 귀성군 이준을 오늘날 국무총리에 해당하는 영의정으로 임명한 것이다. 이준은 세조의 넷째동생 임영대군의 아들로 조카이다.

당시 임금의 주변에는 좌의정 박원형, 우의정 강순, 좌의정을 지낸 홍달손, 한명회의 6촌 한계미와 한계희 등 내로라하는 40대 이상의 쟁쟁한 인물들이 즐비했다. 이미 영의정을 지낸 한명회와 신숙주 등 고굉지신*들도 있었다. 이런 인물들을 제쳐두고 이준을 왜 영의정으로 발탁했을까? 세조가 이준을 영의정으로 발탁한 계기는 남이와 마찬가지로 이시애의 난이었다.

● 고굉지신(股肱之臣)은 다리와 팔처럼 중요한 신하란 뜻으로, 임금이 신임하는 중신(重臣)을 말한다.

이시애의 난은 왜 일어났을까?

세조13년, 전 회령 절제사 이시애는 아우 이시합과 함께 함길도 절도사 강효문을 살해하고, 스스로를 절도사라고 칭한다. 함길도 절도사는 군사책임자이고, 회령 절제사는 그 아래 군 단위의 군사책임자이다. 이시애는 바로 위 상관을 죽이고 반란을 일으킨 것이다.

이시애가 난을 일으키던 날 밤, 강효문과 사통하던 기생 산비_{이시애 동생 이시합의 첩의 딸}가 몰래 문을 열어주었다. 이시애는 강효문뿐만 아니라 그의 부하 10여 명도 함께 죽이고, 관아의 구실아치 이극지를 조정에 보내 급히 아뢰게 했다『세조실록』13년 5월 16일.

"강효문은 여진족 등이 적선을 몰고 와서 우리 땅에 정박하고, 여러 관청에 불을 질렀음에도 죄를 묻지 않았습니다. 지금은 농사철임에도 많은 정예병을 거느리고 군사를 뽑으면서 '너희들이 모두 일어서서 한성의 조정대신들과 내응하면 큰일을 이룰 수 있다'며 반역을 도모하고 있습니다. 강효문의 군사 일부는 한성으로 향하고 있고, 조정의 한명회·신숙주·김국광·노사신·한계희 등과도 내통하고 있습니다. 저는 강효문과 여러 진의 대장을 죽이고 임금께서 친히 국문하시기를 기다리고 있습니다."『세조실록』13년 5월 16일

이시애는 이런 사정으로 우선 강효문을 죽이고 반역을 진압하는 '순역'을 일으켰다고 주장했다. 세조는 이극지를 추궁했으나 뾰족한 실마리를 더 얻지 못하고 일단 의금부에 가두었다. 그리고 이시애가 거명하지 않은 구치관·조석문·윤필상 등의 대신들을 불러 한밤중까지 논의했다.

바로 이어서 함길도 관찰사 신면_{신숙주의 아들}의 보고가 조정에 올라왔다. 신면은 이시애가 군사를 일으켜서 단천군수 윤경안과 점마

별감목장의 말을 점검하러 파견된 관리 심원을 죽이고 반역을 일으켰다고 보고했다. 엇갈린 보고가 올라왔지만, 함길도에서 심상치 않은 일이 벌어지고 있는 것은 틀림없었다.

세조는 한명회와 신숙주를 자신의 장자방과 위징이라고 할 만큼 신뢰했으나, 반역이라는 말에 일단 의심하고 조치를 취했다. 군사 30명으로 한명회의 집을 지키게 하고 아들과 사위를 의금부에 가두고, 신숙주와 아들도 마찬가지로 의금부에 가두었다. 그리고 함길도 관찰사 신면을 체포하기 위해서 의금부 관리를 보냈으나, 신면은 그 사이 이시애 반란군에 의해서 살해되었다. 세조는 정권 운영에 자신감을 갖고 있는 13년차였지만, 반역이라는 단어에 아무리 돈독한 신하라도 신뢰의 벽을 쌨다.

: **진압군 책임자가 되다** :

세조는 여러 보고를 종합해서 이시애가 반역을 일으킨 것으로 보고 진압군 책임자를 임명한다. 원래는 배다른 동생 밀성군 이침을 임명하려 했으나 병을 칭탁해서 사양했기에, 귀성군 이준을 함길도·평안도·황해도·강원도 병마도총사로 삼는다. 이준은 26세로 국가의 직책을 맡은 경험이 없었으나, 조정대신들이 반역에 가담했다는 의심이 있는지라 혈육인 조카를 진압군 책임자로 택한 것이다.

세조는 이준 휘하의 부사로 좌찬성오늘날 부총리급 조석문을 임명했다. 조석문은 당시 54세로 문인으로서의 경험이 풍부하지만 군사경험이 전혀 없었다. 세조가 군사경험이 없는 이들을 진압군 책임자와 부책임자로 임명한 것은 친정을 염두에 두고 있었기 때문이다. 세조는 반란을 진압하기 위해서 여러 차례 친정을 하고자 했으나,

신하들의 거듭된 반대로 실제로 출정은 하지 않았고 대신 후방지원을 철저히 했다.

이시애는 무인 집안에서 태어났고 어릴 때부터 무인의 꿈을 갖고 있었다. 할아버지는 이름이 올로첩목아로서 원래 원나라 동녕부의 직책을 갖고 있었는데, 동녕부를 공격한 이성계에게 항복한 후 고려 사람임을 밝히고 이원경으로 개명하고 고려 신하가 되어 검교문하부사를 지냈다. 부친 이인화도 경원 및 회령 절제사를 거쳐 중추원부사까지 오르고 세조 때 원종공신에 올랐다. 이시애는 문종 때 호군으로 들어와 세조 때 경흥진 병마절제사를 거쳐서 회령절제사에 오른다. 무과의 장원급제 기록은 없으나 소원대로 무인의 길을 걸은 것이다.

세조는 중앙집권을 강화했고 폐지된 호패법을 다시 실시해서 균역 등을 명확히 하고자 했다. 특히 함길도는 인재 등용이 상대적으로 적었고, 호패법 실시와 더불어 백성들의 불만이 고조되었다. 마침 어머니의 사망으로 회령절제사를 그만두고 시묘살이 중이던 이시애는 반란 계획을 세우고, 지역민에게 원성을 샀던 절도사 강효문을 죽임으로써 함길도 지역의 불만을 대변했고, 유향소*와 전직 관리들, 백성의 지지를 이끌어냈다. 그의 기치 아래 1만6천여 명의 군사가 모일 정도로 초반 기세가 대단했다. 그의 조상이 함길도를 근거로 많은 재산을 일구고 양민이 따르고 있었던 점도 중요한 배경이 되었다.

• 유향소: 고려 말, 조선 초기에 지방 수령을 보좌하면서 백성들의 풍속을 교화하기 위해서 설치한 지방 자치기관. 이시애의 난 이후 폐지되었다가 성종 때 다시 부활한다.

: 이시애의 난을 진압하다 :

이시애의 난은 3개월 만에 진압되었다. 도총사 이준을 중심으로 승리를 이끈 것은 진북장군 강순, 대장 어유소, 병조참판 겸 평로장군 박중선 등 무장들의 활약이 컸다. 강순의 지휘 아래에 있는 남이도 무과급제자로서 눈부신 활약을 펼쳤다. 세조의 철저한 후방 지원도 큰 몫을 했다. 세조는 함길도 관리와 백성들에게 "이시애가 순역을 일으켰다는 주장에 속지 말라"는 글을 여러 차례 보내 민심을 달랬고, 현지와 정보를 교환하면서 군사와 식량, 무기 등을 계속 추가 지원했다.

이시애를 사로잡은 것은 군관 허유례의 공이 컸다. 허유례는 함길도 절제사 허종의 설득으로 이시애 군영으로 위장 침투했다. 이시애에게 세작으로 체포되어 심문을 받았지만, 이시애가 임명한 길주 수령 아버지를 만나기 위해서 관군에서 도망쳤다고 속였다. 그리고 장수들에게 이시애를 체포하면 조정에서 후한 상을 내릴 거라고 몰래 설득했다. 이시애는 결국 조정의 진압군에 의해 무너지고, 부하 이운로 등에게 사로잡혀서 병마도총사 이준에게 넘겨졌다.

"너는 반역을 왜 일으켰느냐?"

"이유가 없다."

이준이 장을 치게 하자 이시애가 말했다.

"함길도 절도사 강효문이 역모를 꾀하려 해서 내가 먼저 선수를 쳐서 임금의 은혜를 갚으려고 한 것이다."

"임금에게 왜 미리 알리지 않았느냐?"

"임금에게 먼저 아뢰었다면 때가 늦었을 것이다."

"강효문이 반역을 일으키려 했다면서, 왜 다른 수령들은 죽였느냐?"

"나는 그 이유를 설명하지 않겠다."

"너는 어째서 자신을 절도사라고 했느냐?"

"백성의 민심을 모으려고 그랬을 뿐이다."

"왜 신숙주와 한명회가 반역에 가세했다고 했느냐?"

"조정의 수뇌 재상들을 다 죽이면 일이 수월하게 이루어질 것으로 생각했다."

"반역을 언제부터 계획했느냐?"

"3년 전 어머니의 상을 치를 때부터다. 함길도는 군사와 군마가 뛰어나기에 수령을 뽑아 앉혀서 내 뜻을 이루고자 했다. 이후 함길도를 근거로 병력을 길러 한성을 차지하려고 했다."『세조실록』13년 8월 12일

이준은 도총사로서 이시애와 이시합 형제를 사지를 찢어 죽이고 궁궐을 향해서 절을 올린 다음, 종사관을 통해서 승첩을 임금에게 보고했다.

: 한명회는 지는 해, 이준은 뜨는 해 :

이준은 이시애 난을 진압한 공으로 최고군사기관 오위도총부의 도총관이 되어 중앙의 군사까지 맡게 되었고, 정사에 참여했으며, 적개공신 일등에 올라 6공신*이 맺는 회맹에도 참여하게 된다. 세조가 세자와 6공신이 회맹을 맺게 한 것은 세자예종의 시대가 평화롭게 다스려지기를 바란 것이다.

- 6공신은 개국공신, 정사공신, 좌명공신, 정난공신, 좌익공신, 적개공신을 말한다.

임금은 이준에게 글과 상을 내려서 특별한 애정을 표했다.

"내 형제의 자식인 너를 아들처럼 여긴다. 노비 13구, 전지 150결, 은 50냥, 의복 1습, 안장 갖춘 내구마 1필을 주노라." 『세조실록』 13년 11월 2일

세조14년, 경복궁 후원에서 종친과 문무백관들이 참석하는 활쏘기 대회가 열렸는데, 임금은 세자와 귀성군 이준에게 술을 올리게 하고 춤을 추게 하면서 9기*로 하여금 노래를 부르게 했다.

"누가 대장군인가? 귀성군이다.

누가 천하를 평정하였는가? 귀성군이다.

누가 천하의 인물인가? 귀성군이다." 『세조실록』 14년 5월 1일

세조는 한명회에게도 술을 올리게 하고 기생들에게 노래를 부르게 했다.

"누가 원훈인가? 한명회다.

누가 구훈인가? 한명회다.

누가 신훈인가? 이준이다." 『세조실록』 14년 5월 1일

아무리 술이 몇 순배 도는 여흥 자리지만 노래를 들은 한명회의 심정이 어떠했을까? 원훈으로 인정을 받긴 했지만, 자신은 지는 해 구훈, 이준은 뜨는 해 신훈로 비교했으니 말이다. 한명회는 자신이 세조를 떠받치는 기둥이라고 자부했는데, 이제 자신을 대신할 젊은 피가 나타난 것이다. 한명회의 발언 기록은 없으나, 그는 꾹 참을 수밖에 없었을 것이다. 세조와의 술자리에서 감정을 노출하다가 유배를 가거나 참수를 당한 공신들이 있었기 때문이다.

● 9기는 노래하는 기생 8명과 농가를 부르는 여자 1명을 합한 것으로 세조 때 만든 것이다. 농가를 부르는 여자를 추가함으로써 궁궐 잔치에서 흥을 돋우게 할 뿐만 아니라 농사일의 어려움을 느끼도록 하기 위해서였다.

세조14년 6월 임금은 종친 춘양군 이내를 병조참판에서 이조참판으로 이동시키면서 세자예종에게 이렇게 말한 바 있다.

"안과 밖이 서로 도와야 나라를 잘 다스릴 수 있다. 이시애의 난 때 이준이 아니었다면 어찌 오늘이 있을 수 있겠느냐? 종친들을 조정의 내외에 배치하는 것은 나라를 유지하는 방법이다."『세조실록』14년 6월 4일

세조는 한명회, 신숙주 등 고굉지신도 중요하지만, 견제와 균형을 이루는 지렛대의 축으로 종친의 중요성을 세자에게 일깨우고, 그 중심에 젊은 종친 이준을 배치한 것이다. 이준을 4도 병마도총사로 임명하고, 도총관의 실직을 주고 신공신으로 올렸다. 이준을 남이와 같이 세자 예종을 위한 사전포석이자 기둥으로 키운 것이다.

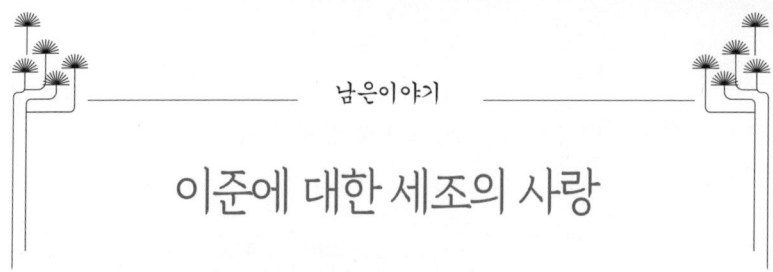

이준에 대한 세조의 사랑

세종은 소헌왕후 심씨 외에 5명의 후궁에게서 18남 4녀를 두었다. 소헌왕후 심씨와는 8남 2녀를 낳았다. 세종은 아들 풍년이었으나 그 아들들이 모두 복 받은 것은 아니었다. 첫째 문종은 왕위를 물려받았으나 병으로 일찍 39세 승하했고, 둘째 수양대군세조은 왕위에 올랐지만 왕권을 두고 싸워 셋째 안평대군과 여섯째 금성대군을 죽였다. 다섯째와 일곱째는 세종이 살아 계실 때 병으로 일찍 죽었다. 8명의 아들 중 5명은 이래저래 일찍 죽고, 왕이 된 세조와 넷째 임영대군, 여덟째 영응대군 등 3명만 남았다.

제3대 태종은 종친과 외척의 정치개입을 철저하게 차단했지만, 세종은 아들 수양대군, 안평대군을 책 편찬 등에 참여시켜 신하들과 교류를 갖게 했고, 세조는 종친에게 벼슬을 주어 조정 안팎에 포진시켰다.

세조의 종친 사랑

세조는 조카 단종문종의 아들을 죽였지만, 또 다른 조카 귀성군 이준임영대군의 아들은 특히 귀여워했다. 10대 후반부터 다른 종친들과 함께 궁의 각종 행사에 참여시켰고, 경복궁 경회루나 후원의 활쏘기 대회나 군사훈련을 구경하거나 실제로 참여하게 했고, 황해도나 평안도 순행이나 온양 온천 행차를 수행하게 했으며, 조정회의에도 참여시켰다. 이준은 종친이라는 이유로 궁궐 안팎에서 열리는 나라의 중요한 행사뿐만 아니라 국정에까지 참여한 것이다. 세조는 행사가 끝나면 술자리를 베풀곤 했는데, 이준은 자연스럽게 종친의 다른 어른들이나 조정의 신하들과 얼굴을 익힐 기회를 가졌다.

세조의 종친 사랑은 4명의 아종兒宗, 어린 종친을 둔 것에서도 볼 수 있다. 아종은 귀성군 이준, 다섯째 동생 광평대군의 아들 영순군 이부, 효령대군의 손자 은산부정 이철, 사위 하성군 정현조이다. 세조는 이들을 두 사람씩 매일 교대로 궁궐에서 숙직하게 했다. 기본적으로 승정원이나 예문관에서 궁궐에 숙직하며 임금의 명 등을 처리하는데, 승정원 승지에 버금가는 역할을 맡긴 것이다.

세조의 이준에 대한 인물평

세조10년 9월, 임금이 귀성군 이준에게 명을 내린다.

"오늘 첩종을 발령했으니 승정원에 알려라."『세조실록』 10년 9월 19일

첩종은 궁궐의 큰 종을 쳐서 군사들을 모아 치르는 비상훈련이다. 비상훈련의 최초 명령을 이준에게 내려서 승정원에 전달한 것을 보면, 이준이 임금에게 승지보다 더 가까이 있었음을 알 수 있다. 이날 군사들은 경복궁에서 동대문 밖 안암동으로 가서 사냥하는 군사훈련을 했는데, 세조도 친히 참여했다. 세조는 4명의 아종 중에서 이준이 학문은 모자라지만, 총명하고 슬기로우며 신체도 강건해서 재주가 가장 뛰어나다고 평했다.

이준에 대한 세조의 사랑은 끝이 없었다. 중전과 함께 이준의 아버지 임영대군의 집에 가서 잔치를 베풀고, 이준에게 사방 20리의 땔나무 채취권과 소금 50석을 주었다. 이준의 다른 형제들에게 이러한 상을 준 기록은 없다. 또한 노비 30구를 주고『무경』,『병장설』,『병요』 등 군사책도 주었다. 이준이 아내를 얻자 면포와 면주 등 수십 필도 하사했다. 이준이 세조에게 초특급 사랑을 받고 있었음을 알 수 있다.

27세 이준,
영의정의 독배를 마시다

: 세조의 파격적 발탁 :

세조 14년 7월, 임금은 27세의 귀성군 이준을 영의정으로 임명했다. 조선에서 영의정에 오르기 위해서는 원래 어느 수준 이상의 연륜을 쌓아야 했다. 일반적으로 과거에서 우수한 성적으로 합격하고 주요 부서를 거쳐서 판서와 좌·우의정을 거쳤다. 황희는 68세, 신숙주는 42세, 유성룡은 51세에 영의정에 올랐다. 이런 중간과정이 생략된 파격적 발탁이었다.

당시 좌의정 박원형은 57세, 우의정 김질은 46세였다. 박원형은 과거에 3등으로 합격해서 도승지를 역임하고 호조·형조·이조·예조 판서와 의정부 우찬성과 우의정을 거쳐서 좌의정에 올랐다. 유능한 관리로서 단계를 착착 밟아서 올라온 것이다. 김질도 과거에 합격하고 성균관 주부와 사예를 맡는 등 촉망받던 인재였으며, 성삼문의 단종복위운동을 밀고한 이후 신임을 얻고 승승장구해서 우의정에 올랐다. 박원형과 김질은 20, 30년 아래의 젊은 영의정을 모시고 국정을 논의해야 했다.

임영대군은 아들의 영의정 임명 소식을 듣고, 조정에 나와서 형 세조를 뵙고 철회를 요청했다.

"제 아들 이준은 어리석고 어려서 영의정에 어울리지 않습니다."『세조실록』14년 7월 17일

세조는 동생의 청을 받아들이지 않았다. 임금은 이준을 영의정으로 임명한 이틀 후부터 양위를 논할 만큼 몸져눕게 되었고, 2개월 동안 거의 병석에 있다가 승하한다. 이준은 영의정으로서 제대로 역할을 할 시간을 갖지 못한 채 버팀목인 세조가 사라진 것이다.

: 영의정에서 3개월 후 쫓겨난 이유 :

예종은 즉위해서 부왕 세조의 신하들과 제도를 그대로 이어받고, 인사를 통해 인물을 교체하지 않았다. 이준은 예종의 명을 받아 세조의 장례절차를 논의하고, 다른 종친들과 능 자리를 살펴보고, 빈전에 향을 올리거나 종묘에 시책보를 고하는 등 영의정으로서 통상적인 일을 수행했다.

이준은 영의정으로서 모난 행동을 한 기록은 없지만 3개월 후 교체된다. 예종은 그 자리에 좌의정 박원형을 임명했으나 그도 바로 죽어서, 다시 장인이자 영의정을 지낸 바 있는 한명회를 임명했다.

"신은 이미 늙었고54세, 나라에 할 일은 많습니다. 또한 임금께서도 제가 이시애의 난 때 의심을 받은 것을 잘 아시지 않습니까? 명을 거두시어 신의 남은 생애를 보전하게 하소서."

"이시애의 난 때 의심스러운 게 있었다면 오늘날까지 어찌 있었겠느냐? 그 얘기는 다시 꺼내지 말라." 『예종실록』 1년 1월 23일

한명회는 영의정 자리를 사양했으나 예종은 청을 받아들이지 않았다. 세조가 예종을 위해서 키운 신공신 이준의 자리에 구공신 한명회가 돌아온 것이다.

: 신공신의 싹을 자르려는 구공신의 반격 :

이준은 영의정에서 물러난 후, 아버지 임영대군이 죽자 시묘살이를 하면서 조정에서 떨어져서 조용히 지냈다. 그런데 전혀 엉뚱한 곳에서부터 시련이 시작되었다.

첫 번째는 아버지 임영대군의 반인주인의 행차 때 수행 하인 전중생으로부터다. 전중생은 경북 성주의 산을 개간했으나 관청으로부터 몰수당하자, 산을 감독하는 별시위 이예경에게 말했다.

"너는 장차 (우리의) 신하가 될 자인데 어찌 박절하게 대하는가?" 『예종실록』 1년 6월 13일

이예경은 '신하가 될 자'란 말을 문제 삼아 조정에 알렸다. 종친의 하인으로서 위세를 부리는 말로 여길 수 있으나, 역모로 주인이 바뀔 수 있다는 말로도 해석이 가능했다. 예종은 전중생을 잡아들여 추국하게 했다. 대신들이 '누구의 신하가 된다는 것인가'에 초점을 맞추어 추궁했으나, 전중생은 자신이 한 말은 시인했으나 더 이상은 입을 닫았다. 예종은 전중생이 고문에 못 이겨서 배후로 이준을 지목하지 않도록 사건을 가능한 빨리 종결지으려 했다.

"전중생이 자신이 한 말은 시인했으므로 죄를 정하는 것이 어떠한가?"

"전중생의 말은 매우 중대하므로 끝까지 따져야 합니다. 전중생의 몸이 회복되기를 기다려 다시 국문하소서."『예종실록』1년 8월 11일

한명회, 신숙주 등은 이준을 염두에 두고 배후를 밝혀야 한다고 주장했다. 예종은 신하들의 주장에 따라서 다시 국문을 하게 했다.

"장차 (우리의) 신하가 될 것이라고 한 것은 무슨 뜻이냐?"

"귀성군 이준이 조정에서 정사를 맡고 있으므로 그렇게 말하였습니다."『예종실록』1년 8월 12일

전중생은 모진 고문을 받고 이준의 이름을 말했다. 하지만 이준의 반역을 의심할 만한 구체적 단서는 없었다. 그럼에도 예종은 전중생을 처형하고, 의금부에서 이준과 그 아버지 임영대군의 하인들을 잡아와 추국하게 했다.

"전중생은 이준의 반당*이 아니므로 그의 얼굴을 모릅니다."『예종실록』1년 8월 12일

결과적으로 이준과 전중생의 연결고리를 찾지 못했다. 비록 이준에게 불똥이 튀지 않았지만, 조정대신들의 감추어진 발톱을 짐작하게 한다. 신공신의 새싹을 자르려는 구공신의 반격인 것이다.

: 두 번째 시련 :

이준의 두 번째 시련도 전혀 상관없는 곳에서 시작되었다. 예종이 승하하고 성종 즉위 1년, 충북 직산의 선비 김윤생이 성균관에서 공부하려고 한성에 올라와서 고향 사람 최세호 집을 방문했다. 이준의 어머니 최씨의 친척인 최세호는 자신의 가문을 자랑했다.

* 반당은 왕자, 공신 및 당상관을 우대하기 위해 개인별로 주는 병졸이다.

"우리 집안의 귀성군 이준은 왕손의 가문이다. 지금 어린 임금 성종을 왕으로 세웠으니 나라에 복이 없다. 귀성군 이준은 건장하고 지혜가 있으므로 신기神器를 주관할 만한 사람이다."『성종실록』1년 1월 2일

왕조국가에서 신기를 주관하는 것은 오직 임금뿐이다. 최세호의 말은 가문의 자랑으로 여길 수도 있지만 매우 위험한 발언이었다. 김윤생은 최세호의 발언을 불충이라고 여겨 승정원에 일러바쳤다. 성종은 바로 최세호와 주변 인물들을 잡아와서 의금부에 가두고, 사안의 중요성을 감안해서 의금부 위관으로 세조 때의 훈신, 즉 구공신 한명회·신숙주·구치관·홍윤성을 임명했다. 위관은 모반 등 중요 사건을 다룰 때 의정대신 중에서 임명하는 임시 재판장으로 검사 역할까지 할 수 있다.

성종 즉위1년 이즈음, 또 다른 고변이 있었다. 경기 부평에 사는 노비 석년이 같은 마을에 사는 군병 김치운과 양인 박말동에게 이런 말을 했다고 한다.

"지금 산릉 공사가 매우 힘들다. 귀성군 이준처럼 왕성하고 활발한 사람이 임금이 되었다면 현재 산릉 공사도 수월할 것이다."『성종실록』1년 1월 7일

산릉이 역사에 동원된 고된 심정을 동네 사람끼리 나눈 말이지만, 현재의 임금을 이준보다 못하다고 비교한 불경스러운 말이었다. 사헌부는 국문하기를 청했지만, 일단 불가하다는 명이 내려졌다.

"저희들끼리 난언을 한 것이다. 이준과 관계가 없으므로 국문할 수 없다."『성종실록』1년 1월 8일

이후 최세호 등을 국문했지만 이준과의 연결고리를 찾지 못했다. 그럼에도 대사간 강자평은 이준이 두 번이나 사람들 입에 오르내렸으므로 서인으로 삼아서 유배를 보내라고 청했다. 대사간조차 법적

근거도 없이 이준을 처벌하라고 한 것이다.

귀성군 이준은 영의정에서 물러나 시묘살이를 하면서 조용히 지내고 있었지만, 자신과 관련이 없는 사람들에 의해 자꾸 입에 오르내렸다. 왕권을 위협하는 존재로 비추어진 것이다. 어쩌면 세조 때 잘나간 것이 오히려 독이 되어 대가를 톡톡히 치른 것인지도 모른다. 세조라는 뒷배가 사라진 이후 그는 황야에 버려진 느낌이었을 것이다.

∶ 이준의 좌절, 신공신의 좌절 ∶

성종1년 1월, 한명회·신숙주 등은 이준의 과거 문제, 즉 궁녀 덕중이 보낸 언문 편지를 다시 끄집어냈다.

"이준은 세조 때 궁녀와 서로 정을 통했습니다. 그 죄를 다스려 서인으로 삼고 유배를 보내소서."

"그 문제는 세조께서 이미 사실이 아니라고 했다. 지금 소급해서 죄를 논할 수 없다. 그러나 다시 생각해 보겠다."『성종실록』1년 1월 13일

당시 정사를 청단하던 정희왕후는 처음에는 처벌할 수 없다고 버텼지만 여지를 남겼다. 이어서 정창손을 비롯한 공신들, 사헌부, 문무 2품 이상의 관원 등이 이준의 죄를 청했다. 정희왕후는 정승을 지낸 사람들과 육조판서, 종친들과 승지들을 불렀다.

"이준은 세조께서 사랑으로 돌본 사람인데 유배를 보내면 세조의 뜻에 어긋날 것이다."

이에 신숙주가 말했다.

"세조께서도 오늘날에 살아계셨다면 이준을 용서할 수 없었을 것입니다. 법으로 결단하소서."

"내가 마지못해서 경들의 의견을 따르니 잘 처리하라."『성종실록』1년 1월 14일

귀성군 이준은 왕권을 위협하는 아무런 행동도 하지 않았으나, 법적 근거 없이 공신명부에서 삭제당하고 직첩도 회수되었으며, 경상도 영해로 유배를 갔다. 그는 한성으로 돌아오지 못한 채 유배지에서 약 9년간 보내고 38세로 죽었다.

한명회·신숙주를 비롯한 훈구대신들은 이준이 조정에 등용되는 과정을 모두 지켜보았다. 세조가 살아 있을 때는 왕의 권력 앞에서 침묵했으나, 세조의 승하 이후 벌떼처럼 일어나 신공신 이준에게 죄를 씌우려 했다. 세조와 임영대군의 병풍이 사라지자, 누구도 이준의 편이 되어 주지 않았다. 구공신들은 신공신 이준에게 넘어가려던 권력을 되치기 해서 원래대로 되돌려놓은 것이다.

귀성군 이준은 훈구대신들의 벽을 뚫기에는 역부족이었다. 세조가 이준에게 내린 4도 병마도총사→오위도총부 도총관→영의정 자리는 오히려 독배가 되어 그의 죽음을 앞당겼다.

세조는 남이와 이준을 등용해서 장차 세자예종이 왕위에 올랐을 때 도울 최소한의 시스템을 갖추고자 했다. 그러나 예종은 부왕의 바람을 이어가지 못하고 남이를 죽이고 이준을 내쳤다. 세조의 젊은 인재 등용은 결과적으로 실패로 끝났다. 자신의 사후까지 왕권을 튼튼하게 이어가고자 했으나, 그 바람은 결국 조카의 생명을 단축하게 했고 예종에게도 도움이 되지 못했다. 인간은 자신의 손이 닿지 않는 곳까지 욕심을 뻗어 보지만 손에 닿지 않을 때가 많음을 늘 역사는 말해주고 있다.

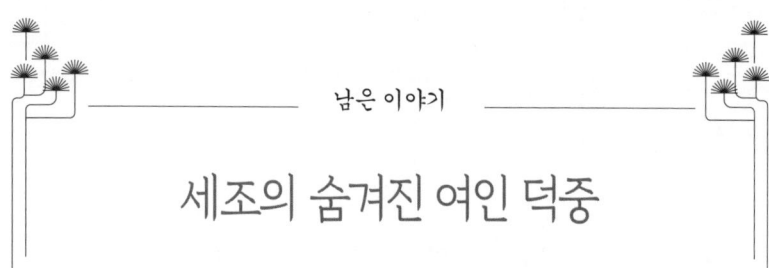

세조의 숨겨진 여인 덕중

신숙주 등이 이준과 정을 통했다고 주장한 궁녀 덕중은 어떤 여인일까? 덕중은 세조가 왕이 되기 전에 취한 여인으로 자식까지 낳았다. 세조가 왕위에 오르자 같이 궁궐로 들어와서 후궁으로 소용정3품에 오른다. 임금의 자식까지 낳은 후궁이지만 「선원계보도」에 오르지 못했다.

왜 「선원계보도」에 오르지 못했을까?

세조는 정희왕후와의 사이에 2남1녀를 두었지만, 첫째 의경세자는 세조3년에 졸했다. 신하들은 왕자를 더 낳아야 한다며 후궁을 들일 것을 권했지만, 세조는 자신은 여색을 밝히지 않는다고 여러 번 얘기할 정도로 여인들에게 별 관심을 두지 않았다.

궁궐로 들어온 지 10여 년, 덕중은 임금이 찾지 않는 외로움에 다른 곳에서 위안을 찾으려 했다. 첫 상대는 내시 송중이었는데 발각되어 처벌받고 더 이어갈 수 없었다. 덕중은 귀성군 이준을 짝사랑했다. 이준은 풍채가 뛰어났다고 한다. 덕중은 과감하게 연모의 정을 담은 편지를 언문으로 써서 내시를 통해 두 번이나 보냈다. 편지를 받은 이준은 두 번 다 아버지 임영대군과 함께 궁궐로 와서 세조에게 일러바쳤다.

세조11년 9월, 임금은 이 사실을 종친과 신하들에게 털어놓았다. 편지 심부름을 한 내시 둘은 조정의 기강을 무너뜨렸다고 해서 먼저 죽이고, 덕중도 교수형에 처한다. 연서를 보냈다고 자신의 아이까지 낳은 여자를 죽인 것이다.

다시 덕중 이름이 입에 오르내린 이유

사헌부는 이준의 처벌도 요구했다. 덕중이 편지를 두 번이나 보낸 것은 이준이 답장을 한 번은 보냈기 때문일 것이라고 추측했다.

"귀성군은 덕중과 관련 없는 것을 내가 안다. 만일 귀성군이 죄가 있다면 내가 먼저 죄를 주었을 것이다. 너희들은 품은 뜻을 다 말해도 좋지만, 이 문제는 떠들썩하게 하지 말라." 『세조실록』 11년 9월 16일

세조는 다음날 사헌부와 사간원을 승정원으로 불러 입단속을 시키는 것으로 마무리했다. 그럼에도 성종1년 1월, 신숙주 등은 이준을 처벌하기 위해서 덕중의 편지를 다시 끄집어낸 것이다.

덕중은 세조의 첩으로서 가마를 타고 궁궐에 들어갈 때는 주변의 부러움을 한몸에 받았을 것이다. 그러나 그녀가 궁궐로 들어온 것은 불행의 서막이었다. 궁궐로 들어온 후 아이가 죽었고, 바라볼 남자는 오로지 임금밖에 없었으나 외면당했다. 덕중에게 궁궐은 사랑이 없는 닫힌 감옥이었다. 그녀는 후궁이 되었으니 왕실외 족보인 「선원계보도」에 오르지 못하고 '궁녀 덕중'으로만 기록되었다. 덕중이 궁궐로 들어오지 않고 열린 공간에서 살았다면 평범한 사랑을 했을까? 왕의 여인이 된다고 해서 모두 행복한 것만은 아니었다.

두 곳의 명당을 빼앗다

임금이 승하하면 빈전도감, 국장도감, 산릉도감 등 3개의 임시기구가 설치된다. 『세종오례』의 흉례 의식에 따르면, 빈전도감은 염·습·성빈·성복 등을 하고, 국장도감은 재궁·거여·책보·제기 등을 맡고, 산릉도감은 현궁, 즉 능 조성과 정자각을 담당한다. 정자각은 정T자 모양의 집으로 왕릉 앞에 지어 제사를 지내는 공간이다. 세 도감의 총책임자는 좌의정으로 한다. 이 중에서 빈전도감과 국장도감은 오례_{伍禮儀}에서 정한 예에 따라 절차를 지켜나가면 되지만, 산릉도감은 다르다. 산릉도감은 5개월 동안 지속되는데, 능 자리를 선정해서 능을 조성하는 것이 때마다 사정이 다르고 현 임금의 의지가 가장 중요하다.

: 명당을 찾아서 :

예종이 부왕 세조의 능 자리로 처음 관심을 가진 곳은 할아버지 세종의 영릉 주변이었다. 당시 세종의 영릉은 태종의 헌릉서울 서초구 대모산 서쪽에 있었다. 예종은 세조 때 영의정을 지낸 정인지 등을 보내서 살펴보게 했는데, 정인지는 영릉 부근에는 마땅한 곳이 없다고 했다.

예종은 다시 정인지·한명회·신숙주, 종친 밀성군 이침과 귀성군 이준 등을 나누어 보내 새로운 능 자리를 찾게 하고, 화공을 보내 산의 형세를 그려오게 했다. 종친 이침과 이준이 답사한 후 보고한 곳은 정흠지의 무덤이었는데, 산 모양이 기이하고 수려해서 매우 합당하다고 했다. 이에 신숙주 등에게 관상감의 상지관들을 데리고 다시 살펴보게 했는데, 상지관들은 매우 좋은 자리라고 했으나, 한 명이 오른쪽 팔뚝이 좁고 주혈이 기울어진 흠이 있다고 했다. 신숙주가 경기도의 좋은 땅을 더 찾아보고 연희궁무악산 서쪽의 뒷산, 그리고 여주에 있는 권총 부모의 묘자리를 검토했으나, 여기에도 반대가 있었다.

서거정과 밀성군 이침은 다시 정흠지의 무덤 자리가 좋다면서 나무를 베어내고 살펴보자고 했고, 이에 임금은 나무를 베고 종친과 신하들에게 살펴보고 의견을 내라고 했다. 정인지가 말했다.

"정흠지의 무덤 밑에 유견의 무덤이 있는데, 그 혈이 좋습니다."『예종실록』 즉위년 9월 30일

상지관도 의견을 내었다.

"산세가 능침에 적당하지만 주혈이 기울어져 있는데, 이는 흙을 돋우면 됩니다."『예종실록』 즉위년 10월 1일

대부분의 의견이 긍정적이었다. 예종은 다음날 정흠지의 무덤이 있는 풍양남양주시으로 가서 신하들과 상지관들에게 산세의 길흉을 묻고, 주산에 올라서 산세의 내맥을 살펴본 후 선왕의 능 자리로 결정한다. 현재의 광릉남양주시 진전읍이다. 능을 보호할 사찰 터도 찾게 한다. 예종은 상지관 안효례의 공을 인정해서 당상관으로 올려준 반면, 터가 좋지 않다고 말을 바꾼 상지관 최호원을 의금부에 가둔다. 부왕의 능 자리에 대한 예종의 심경을 엿볼 수 있다.

예종은 정흠지의 아들 정창손과 유견의 아들 유균에게 이장을 준비하도록 했다. 정창손에게는 관·곽속널·겉널, 유둔기름종이, 종이 100권과 쌀, 콩 100석, 능 조성을 도울 군인 50명을 붙여주고, 유균에게도 비슷한 규모로 하사했다.

애초에 정흠지와 유견의 후손은 자손대대로 복을 누리고자 조상의 묘를 좋은 터에 썼을 것이다. 그러나 왕명을 거절할 수 없었기에 부모와 가족의 묘를 이장해야 했던 것이다.

예종은 부왕 세조의 능 자리를 결정한 후, 할아버지 세종의 능도 옮기기 위해 신하들과 종친들을 나누어 명당을 찾게 했다. 세종의 능은 여주에 있는 이계전과 이인손의 능 자리로 결정되었다. 세종의 능은 처음 묻혔던 서울 서초구 대모산에서 경기도 여주로 이장되었다. 세종이 서울에서 멀리 떨어진 여주에 잠든 이유이다.1권, 수릉과 영릉 그리고 풍수학 참고.

: 세 번째 복 :

예종은 부왕 세조와 할아버지 세종을 위해서 명당을 찾았는데, 공교롭게도 두 곳 모두 조선의 신하들이 이미 잠들어 있는 곳으로 풍수학에서 길지로 여겨진 땅이었다. 예종은 그 터를 빼앗아 부왕과 할아버지 능을 조성했다. 세조의 광릉을 조성하는 데는 역부 5천 명, 세종의 영릉을 천장이장하는 데는 부역군 5천 명과 장인 150명이 동원되었다.

조선에서 왕족은 이미 두 가지의 복을 갖고 태어난다. 왕의 자식은 대군大君 혹은 군君으로 봉해져서 품계가 정1품보다 위이고, 먹을 것과 집을 나라에서 제공해 준다. 부와 권력은 이미 확보했다. 그 나머지의 복은 장수이다.

예종이 신하들의 무덤 자리를 빼앗은 것은 조상을 편히 모셔서 복을 소망했기 때문일 것이다. 그럼에도 예종은 19세의 어린 나이로 승하했다. 조상의 능자리가 그의 복, 수명을 지켜준 것은 아니었다. 풍수학을 포함한 당시의 지혜를 최대한 모아 명당이라는 곳에 조상의 묘를 조성하고 천장을 했으나, 자신에게 그렇게 도움이 되지는 못했다.

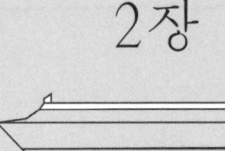

2장

성종, 홍문관의 날개와 폐비 윤씨의 비극

예종의 승하 당일,
성종이 왕위에 오르다

조선에서 여성은 정치에서 철저하게 배제되었다. 그러나 어린 임금이 즉위하면 정무를 처리할 때 후견인 역할을 하는 사람이 필요했다. 이럴 때 임금의 어머니 혹은 할머니가 조정에 관여해서 역할을 했는데 이를 '수렴청정'이라고 한다. 조선에서 수렴청정은 처음 성종에서 마지막 고종까지 7번 있었다. 9대 성종의 정희왕후 할머니, 13대 명종의 문정왕후 어머니, 14대 선조의 인순왕후 명종의 비, 23대 순조의 정순왕후 할머니, 24대 헌종과 25대 철종의 순원왕후 헌종의 할머니, 26대 고종의 조대비 익종의 비 등이다.

수렴청정은 왕대비나 대왕대비가 임금과 신하들 사이에 발을 드리우고 정사를 처리하는 것으로 중국에서 시작되었다. 엄격하게 보면, 조선에서 수렴청정의 형태로 정사를 시작한 것은 13대 명종부터다. 그 이전 성종 때 정희왕후가 정사에 참여한 것은 '정사의 청단'이라고 한다. 청단은 신하들의 이야기를 듣고 판단하는 것이다. 즉,

정희왕후는 발을 드리워서 얼굴을 가리는 형태의 수렴청정은 아니었다. 정희왕후는 어떻게 정사를 청단했을까?

: 예종의 갑작스러운 변고 :

제8대 예종은 너무나 갑자기 승하했다. 승하하기 이틀 전 몸이 불편하다는 것이 조정에 알려졌다. 원로대신들과 종친들은 궁궐로 들어와서 문안하고 궁궐 안의 내불당과 전국의 명산에서 기도를 올리고, 죄인들을 풀어주어 원한이 흩어지게 했으나 효과가 없었다. 임금의 몸이 불편하다고 알려진 이틀 후, 예종은 경복궁 자미당에서 진시아침 7시~9시에 승하한다.

예종은 어릴 때부터 족질발병을 앓았다. 어머니 정희왕후도 그 사실을 알고 있었다. 그러나 임금이 아파도 사람을 시켜서 문안인사를 했기에, 정희왕후는 아들의 병이 심각한 줄 몰랐다. 어의들이 뜸질로 치료하려 했으나, 임금은 진맥조차 하지 못하게 했다.

"조그만 질병도 외부 사람이 알아서는 안 된다." 『성종실록』 즉위년 12월 1일

예종은 엄명을 내렸다. 게다가 병이 났을 때 수라를 멀리하고 술만 마시는 나쁜 습관을 가지고 있었다. 엎친 데 덮친 격이었다. 그럼에도 즉위 1년 2개월 후, 스무 살 이전에 승하한 것은 너무나도 갑작스러운 변고였다.

: 자산군이 주상자로 결정되다 :

조정대신들은 임금의 승하 소식을 듣고 통곡했으나, 빨리 주상자主

喪者를 결정해야 했다. 조선에서 왕이 승하하면 주상자는 세자가 되고, 차기 왕이 된다는 것을 의미했다.

예종은 2남 1녀를 두었는데, 아직 세자를 정하지 않은 상태였다. 맏아들 인성대군은 병으로 죽었고, 둘째 제안대군은 고작 3세였다. 당연히 아들 제안대군이 주상자가 되어야 하지만 너무 어렸다. 그외 주상자가 될 후보가 2명 더 있었는데, 세조의 맏아들로 고인이 된 의경세자(예종의 형)의 아들이자 예종의 조카 월산군(16세)과 자산군(13세)이었다. 궁궐의 가장 큰 어른은 세조의 왕비 정희왕후로 3명 모두 그녀의 친손자였다.

정희왕후와 원상 신숙주 등 조정대신 사이에 주상자를 정하기 위한 논의가 시작되었다. 연락책은 세조의 딸 의숙공주의 남편 하성군 정현조가 맡아 둘 사이를 오가면서 의견을 조율하고 절차를 밟아나갔다. 조율이 끝난 후 정희왕후는 경복궁 강녕전에서 신하들에게 하문했다.『예종실록』1년 11월 28일

"누가 주상자로서 좋겠느냐?"

"신하들이 논의해서 결정할 일이 아닙니다. 왕대비의 전교를 듣고자 합니다."『예종실록』1년 11월 28일

신하들은 정희왕후에게 공을 넘겼다. 정희왕후가 드디어 입을 열었다.

"제안대군은 포대기 속에 있고 월산군은 원래부터 병이 있었다. 자산군은 비록 나이는 어리지만, 세조께서 그의 도량을 태조와 견주었다. 그를 주상자로 하는 것이 어떻겠는가?"

"진실로 마땅합니다."『예종실록』1년 11월 28일

신숙주를 비롯한 참석자 모두가 동의했다. 자산군 이혈이 13세로 예종의 주상자가 되고 차기 임금으로 결정된 순간이다. 조선 건국

이래 처음으로 대왕대비가 손자를 왕으로 지명한 것이다.

: 8시간 만에 조선의 앞날을 결정하다 :

또한 신숙주 등 신하들은 정희왕후에게 정사를 청단해 달라고 요청했다.

"내가 복이 없어서 자식이 흉사를 당했다. 더군다나 나는 문자를 모르기 때문에 정사를 청단하기 어렵다. 사군嗣君, '임금을 잇는다'는 뜻으로 여기서는 성종을 의미의 어머니 수빈은 문자와 사리를 알고 있으므로 그 자리를 감당할 수 있을 것이다."『성종실록』즉위년 11월 28일

정희왕후는 며느리 수빈을 추천했다. 수빈은 성종의 어머니 소혜왕후로 TV드라마 소재로 자주 등장하는 인수대비를 말한다. 그러나 신숙주 등 조정대신들은 정희왕후에게 두세 번 더 국정을 판단해 달라는 장계를 올렸다.

정희왕후는 결국 신하들의 청을 받아들여 정사를 청단하기로 한다. 예종의 갑작스러운 승하로 조정은 슬픔에 잠겼으나, 주상자와 정사를 처리할 최종 결정권자까지 순조롭게 정해졌다.

예종의 승하 당일 바로 성종이 즉위한다. 임금의 자리를 잠시도 비워둘 수 없고, 백성의 민심을 안정시킬 필요가 있었다. 성종은 신시오후 3~5시에 면류관을 쓰고 곤룡포를 입고 경복궁 근정문에서 즉위식을 올리고 조정대신들의 하례를 받았다.

예종의 승하, 주상자와 정사의 청단 결정, 성종의 즉위식까지 숨가쁜 결정이 불과 8시간 정도밖에 걸리지 않았다. 성종은 세자도 거치지 않고 최단시간 왕위에 오르고 조선의 9대 임금이 되었다.

정희왕후,
정사를 청단하다

정희왕후는 조선에서 처음으로 여성으로서 정사의 최종 결정권자가 되었다. 13세에 즉위한 손자 성종이 어느 정도 장성할 때까지 해야 할 것이다.

정희왕후는 3가지 형태로 정사를 청단했다. 첫째, 신하들과 직접 대면하는 방법이다. 이때 수렴, 즉 발을 드리운 기록은 없다. 둘째, 승지와 내관을 통해서 자신의 뜻을 전달하는 방법이다. 셋째, 대왕대비가 언문교지, 즉 의지懿旨를 써서 승정원으로 내려보내면, 승정원은 이것을 한문으로 번역해서 왕이나 조정에 보고하고, 조정의 결정은 그 반대의 과정을 거쳐서 정희왕후에게 보고했다. 정희왕후는 한자는 몰랐지만 세종의 덕택으로 언문은 알았다.

: 정희왕후가 국정 경험이 풍부했던 이유 :

정희왕후는 의외로 국정의 간접경험이 풍부했다. 세조는 재위 14년 동안 신하들과 자주 술자리를 가졌는데, 임금의 정치공간 사정전뿐만 아니라 왕비의 공간 교태전에서도 열었다. 세조는 중전을 조강지처의 자격으로 참석시켰다. 조선에서 임금과 신하의 공식 또는 비공식 술자리에 왕비가 참석한 유일한 예라고 볼 수 있다. 또한 궁궐의 공식행사에도 정희왕후를 참석시켰다.

　임금과 조정대신들의 술자리나 행사에서는 사적 이야기뿐만 아니라 국가의 주요 정책도 다루어졌다. 정희왕후는 국정 논의를 자연스럽게 들을 수 있었으며, 조정의 흐름을 파악할 수 있었다.

　또한 원상제도도 정희왕후가 정사를 원활하게 처리하는 데 도움이 되었다. 원상은 세조 때부터 국정의 주요 역할을 했던 인물들로, 정희왕후가 정사를 청단할 때까지 거의 변동이 없었다. 따라서 정희왕후와 조정대신들은 서로 낯설지 않았다. 신하들이 정희왕후에게 정사의 청단을 계속 요청하고, 정희왕후가 수락한 것에는 이러한 배경이 작용했으리라.

: 과감한 호패법 개혁 :

정희왕후가 정사를 청단하며 내린 첫 결정은 장례용품의 국산화였다. 예종의 장례식에 필요한 물품을 중국제 대신 조선에서 구할 수 있는 품목으로 대체했고, 빈전왕이나 왕비의 시신을 모셔둔 전각에 사용하는 금은 그릇도 새로 만들지 말고 기존 것을 나누어 쓰게 한다. 임금의 장례식을 가능한 소박하게 해서 백성의 수고로움을 줄이고 근

검절약하려는 평소 생각을 읽을 수 있다.

정희왕후는 정사를 청단한 6일째 과감한 정책을 들고 나왔다. 바로 호패법 개혁이다. 예종의 갑작스러운 승하로 조정이 슬픔에 빠져 있고 장례절차를 논의하고 준비하고 있을 때였다. 정희왕후는 원상 한명회와 최항에게 호패법 실시 이후 백성들의 삶이 더욱 궁핍해지고, 한성의 쌀값과 면포값이 치솟고 있다면서 호패법을 폐지하자고 했다. 한명회와 최항은 이는 간단한 문제가 아니므로 육조판서 이상이 참석하여 다루자고 답변을 올렸다.

정인지·정창손 등 조정의 원로대신, 신숙주·한명회 등 원상, 육조판서 이상과 도총관 들이 참석했다. 사안의 중대성을 감안해서 조정의 주요 대신들이 거의 참석한 것이다. 정희왕후는 왜 갑자기 호패법 폐지를 들고 나왔을까? 우선 그 찬반 여부를 보자.

> 폐지 측: 호패법은 양민과 천민의 정확한 인구를 파악하기 위해서 실시했다. 이제 그 목적을 달성했다. 호패법을 폐지해도 국가적 손해가 없다. 또한 죽은 사람이 호패를 반납하지 않는 폐단이 있고, 호패법을 위반하는 백성도 있기 때문에 폐지하는 것이 편리하다.
> 유지 측: 군대의 정원이 옛날보다 증가한 듯 보이지만 실상은 그렇지 않다. 기병과 보병이 옛날보다 약하다. 이를 보충하기 위해 지역의 군사를 두 배로 뽑아올리기 때문에 한성의 물가가 뛰어오르고 있다. 장정의 수와 군대의 정원을 정확하게 파악하기 위해서는 아직 호패법을 폐지하지 말아야 한다.

양쪽의 주장이 팽팽했다. 호패법은 양날의 칼이었다. 호패법으로 정확한 군적과 부역을 파악하고 양민과 천민을 구별하고 도망이나 유랑을 금지해서 도적을 줄이는 순기능이 있었지만, 백성들은 부담이 늘어나기 때문에 심하게 반발했다. 태종 때 호패법이 처음 실시되었으나 폐지되고 세조에 의해 다시 도입되었는데, 세조 때 이시애의 난도 호패법 실시로 인한 백성의 고통이 한 이유였다.

정희왕후는 이틀 뒤인 성종 즉위년 12월 6일, 호패법을 폐지하도록 의정부에 명을 내렸다.

"호패법을 실시한 목적, 즉 양민과 천민의 인구수는 이제 파악되었다. 그러나 죽은 사람의 호패를 반납하지 않고, 호패가 없는 사람은 죽은 사람의 호패를 차서 법을 어기고, 이에 따른 형벌이 가혹해져서 백성들이 고통스럽기에 폐지한다."『성종실록』 즉위년 12월 6일

정희왕후는 조정대신들이 올리는 이야기를 듣고 정사를 판단하는 '청단'이 아니라, 자신이 정책을 들고 나와 호패법을 폐지하는 단호함을 보였다. 호패법 폐지로 자신이 국정의 최고 책임자임을 각인시켰다. 그녀가 이토록 서둘러 호패법 폐지를 밀어붙인 것은 세조 때 호패법 폐지 논쟁을 지켜본 경험이 있었기 때문이다.

: 가혹한 몽둥이 사용 금지 :

또한 정희왕후는 둥근 몽둥이 형벌을 금지했다. 둥근 몽둥이는 도둑들조차 "우리가 차라리 장사치가 될지언정 도둑질은 하지 말자"『성종실록』 2년 2월 8일라며 무서워했던 형벌 도구로 예종이 도입했다. 정희왕후는 남편 세조가 도입한 호패법을 폐지한 후, 이제 아들 예종이 도입해서 갓 실시한 제도를 폐지하겠다고 선언했다. 포악한 무리를 징계해야 하지만, 그중에 원통하고 억울한 백성이 있을까 염려되어 사용을 금지한다고 밝혔다. 예종 때 둥근 몽둥이로 맞아 죽은 자도

있었기 때문이다.
 그러나 조정에서는 반대가 심했다. 아직도 도적이 날뛰고 있고, 심지어 한성은 흉기를 들고 집에 침입하는 강도들까지 있는데, 엄중한 형벌을 가하지 않으면 도적질이 그치게 할 수 없다는 것이다. 정희왕후는 반대의견을 수렴해서 도적을 잡는 방법과 둥근 몽둥이의 사용원칙을 정하게 한다. 도적을 없애면서 백성의 인권을 보호하는 절충안을 마련한 것이다. 정희왕후는 이처럼 정사를 청단하자마자, 남편 세조와 아들 예종이 실시한 제도를 과감히 바꾸었다. 오랫동안 정사에 간접적으로 참여한 경험이 밑바탕이 되었다.

: 정책기준은 백성의 눈높이 :

성종 즉위년 12월, 정희왕후는 후궁들이 모여 사는 자수궁이나 수성궁 등에 들어가는 물품이나 숯을 조사하게 한다.
 "무릇 궁궐에 올라오는 물품은 크고 작은 것에 상관없이 모두 백성에게서 나오는 것이다." 『성종실록』 즉위년 12월 14일
 자신에게 올라오는 물품도 줄이도록 했다. 정희왕후는 남편 세조가 말씀한 것을 늘 잊지 못한다면서 백성에게 폐를 끼치고 싶지 않다고 했다. 이후에도 가뭄이나 흉년이 들면 물품을 줄이거나 올리지 못하도록 했다. 자신을 시중드는 시녀와 무수리의 숫자를 줄이고, 대신 급료를 주어 정당한 대우를 받게 했다. 또한 제주 목사에게 명을 내려 제주 해녀들이 궁궐 여인들의 호사를 위해 물질을 해서 캐는 진주를 바치지 말라고 했다. 백성의 손으로 캔 진주를 조정에 바치는 대신 백성의 소득에 이바지하라고 한 것이다.
 정희왕후가 정사를 청단하면서 취한 이런 조치들은 조정대신들

이 생각하기 어려운 것이었다. 여인의 눈으로 백성의 편에 서서 섬세하게 정책을 펼친 모습을 엿볼 수 있다.

: 정희왕후의 임금 교육법 :

정희왕후는 무엇보다도 성종이 제대로 된 임금으로 성장할 수 있도록 발판을 마련해주어 빨리 홀로서기를 하게 했다. 우선 임금의 심성을 바르게 키우고자 임금의 좌우에 경계가 될 만한 문구를 쓴 병풍을 놓게 했다. 책은 펼쳐야 볼 수 있지만 병풍은 바로 눈앞에 놓여 있기에 자연적으로 보게 된다는 생각에서였다.

또한 성종이 학문적으로 성장할 수 있도록 옆에서 꼼꼼히 챙겼다. 성종이 어좌에 오른 열흘 후, 신숙주는 임금의 경연방법에 대해 정희왕후에게 보고한다. 교재는 『논어』로 시작하고 하루에 2번 조강과 주강을 하고, 임금과 신하가 책을 음독하고 해석하는 횟수도 정했다. 조강의 시강자는 9명, 주강자는 3명이었다.

성종이 즉위한 지 한 달여 후 성종 1년 1월 7일, 처음으로 경연이 시작되었다. 신숙주를 비롯한 8명이 참여했고 성균관 박사를 지낸 동지사 정자영이 첫 시강을 했다. 『논어』의 학이편 '학이시습지 불역열호 배우고 나서 때때로 익힌다면 이 역시 기쁜 일이 아니겠는가'로 시작했다. 정자영은 음독과 해석을 3번 하고 임금은 각각 한 번씩 했다. 정희왕후는 옆에서 참관하고 따끔하게 지적했다.

"오늘 경연에서 해석한 음과 뜻이 분명하지 못하다."

"정자영은 학문에 정통해서 강의를 잘합니다. 오늘 처음이기에 강의를 시원스럽게 하지 못했을 뿐입니다." 『성종실록』 1년 1월 7일

정희왕후는 스스로 문자를 모른다고 했으나 학습 분위기를 충분

히 이해하고 있음을 알 수 있다. 신숙주가 변호했으나, 정자영은 중앙의 군사조직 호분위로 자리를 옮겨야 했다. 문인이 특별한 이유 없이 군사의 일을 맡는 것은 좌천이다. 경연관들은 긴장했고 사전준비를 철저히 해야 했다. 정희왕후가 성종의 학문을 성장시키기 위해서 얼마나 신경을 썼는지 알 수 있다.

정희왕후는 임금이 아직 학문에 통달하지 못했기에 조강과 주강의 스승이 달라 설명이 다르면 이해하기 어렵고 따라가기 쉽지 않을 것이라고 판단하고, 조강과 주강의 스승을 같은 인물로 하게 했다.

"임금이 내시들과 시간을 보내면 무슨 도움이 되겠는가? 대신들을 자주 만나 마음을 터놓고 이야기를 하면 좋을 것이다." 『성종실록』 1년 2월 16일

경연은 하루 2번에서 조강, 주강, 석강 등 하루에 3번 하는 것으로 바꾸었다.

성종은 조선의 왕 중에서 최고의 모범생으로 알려져 있다. 재위 25년 동안 하루에 3번 하는 경연을 거의 빠뜨리지 않았고, 이에 더해서 밤중에 하는 보충수업 야대까지 하고, 야대에 사관이 참석해서 기록하게 했다. 사관이 옆에서 기록하는데 임금이 졸면서 강의를 받을 수는 없었을 것이다. 성종2년 2월, 임금이 계속 책을 읽는 모습을 보고 정희왕후가 물었다고 한다.

"피곤하지 않습니까?"

"마음이 자연스럽게 책 읽기를 좋아하기 때문에 피곤한 줄 모르겠습니다." 『성종실록』 2년 2월 29일

정희왕후는 자신이 왕으로 지목한 손자 성종이 학문으로도 착실하게 성장하고 있음을 보고 속으로 흐뭇하게 생각했을 것이다.

조선의 임금은 세자시절이나 왕이 되어서도 계속 공부를 해야

했다. 세자의 공부는 서연, 임금의 공부는 경연이다. 고전과 역사에서 성군이 되는 덕목을 쌓아서 어진 왕이 되기를 바라는 염원에서다. 또한 왕조국가의 왕권을 견제하는 역할도 했다. 경연에서는 임금과 신하의 위치가 제자와 스승으로 바뀌고, 신하들은 학문을 통해서 성군이 되라는 덕목과 교훈을 끊임없이 강조할 수 있다.

정희왕후가 정사를 청단하는 데는 자신의 경험과 노력뿐만 아니라 원상제도도 큰 보탬이 되었다. 성종 때 원상은 승정원에 2명씩 교대로 나와서 정희왕후와 임금의 자문에 대비하고 정무를 처리했다. 원상들은 세조 때부터 국정의 주요 역할을 해왔기 때문에, 조정의 주요 인사와 자리를 독점한다는 신진세력의 반발도 있었지만, 국정의 일관성을 유지하는 데는 도움이 되었다.

: 철저한 주변관리 :

정희왕후는 주변관리도 철저하게 했다. 성종 즉위년 12월, 이조판서 한계미에게 단단히 일러두었다.

"내가 지금 정사를 청단하고 있으므로, 경은 나의 친인척을 천거하지 말라." 『성종실록』 즉위년 12월 8일

정희왕후가 정사를 청단하는 동안 종친의 관직 임용은 거의 없었다. 또한 그녀는 친인척의 잘못에 예외를 두지 않았다. 성종1년 5월, 양주목사 윤호가 영응대군의 남자 종 금희를 잘못된 정보로 도둑으로 몰아 때려서 발을 부지런 일이 있었다. 이 형벌로 금희가 죽자, 금희의 아내는 남편의 억울한 죽음을 조정에 고발하려 했다. 그런데 주인인 영응대군의 부인은 윤호가 정희왕후와 같은 파평 윤씨로 인척간이라며 고발을 하지 못하도록 했다. 정희왕후는 이 일을

알고 단호한 지시를 내렸다.

"비록 내 친척일지라도 어찌 잘못된 형벌로 사람을 죽여도 좋으냐? 금희의 아내를 불러 사실을 파악하고, 윤호를 붙잡아 와서 국문하라." 『성종실록』 1년 5월 12일

또한 정희왕후가 왕비일 때, 세조6년 8월 막내동생 윤사흔이 호조참판으로서 의정부의 하급관리를 자기 마음대로 가둔 일이 있었다. 조선에서 형벌의 권한은 오로지 임금에게 있다. 의정부의 하급관리가 아무리 잘못을 했어도 호조참판이 가둘 권한은 없다.

"윤사흔은 내가 타이르고 주의를 준 말을 듣지 않다가 이 지경에 이르렀습니다." 『세조실록』 6년 8월 6일

정희왕후는 이 사실을 알고 매우 화를 내고 자신을 책망하면서 왕에게 벌을 주도록 청했다. 세조는 왕비의 뜻을 알고, 신하들의 만류에도 불구하고 윤사흔을 파직하고 국문하게 한 바 있다. 마찬가지로, 정희왕후는 손자 성종에게 부담되지 않도록 종친의 등용을 막고, 성종에게 누가 될 수 있는 사안에 대해서는 철저한 원칙을 지켰다. 또한 자신에게는 엄격했고 신하들에게는 너그러웠다. 예종의 승하로 49재를 지낼 때까지 자신은 고기를 먹지 않았지만, 70세 이상과 병이 있는 신하들의 명단을 파악해서 고기를 먹도록 했다.

: 익명서와 노비소송 :

정희왕후는 성종의 즉위 후 약 7년간 정사를 청단했다. 이러한 업적에도 불구하고, 성종6년 11월 스스로 정사의 청단을 그만두겠다고 했다. 그 계기는 익명서와 노비소송이었다.

"강자평이 진주목사가 된 것은 대왕대비 정희왕후의 특명이다." 『성

『성종실록』 6년 11월 18일

익명서에 정희왕후의 이름이 적혀 있었고, 그 옆에는 오빠 등의 이름이 나열되어 있었으며, 이름 아래에 적賊 자와 함께 많은 욕이 쓰여 있었다. 승정원은 성종에게 그 내용을 보고했으나 임금은 익명서를 불태워버리라고 지시했다. 조선에서 익명서는 불문에 붙였기 때문이다.

또한 노비소송에서도 정희왕후의 이름이 나왔다. 노비소송에서 진 최개지가 정희왕후의 언니와 동생 윤사흔이 상대를 도와서 자신이 졌다고 주장한 것이다. 이 이야기도 임금에게 보고되었고, 정희왕후도 사건을 알게 되었다.

사건이 불거진 이후, 성종 7년 1월 13일 정희왕후는 정사의 청단을 그만두겠다는 장문의 언문 편지를 내린다. 우선 정사에서 좀더 일찍 물러나야 했는데, 중전 성종의 첫 왕비 공혜왕후 한씨이 갑자기 훙서해서 어쩔 수 없이 현재에 이르렀다면서, "사람들이 나더러 대왕대비가 되었으니 무슨 근심이 있겠는가?"라고 하지만, 남편 세조와 손자 성종을 욕되게 하지 않으려고 늘 마음 조렸다고 심경을 밝혔다. 그리고 정사를 청단하는 동안 친인척을 위한 일을 하지 않았지만, 두 사건에 자신의 이름이 오르내린 것은 '까마귀 날자 배 떨어지는 격'이라고 억울한 심정을 토로했다.

"이제 주상이 장성했고 20세, 학문도 성취되어 모든 정무를 결정할 수 있다. 중앙과 지방에 알려라."

임금과 신하들이 여러 차례 만류했으나 결심을 바꾸지 않았다.

"어쩔 수 없다. 정승 등은 잘 보좌하라."『성종실록』 7년 1월 13일

성종은 결국 할머니 정희왕후의 뜻을 받아들인다. 이로써 약 7년의 정사 청단이 끝나고, 성종의 홀로서기가 시작되었다.

정희왕후는 성종의 즉위 초기 정사에 적극적으로 개입했다. 성종의 정사에 걸림돌로 여겨진 선왕의 결정호패법 실시 등을 없애도록 했다. 이런 정책을 바꾸는 것은 자신이 아니면 신하가 감히 나서기 어렵다고 여겼기 때문이다. 또한 성종이 학문에 정진하도록 정성을 기울였다. 임금의 학문이 발전해서 빨리 정사를 단독으로 처리하기를 바랐기 때문이다. 성종의 홀로서기는 정희왕후의 배려로 서서히 준비해온 것이다. 임금이 성장하자 스스로 결정하도록 가능한 옆에서 지켜보는 정도였고, 버팀목 역할에서도 하루빨리 벗어나고자 했다.

정희왕후의 '정사의 청단'으로 성종의 초기 국정은 안정적으로 정착될 수 있었다. 이 기간 동안 나라에 크고 작은 변란이 없었다. 정희왕후는 대왕대비로서 성종과 나라의 문물과 제도가 부드럽게 안착되도록 징검다리 역할을 잘한 것이다. 할머니와 어머니 등 아무런 보호막이 없이 12세로 임금이 된 단종과 비교하면 알 수 있다. 정희왕후는 성종14년까지 살았고 66세에 승하했다.

남은 이야기

자산군을 왜 주상자로 결정했을까?

예종 승하 후, 정희왕후가 차기 왕이 될 주상자를 결정하면서 예종의 아들 제안대군을 배제한 것은 어느 정도 수긍이 간다. 제안대군은 당시 3세로 임금이 되기에는 너무 어렸다. 정희왕후는 장자인 월산군 이정을 병이 있다고 배제하고, 그 동생 자산군을 조선이 중시한 장자원칙에 맞지 않지만 장점을 설명하고 주상자로 결정했다.

월산군 이정은 정말 병 때문에 배제됐을까?

월산군 이정은 세조6년 월산군으로 봉해졌다. 이듬해 7세로 세조가 편찬한 진법에 대한 책『병정兵政』을 다 읽었다는 기록을 보면, 학문에 관심이 있음을 알 수 있다. 또한 세조가 자신이 편찬한 책을 읽도록 한 것은 조카 월산군에 대한 관심이 높았음을 알 수 있다. 10세에 세조의 사냥에 따라가서 여우를 쏘았고, 12세에는 세자의 매사냥에도 따라갔다. 병조참판 박중선의 딸과 혼인했는데, 세조도 중전과 함께 혼례에 참석했다. 이후에도 세조로부터 전지나 내구마를 하사받고, 장자로서 아버지의 제사도 맡는다.

월산대군 이정의 졸기를 보면, 매우 총명했으며 세조의 사랑을 듬뿍 받았고, 책읽기를 좋아해서 두루 섭렵했으며, 분잡하고 화려한 것을 좋아하지 않았다. 음악과 사냥을 즐기고 시와 술을 좋아했다고 한다. 아무리 춥고 더워도 동생 성종에게 매일 문안인사를 올렸고, 임금의 형으로서 특별대우를 받지 않고 겸손했으며 법도에 맞게 행동했다고 한다. 어머니 인수대비의 병환을 약 2개월 동안 극진히 돌보다가 병을 얻어 35세에 졸했다성종은 38세로 승하했다. 월산대군의 졸기는 칭찬일색이다. 이러한 기록을 보면 주상자가 될 재목으로 충분했다고 볼 수 있다. 정희왕후가 단점으로 지적한 병에 대한 기록은 없다. 특히 10세, 12세에 사냥터를 갔고 동생 왕에게 매일 문안인사를 한 것을 보면 병약하다고 보기는 어렵다. 정말로 월산군은 병 때문에 주상자에서 배제되었을까?

자산군이 유리했던 이유

월산군의 장인은 병조판서 박중선이고, 동생 자산군의 장인은 한명회다. 주상자를 결정한 당일, 한명회는 신숙주와 더불어 경복궁 현장에 있었고, 박중선은 도둑을 잡기 위해서 전라도에 파견 중이었다.

주상자를 결정하기 위해서 세조의 사위 정현조가 정희왕후와 신숙주 등 조정대신들 사이를 오가면서 서너 차례 조율을 거쳤다. 조율한 내용은 기록에 없으나 조정대신들의 의견이 반영되었음을 알 수 있다. 한명회를 장인으로 둔 자산군이 유리했을 것이고, 현장에 없었던 박중선을 장인으로 둔 월산군은 불리했을 것으로 추론한다.

세조의 왕비 정희왕후는 일찍이 후원자가 없어서 쓰러져 간 단종의 예를 본 바 있다. 어린 임금에게는 든든한 병풍이 필요했다. 장인 한명회는 원상으로서 자산군에게 든든한 병풍이 될 수 있었다. 월산군과 자산군의 차이는 장인이었다. 이로써 자산군 이혈은 차남이었지만, 장인의 후원과 정희왕후의 선택으로 왕위에 오르고 9대 성종이 된 것이다.

성종의 홀로서기 ①
— 홍문관을 가두다

성종은 13세의 어린 나이로 세자도 거치지 않고 하루 만에 왕위에 올랐다. 하지만 정사를 청단한 정희왕후와 원상제도가 든든한 버팀목이 되었다. 이것은 세자를 거쳐서 12세에 왕위에 오른 단종과는 차이점이다.

: 정희왕후와 원상이 떠난 빈자리, 홍문관의 부상 :

그러나 성종은 마냥 이들을 의지할 수만은 없었다. 성종7년, 정희왕후가 스스로 정사에서 물러나고 원상제도도 폐지했다. 임금이 장성 20세하고 학문도 성취되었다는 것이 이유였지만, 원상 구치관성종1년, 최항성종5년, 신숙주와 홍윤성성종6년, 조석문성종8년, 김질과 정인지성종9년, 김국광성종11년도 차츰 임금의 곁을 떠났다. 원상으로서는 정창손과 한명회성종18년만 성종의 곁을 오래 지켰다.

정희왕후와 원상들이 떠난 빈자리를 채우고, 성종을 보좌한 부서 중 하나가 홍문관이다. 홍문관은 세조9년 동지중추원사 양성지의 건의로 설립되었는데, 당시 장서각을 홍문관으로 바꾸고 주로 서적을 보관하는 역할에 그쳤다.

그러다가 성종9년 홍문관은 본격적인 체제를 갖추고 경적유교사상과 교리 책과 문한문필에 관한 일을 담당하고 임금의 자문에 대비하게 되었다. 홍문관 전원은 경연관도 겸했기 때문에 자주 임금을 뵙고 간언을 올릴 수 있었다. 세종의 집현전과 비슷한 조직으로 만든 것이다.

성종9년 4월 유진을 홍문관 부제학으로 임명한다. 위로는 영사정1품, 대제학정2품, 제학종2품이 있으나 이들은 겸임이다. 홍문관의 실질적 책임자는 부제학정3품이고, 그 아래 상근자는 직제학정3품에서 정자종9품까지 17명을 두었다.

: 임사홍이라는 벽 :

홍문관의 출발과 더불어 부상한 이가 임사홍이다. 유진이 홍문관 부제학으로 임명된 지 4일 후, 임사홍은 승정원 도승지가 된다. 성종 초기 9년 동안 승승장구하던 임사홍은 이제 도승지까지 올라 임금을 더 자주 뵐 수 있었다. 심지어 사관 몰래 독대까지 했다. 이것은 전례가 없던 일이다.

임사홍은 간언을 올리는 대간의 말을 꾸짖어도 좋다고 임금에게 조언했다. 귀를 의심하게 하는 발언이다. 이제 갓 활동을 시작한 홍문관은 도승지 임사홍이라는 넘어야 할 벽이 생긴 것이다.

임사홍은 단단한 집안 배경을 가지고 있었다. 아버지 임원준은 어릴 때 신동으로 불렸고 장원급제를 해서 세종 때 집현전에 근무했으며 예조판서를 거쳐서 의정부 좌·우참찬정2품까지 올랐다. 임사홍의 첫째아들 임광재는 예종의 사위가 되고, 셋째아들 임숭재는 성종의 사위가 된다. 임사홍은 고위직 아버지와 더불어 두 아들이 임금의 딸과 혼인을 맺는 의빈 집안이었다.

임사홍 본인도 왕실과 혼인했다. 효령대군태종의 둘째아들의 아들 보성군 이합의 셋째 딸과 결혼했다. 왕실과 이중 삼중으로 혼인을 맺은 것이다. 또한 임사홍은 소년 급제자로 성균관 유생으로서 세조와 조정대신들 앞에서 경서를 강하기도 했다. 성종 때는 경연관이 되었고, 성균관 사예*, 사헌부 집의** 등 요직을 거쳤고 한어도 능통했다. 성종6년 동부승지가 되어 우부승지, 우승지에 오르고 대사간, 예조참의, 이조참의를 거쳐서 33세에 도승지에 올랐다.***

: 위험한 발언 :

임사홍은 든든한 배경과 영리한 머리를 가졌으나 평판이 좋지 못하고, 간신 혹은 소인이라는 소리도 들었다. 성종9년 4월, 임금이 승정원에 명을 내려 재상들의 활쏘기를 보고 싶다고 하자, 도승지 임사홍 등 승정원은 긍정적인 답변을 올렸다.

"활쏘기는 덕德을 보려는 것이지, 과력을 숭상하는 것이 아닙니다.

● 성균관 사예(司藝): 성균관에서 음악을 가르치는 정4품
●● 사헌부 집의(執義): 사헌부의 핵심관료로 대사헌 바로 아래 종3품
●●● 승정원은 임금의 명을 출납하는데, 승지 6명과 주서 2명으로 구성된다. 승지는 모두 정3품으로 아래로부터 동부승지→우부승지→좌부승지→우승지→좌승지→도승지로 올라간다. 세조13년 승정원은 왕명 출납 외에 육조의 업무도 관장하게 한다. 도승지는 형조, 좌승지는 호조, 우승지는 예조, 좌부승지는 이조, 우부승지는 공조, 동부승지는 병조를 관장하게 되었다. 원래 도승지가 이조를 관장했는데, 이 무렵 형사(刑事)를 중히 여겼기 때문이다. 주서는 정7품으로 『승정원일기』를 기록하는 일을 했다.

활을 쏘는 사람은 예禮로서 하고, 활을 쏘지 못하는 사람은 도道를 논한다면 불가하지 않습니다."『성종실록』 9년 4월 17일

경복궁 후원에서 활쏘기가 열렸다. 성종의 형 월산대군 이정 등 10명은 왼편으로, 영돈령부사왕의 친인척을 관리하는 돈령부의 으뜸벼슬로 정1품 노사신 등 10명은 오른편으로 나누어 승부를 겨루었다. 이긴 편에는 유석비 올 때 쓰는 기름 먹인 종이를 이어 붙인 것 한 장씩을 하사했다. 임금과 신하들이 활쏘기로 소통하는 평화로운 일상으로 볼 수 있다. 그런데 사헌부가 비판적 시각으로 보고 상소를 올렸다.

"요즘 흙비와 지진이 있고 수백 채의 민가가 불탔습니다. 이것은 재변입니다. 또한 가뭄의 징조가 있으니, 위아래가 모두 몸을 닦고 반성하고 일체 술을 금해서 하늘의 꾸짖음에 답하소서."『성종실록』 9년 4월 21일

임사홍은 사헌부 상소에 대해서 반박했다.

"얼마 전 비가 내려서 밀과 보리가 무성해서 수확이 예상되고, 흙비를 재변으로 볼 수는 없습니다. 민가가 서로 붙어 있고 바람이 불어 연달아 화재를 입었을 뿐입니다. 요즈음 활쏘기가 자주 열리기 때문에 술을 금할 수 없습니다."『성종실록』 9년 4월 21일

그런데 임금이 임사홍의 승정원보다는 사헌부의 편을 들어주었다.

"지금은 재변이 없을지라도 나에게 경계하고 조심하라고 한 것이다. 술을 금한다고 해도 불편할 것이 없다."

"요즈음 대간들의 말은 가벼워서 따를 수 없습니다. 그 말이 올바르지 못하면 꾸짖고 나무라는 것이 옳습니다."『성종실록』 9년 4월 21일

대간의 임무는 임금에게 간언을 올리는 것이다. 그 말이 설사 이치에 맞지 않더라도 대간에게 벌을 주어서는 안 된다고 여겨왔다.

언로를 차단해서는 안 되기 때문이다. 임사홍이 대간을 꾸짖어야 한다고 한 것은 임금의 눈과 귀를 막으려는 매우 위험한 발언이었다.

"대간이 업무로 말을 하는 것은 아름다운 일이다. 그 말을 취하고 버리는 것은 나에게 달려 있다. 대간의 말을 꾸짖으면 누가 감히 말하겠는가? 대간의 논박은 옳다."『성종실록』9년 4월 21일

다행히도 성종은 중심을 잡고 임사홍의 말을 받아들이지 않았다. 그런데 임금과 도승지가 나눈 대화가 다음날 바로 조정에 알려졌다. 인터넷이나 CCTV도 없던 시대에 둘의 대화가 어떻게 바로 외부로 알려졌을까?

∶ 조선의 기록자 사관과 주서 ∶

조선은 임금의 말씀이나 행동, 신하들과의 정사를 기록하는 두 직책이 있다. 바로 사관과 주서다. 조선왕조실록은 사관이 기록한 사초를 기초로 해서 춘추관에서 기록한 「시정기」, 「등록」 등을 모아서 왕의 사후에 '실록청'을 설치해서 편찬한다. 현재의 왕은 자신의 기록을 볼 수 없다.

반면 주서의 기록은 『승정원일기』가 된다. 『승정원일기』는 이름 그대로 승정원에서 매일 기록하는 일기다. 왕의 말씀이나 신하들과의 대화 내용을 가감 없이 그대로 기록해서 신하들이 업무용으로 활용할 수 있도록 승정원에 비치한다. 타 부서의 관리들이 이것을 보고 임금이 만난 사람이나 나눈 대화를 알 수 있다. 또한 「조보朝報」를 만들어 전국에 알렸다. 조보는 오늘날 신문의 기능을 띤 관보라고 할 수 있다.

임금의 말씀과 행동은 늘 사관과 주서가 동석해서 기록하고 『승정원일기』나 「조보」를 통해서 바로 조정이나 지방에 알려진다. 오늘날 대통령과 비서실장이 나눈 대화가 다음날 전 국민에게 알려지지 않는 것과 비교하면, 조선이 오히려 언로가 더 열렸다고 할 수 있을까? 이번의 성종과 임사홍의 대화는 사관 역할을 하는 기사관 안윤손이 기록해서 홍문관에 알려주었다. 임금의 눈과 귀를 가릴 수 있는 임사홍의 위험한 발언을 동료들에게 전달한 것이다.

: 합동상소 :

며칠 후, 홍문관과 예문관은 합동으로 장문의 상소를 올렸다.

첫째, 임사홍이 몰래 임금을 독대한 것과 그의 최근 발언을 보면, 모두 간신의 말이다. 이에 분함을 이기지 못해서 상소를 올린다고 배경을 설명했다.

둘째, 하늘과 땅과 사람에게는 각각의 재변이 있어서 늘 공경하고 경계하며 두려워해야 함에도 불구하고, 임사홍은 하늘의 변고를 두려워할 필요가 없고, 민가 수백 채가 불탔어도 괴이할 것이 없으며, 술을 금할 필요도 없다고 임금에게 아뢰고 있다. 이는 임금을 성군으로 인도하는 충신인지, 아니면 임금을 어리석게 하는 간신인지, 임사홍의 태도에 강한 의문을 제기하고 있다.

셋째, 임금에게 중요한 것은 언로를 트는 것이다. 임금은 대간을 통해서 천하의 눈과 귀를 자신의 눈과 귀로 삼아야 함에도, 임사홍은 대간의 말이 맞지 않으면 꾸짖어야 한다니, 이는 간신으로서 큰 화를 초래하고 나라를 망하게 하는 말이라고 지적했다.

넷째, 사치풍조를 비판하면서 임사홍의 아들 임광재의 집을 예로 들었다. 임광재는 법을 무시하고 자신의 집을 궁궐의 전각처럼 지었는데, 임사홍은 오히려 아들을 두둔하고 있다고 비판했다.

다섯째, 임사홍의 아버지 임원준은 간사하고 욕심이 많고 심성이 더럽다. 그의 나쁜 행적은 선대 왕 때부터 있었음에도, 의정부 좌참찬이 되어 임금의 경연까지 참석하고 있다.

홍문관과 예문관은 도승지 임사홍, 그의 아버지 의정부 좌참찬 임원준, 아들 의빈* 임광재로 구성된 집안에 직격탄을 날리고, 임원준과 임사홍을 유배 보내라고 청했다.

⋮ 임사홍을 둘러싼 성종과 신하들의 대격돌 ⋮

성종9년 4월 28일, 임금은 홍문관과 예문관의 상소를 읽고 사헌부와 사간원을 불렀다.

"합동 상소를 보았는가?"

사헌부 대사헌 유지는 임사홍을 비판했다.

"임사홍의 말은 모두 임금의 총명을 흐리게 하고 나라를 망하게 하는 것입니다. 임사홍의 말을 늦게 안 것이 후회스럽습니다."

"임사홍의 진의가 잘못 전달된 것이다."『성종실록』9년 4월 28일

임금은 오히려 임사홍을 변호했다. 이에 사간원·홍문관·사헌부가 일제히 나서서 임사홍의 잘못을 지적했다.

"만일 임사홍이 소인임을 알았다면 어찌해서 일찍 아뢰지 않고, 오늘날에야 상소를 하는가."『성종실록』9년 4월 28일

성종은 이렇게 반문하며 여전히 임사홍을 두둔하고, 삼사와 예문

● 의빈(儀賓): 임금의 사위로 '부마'로 알려져 있다. 세종16년 부마를 의빈, 세조12년 부마부를 의빈부로 바꾼다. 『경국대전』에도 의빈부로 되어 있다. 종1품에서 정1품에 오를 수 있다.

관을 싸잡아 질책했다. 홍문관 수찬정6품 이창신은 깐깐했다. 임금이 화를 내고 목소리를 높여도 한발짝도 물러서지 않고, 임금의 치란治亂과 흥망은 임사홍을 버리고 안 버리는 데 달려 있다며 다시 간언을 올렸다.

"임금의 하교를 듣건대, 임금께서는 이미 임사홍에게 미혹되었습니다."

"그대들은 임사홍의 말을 전해들은 것이지만, 나는 직접 들었다. 그를 죄줄 만한 것이 없다."『성종실록』 9년 4월 28일

성종은 임사홍을 끝까지 옹호했고, 이후에도 신하들이 계속 임사홍의 간사함을 지적했으나 받아들이지 않았다. 임금과 신하들이 강대 강으로 부딪치고 있었다.

: 홍문관을 감옥에 가두다 :

성종은 모든 신하들이 물러난 후 승정원에 뜻밖의 명을 내렸다.

"홍문관과 예문관은 임사홍이 소인임을 알면서도 일찍 아뢰지 않았다. 오늘에서야 상소를 한 것은 그동안 임금을 잘못 보좌한 것이다. 국문하라."『성종실록』 9년 4월 28일

홍문관과 예문관의 20여 명은 옥에 갇혔다. 신하들로부터 때로는 세종에 견주어 성군으로 칭송받던 성종의 이러한 조치는 의외였다. 임금의 손발이 되는 승정원조차 임금의 조치를 납득하기 어려웠다.

"홍문관과 예문관을 옥에 가두고 꾸짖는 것은 옳지 못합니다. 이들이 없으면 경연도 제대로 할 수 없습니다."『성종실록』 9년 4월 28일

승지들은 임금을 제대로 보좌하지 못한 자신들을 오히려 해임시켜 달라고 청을 올렸으나, 임금은 받아들이지 않았다. 그러나 임금

은 임사홍의 고신告身, 관리의 임명장은 거두고 도승지에서 파직시켰다. 임금은 조정원로, 의정부와 육조의 참판 이상, 대간들을 불러서 자신의 조치를 설명했다.

"임사홍은 그동안 대사간, 이조참의, 도승지를 지냈다. 홍문관과 예문관은 임사홍이 소인임을 알면서 일찍 말하지 않았다. 덕분에 내가 소인을 등용했다는 오명을 얻었다. 그래서 임금의 덕을 잘못 보좌한 두 부서를 가두고 파면시킨 것이다. 임사홍의 말에는 소인에 해당되는 것이 있기 때문에 고신을 거둔 것이다."

"성상의 하교가 지당합니다."『성종실록』 9년 4월 28일

재위 9년차, 임금의 자문에 대비하고 경연관으로 매일 만나 성군의 도리를 가르치는 홍문관을 파면하고 가두는 초유의 사태가 벌어진 것이다. 그동안 정희왕후와 원상들의 조언을 받아 정치를 하던 모습과는 사뭇 달랐다.

성종이 홀로서기를 할 무렵, 임사홍이라는 두꺼운 가림막이 생겼고, 조정대신들도 임금에게 장단을 맞추고 있었다. 그러나 역사는 용감한 한 젊은이로 인해서 다시 소용돌이친다. 성종의 눈과 귀를 열어야 하는 것이다.

남은 이야기

홍문관에 들어가지 못한 사람들

조선은 청요직이 있었다. 청요직은 홍문관·사헌부·사간원·예문관 등인데, 과거에서 좋은 성적을 거두어야 하고, 특히 홍문관은 집안 내력이나 본인 삶에 흠도 없어야 하며 연좌제도 적용되었다. 현대의 인사청문회보다 더 까다로운 조건일지도 모르겠다.

청요직 대신 아내를 택한 권경희

권경희는 세조 때 사마시*에 합격해 성종9년 친시문과에 장원 급제하고, 3개월 후 홍문관 부수찬종6품으로 임명되었지만, 대간이 처의 가계를 문제 삼아 바로 취소당했다. 권경희는 안동 권씨로 부친은 광주 판관을 지냈고, 처는 정3품 당상관 봉상시정을 지낸 김치운의 딸이다. 본인과 처의 가계는 이른바 뼈대 있는 사대부 집안으로 아무 문제가 없었다.

그런데 대간은 권경희의 '장인의 장인' 하복생이 양첩양민 신분의 첩의 아들인 것을 문제 삼았다. 『경국대전』에 첩 자식의 차별규정이 있지만 사위까지는 규정하지 않았기에 법적 문제가 없고, 장인의 장인은 연좌제도 적용되지 않는 관계인데도, 권경희는 이로 인해 홍문관에 들어가지 못한 것이다. 홍문관 관원이 되는 것은 그만큼 까다로웠다.

● 사마시(司馬試): 생원과 진사를 뽑는 소과로 초시와 복시로 나눈다.

권경희는 할아버지가 출세에 방해되는 손자며느리를 버리라고 하자, 조강지처를 버릴 수 없다고 거절했다. 청요직 대신 아내를 택한 것이다. 그는 홍문관에 들어가지 못했지만, 전라도 관찰사, 한성부 우윤서울시장, 도승지, 예조참판, 대사헌 등을 역임했다.

젊은 시절 추문이 문제가 된 이숙감

성종15년 8월, 임금은 예조참의 이숙감을 홍문관 부제학으로 발탁했다. 이숙감은 벼슬길에 나선 지 30여 년 만에 홍문관의 실질적 책임자가 되었지만, 3일 만에 떠나야 했다. 젊은 시절의 추문이 문제가 되었다.

이숙감이 홍문관으로 발령을 받자, 홍문관 응교정4품 정성근 등이 임금을 뵙고 아뢰었다.

"이숙감은 공론에 맞지 않습니다."

"공론에 맞지 않다니 무슨 말이냐? 이조에 물어라."

"이조판서 이숭원과 이숙감은 사촌입니다. 이조에 물으면 안 됩니다."

"이숙감의 허물은 무엇인가?"

"스승의 첩을 간통하였습니다." 『성종실록』 15년 8월 9일

이숙감은 바로 상소를 올려 24년 전 세조 때 이미 의금부 조사로 무고가 밝혀졌다고 주장했다. 당시의 의금부 기록을 검토한 결과, 이숙감이 오상문의 창기 출신 첩이었던 금생과의 간통은 인정했지만, 오상문이 이숙감의 스승이라는 것은 친구의 거짓진술임이 밝혀졌다고 되어 있었다. 이에 대해 이숙감은 오상문이 스승이 아닌 것이 밝혀진 마당에, 지아비 없는 창기와 간통했다고 인정해도 크게 도리에 어긋나지 않아 거짓진술을 했다고 밝혔다. 성종은 대신들의 의견을 구했다.

"사대부들이 창기를 간통하는 잘못된 풍습이 있었습니다. 이숙감은 여

기에 걸린 것입니다. 이숙감은 재예가 있기 때문에 다시 등용해야 합니다."

"창기는 일정한 지아비가 없기 때문에 남의 첩을 훔쳤다고 할 수 없습니다."『성종실록』 15년 8월 17일

돈녕부 영사 홍응과 선성 부원군 노사신이 이숙감의 편을 들어주었지만, 성종은 허물이 있는 자를 홍문관원으로 제수할 수 없다고 임명을 철회했다. 이숙감은 홍문관 관원이 되지는 못했지만, 형조참의와 호조참의, 전라도 관찰사를 거쳐서 성균관 대사성까지 올랐다.

7년 전의 인사조작 의심 최숙경

성종 17년 3월, 최숙경이 홍문관 수찬정6품으로 발령을 받자, 상관이자 홍문관 전한종3품 정성근이 임금에게 아뢰었다.

"그는 마음보가 바르지 못해서 사림에 끼지 못합니다. 바꾸소서."

"왜 마음보가 바르지 못한가?"

"병조좌랑으로 있을 때, 이미 전향별감으로 추천된 후보자의 이름을 지우고 자신의 처삼촌으로 고쳐 쓴 것이 발각되었습니다."『성종실록』 17년 3월 21일

7년 전 사건이지만, 성종은 사헌부에게 다시 조사하게 했다. 최숙경은 부인했으나, 처삼촌 홍율은 인정했다. 사헌부는 진상을 밝히기 위해 고문이 필요하다고 주장했지만, 대부분의 대신들은 사건의 진상을 그대로 묻어두자고 했다. 그동안 사면을 두 번 했기에 죄를 밝혀도 처벌할 수 없다는 것이다. 성종은 조사를 중단시켰다. 사건의 진상은 밝혀지지 않았지만, 그도 홍문관에 들어갈 수 없었다. 최숙경은 순안경상북도 영천 현령을 거쳐 함경도 덕원부사를 지냈다.

스승 김종직의 어려운 처지를 고하다 쫓겨난 김일손

성종22년, 김일손은 수재로 문과 2등으로 급제해서 외교문서를 담당하는 승문원을 거쳐 홍문관 박사정7품가 되었다. 홍문관원은 경연관을 겸하기에 직급이 낮아도 임금을 자주 뵐 수 있다. 김일손은 중국의 예를 들며, 우리도 대신을 대우해야 한다면서 스승 김종직의 어려운 처지를 아뢰었다.

"김종직은 병으로 휴가를 얻어서 고향에 돌아가야 합니다. 그러나 너무 가난해서 부리는 종도 없고 타고 갈 가마도 없습니다."

"그대가 말하지 않았으면 내가 어떻게 사정을 알았겠느냐? 군사로 하여금 전송하게 하라."『성종실록』22년 3월 21일

그런데 승정원에서 김일손이 공적 일을 논하는 자리에서 스승 김종직을 위해, 즉 사적 이익을 위해서 임금께 아뢰었다고 문제를 삼았다. 사헌부는 김일손에게 장 100대, 유배 3년, 파직의 무거운 형벌을 내려야 한다고 주장했다. 성종은 그의 재능을 아까워 했으나 홍문관에서 내보내야 했다. 이후 김일손은 예문관, 사간원으로 다시 등용되었으나, 연산군 때 김종직의 「조의제문」이 발단이 된 무오사화로 일찍 지는 꽃이 되었다.

성종은 하루에 3번 하는 경연을 좀처럼 거르지 않았다. 경연관을 겸하는 홍문관은 임금을 거의 매일 만난다. 경연은 공부를 하면서 자연스럽게 정사를 논하기도 한다. 홍문관은 자신이 듣고 본 것이나 품은 뜻을 자연스럽게 이야기할 수 있다. 그러나 그 말은 '공적'인 것이어야 했다. 아무리 취지가 좋아도 '사적'인 것은 이처럼 허용되지 않았다.

홍문관에 들어가지 못한 사람들의 예를 통해서, 홍문관의 높은 원칙을 확인할 수 있다. 홍문관의 말이 권위를 가질 수 있었던 이유이다. '내로남불', 홍문관에는 해당되지 않았다.

성종의 홀로서기 ②
― 홍문관을 신뢰하다

: 성종과 종친 이심원의 설전 :

성종9년 4월, 임금은 임사홍을 탄핵하라는 신하들의 간언에도 끝까지 옹호하고, 홍문관과 예문관 20여 명을 잡아가두었다. 바로 다음 날 주계부정 이심원은 승정원을 찾아가서 임금의 면담을 요청했다. 그는 당시 24세로 태종의 현손손자의 손자으로 종친이며 주계군으로 올랐고, 벼슬은 부정종4품이어서 주계부정이라고 했다. 『성종실록』 9년 4월 29일에 기록된 장문의 면담 내용을 요약했다.

"임사홍 부자의 간사함을 아뢴 홍문관과 예문관 20여 명을 가두고 파면시켰다고 들었습니다. 왜 임원준의 간사함을 묻지 않고, 임사홍을 소인으로 여기지 않으십니까?"

"네가 이런 말을 하려고 왔느냐?"

성종은 이심원이 말을 꺼낸 처음부터 언성을 높였다.

"신은 비록 벼슬이 낮은 종친이지만 나라의 편안함과 근심을 같이할 의무가 있습니다. 가슴에 품은 이야기를 다할 것입니다. 전하께서도 상세히 답변을 하셔서 신의 의혹을 풀게 하소서."

"임사홍이 승지와 이조참의에 오를 때까지 아무도 소인이라고 아뢰지 않았다. 임금의 덕을 보좌해야 하는 홍문관과 예문관이 너무 늦게 말했다. 그래서 파직시켰다. 또한 임사홍은 '대간의 말을 모두 따라서는 안 됩니다' 등 바르지 못한 말을 했기 때문에 고신을 거두었다. 그러나 임사홍에게 죄를 줄 만한 형적은 없다."

"성상의 하교가 지당합니다. 그러나 임사홍은 제 고모부이기 때문에 그 사람됨을 잘 압니다. 그는 참으로 소인입니다."

: 이심원과의 면담으로 홍문관을 복직시키다 :

이심원은 태종의 손자 보성군 이합의 손자이고, 임사홍은 보성군 이합의 셋째 딸과 결혼했기에, 임사홍은 이심원의 고모부였다. 이심원은 홍문관과 예문관을 옹호했다.

"전하의 밝은 지혜로도 임사홍이 소인임을 알지 못했는데, 두 부서의 관원이 무슨 죄가 있겠습니까?"

그리고 고모부 임사홍의 아버지 임원준의 소인됨에 대해 자기 집안에서 일어난 일을 자세하게 말했다. 태종의 넷째아들 성녕대군이 자식이 없이 14세에 완두창에 걸려서 죽자, 이심원의 종조부 원천군이 대를 잇고 제사를 지낼 사자로 결정되었다. 그런데 대를 이은 원천군도 첩의 아들만 남기고 죽자, 집안에서 논란 끝에 첩의 아들이 성녕대군의 대를 잇게 되었다. 성녕대군은 많은 노비를 남겼기에,

대를 이으면 많은 부를 축적할 수 있었다.

임사홍의 아버지 임원준은 이심원의 집안에서 대를 이어야 한다며 이 결정을 번복하려 했다. 이심원 집안의 사위인 자기 아들에게도 노비가 분배되기 때문이다. 성종은 이야기를 듣고, 임원준이 잘못을 했다면서 승정원을 불러 임원준의 인물됨을 말하라고 했다. 임사홍의 자리에 임명된 도승지 손순효가 먼저 답을 했다.

"임원준은 재물을 모으는 데 급급하므로 군자가 아닙니다."

좌승지 박순직, 좌부승지 김승경, 우부승지 이경동의 평도 크게 다르지 않았다.

"임원준은 옛날부터 더러운 행실이 많았습니다."

"임원준과 같이 과거에 급제해서 자세히 압니다. 그는 원래 가난했으나 근래에 갑자기 부자가 되었습니다. 무릇 사람은 재물과 이익에서 그 사람의 지조를 알 수 있습니다."

"임원준은 간사하고 바르지 못하다고 들었습니다. 그의 아들 임사홍은 매우 교만합니다."

성종은 오랫동안 침묵하다가 입을 열었다.

"임원준은 의정부 대신이다. 대신에게 그 간사함을 물어서 사실로 드러나면 다시 용납할 수 없다. 그래서 묻지 않을 것이다."

"전하께서는 한 사람의 간신을 보호하고자 스무 명의 군자를 내치셨습니다."

이심원은 할 말을 다했지만, 자신의 딱한 처지도 설명했다.

"오늘 아뢴 일을 신의 아버지가 들으면 놀라고 슬퍼해서 부자간의 인연을 끊으려고 할 것입니다."

이심원은 나라를 위해 집안의 문제, 즉 고모부 임사홍의 잘못을 드러냈고, 이는 효를 어긴 것이라고 자책했다. 성종은 이심원의 말이 사실이면 임사홍은 소인이라고 하면서 홍문관과 예문관을 복직시킨다. 이심원의 면담으로 임금의 심경이 바뀐 것이다.

: 임사홍의 몰락 :

성종9년 4월 29일, 성종은 홍문관 관원들을 불러 임원준과 임사홍에 대해 다시 물었고, 홍문관 부제학 유진이 이에 답했다.

"임사홍은 평소에도 거만하고 불순했으나 또렷이 드러난 허물이 없었기 때문에 가만히 있었습니다. 그러나 '하늘의 재앙을 두려워할 필요가 없고, 대간의 말에 따라 꾸짖어야 합니다'라는 최근 발언으로 그가 소인임이 충분히 증명되었습니다."『성종실록』 9년 4월 29일

홍문관원들은 지금까지 심증은 있었지만 물증이 없어서 가만히 있었는데, 임사홍이 도승지로서 한 최근의 발언은 소인의 증거라고 입을 모았다. 성종은 임사홍을 의금부에 회부했다.

임사홍이 옥에 갇히자, 성종9년 5월 그의 아들이자 예종의 의빈 임광재가 성종에게 편지를 올린다.

"신의 아버지는 10여 년, 오랫동안 임금을 모셨습니다. 형벌을 받더라도 한스러운 것은 없지만 자비를 베풀어 주소서."

"경의 아버지가 나를 저버린 것이지, 내가 그를 버린 것이 아니다."『성종실록』 9년 5월 5일

의금부는 붕당을 형성한 임사홍의 사형을 요구했지만, 성종은 의주로 유배를 보냈다. 임사홍은 세조 때 과거에 합격해 성종1년 시강관과 경연관을 시작으로 이조참의, 도승지까지 올라 9년 동안 임금을 곁에서 보좌했지만, 권세의 막을 내려야 할 순간이 다가오고 있었다. '화무십일홍 권불십년열흘 동안 붉은 꽃은 없고 권력은 십년을 못 간다'이었다.

: 성종과 홍문관 :

성종은 처음 임사홍의 편을 들어 홍문관을 가두었지만, 이심원의 면담으로 홍문관에게 다시 말할 기회를 주었고 그 의견을 받아들였다. 간사한 신하의 농간에 빠질 뻔했으나 제자리를 찾은 것이다. 이후 홍문관은 올바른 말을 임금에게 자주 올렸다.

성종9년 12월, 임금은 홍문관의 상소에 술을 내리고 마음껏 취하도록 마셔도 좋다고 하면서 다음과 같은 비답을 내렸다.

"홍문관의 올곧은 말을 보니 우리나라에 인재가 많은 것이 즐겁다. 어린 나이에 왕위를 이어받아 봄의 살얼음을 밟듯이 조심하면서 백성의 편안함을 바랐다. 여러 선비가 상소한 내용은 나의 부족한 지식을 보완하고 나라의 병폐를 고치는 약이 되었다."『성종실록』9년 12월 1일

홍문관의 선비정신이 살아 있고, 임금이 그 직언을 받아들이는 한 임사홍 같은 소인이 발붙일 곳은 없었다. 홍문관의 직언은 성종의 홀로서기에 좋은 발판이 되었다. 또한 홍문관이 능력을 마음껏 발휘하도록 운영하는 임금의 역할도 중요했다. 성종과 홍문관, 처음에는 삐거덕거리도 했지만 차츰 잘 마주치는 손뼉으로 발전해서 신뢰를 쌓아갔다.

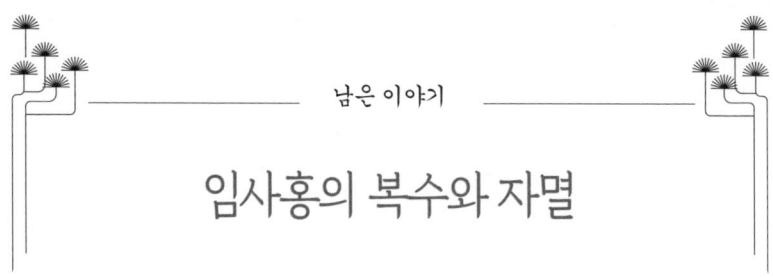

남은 이야기
임사홍의 복수와 자멸

왕실과의 혼인, 이중삼중의 안전장치

성종9년, 임금은 홍문관의 직언을 받아들여 임사홍을 의주로 유배 보냈는데, 임사홍은 유배지에서도 여진족 정벌을 건의하는 상소를 올리는 등 가만있지 않았다. 의빈인 아들 임광재를 통해서도 거듭 은혜를 베풀어 달라고 상소를 올렸다. 조정대신 일부도 임사홍을 편들면서 임금의 주의를 환기했다.

성종13년 12월, 임사홍은 사역원 행사직 장유성이 한어·왜어·여진어를 강하면서 올린 상소에도 등장한다.

"한어를 가장 잘하는 사람은 임사홍입니다."『성종실록』13년 12월 17일

성종은 대답하지 않았지만, 결국 유배를 보낸 지 8년 후인 재위17년에 임사홍의 직첩을 돌려주었다. 사헌부와 사간원에서 취소하라고 수십 차례 청을 올렸으나, 임금에게는 소 귀에 경 읽기였다.

임사홍은 유배지에서 풀려났으나 조정에 등용되지는 않았다. 홍문관을 중심으로 사헌부와 사간원이 차단막 역할을 했다.

하지만 임사홍은 왕실의 인척으로서 인수대비를 집으로 모셔오고, 성종의 형 월산대군의 신도비명을 짓고, 외교문서를 담당하는 승문원에 들어가는 등 조정의 벼슬은 없었으나 여전히 수면 아래에서 움직이고 있었다.

게다가 임사홍의 셋째아들 임숭재가 성종의 딸 휘숙옹주와 결혼한다.

경연관과 홍문관이 나서서 반대했으나 성종은 받아들이지 않았다. 임사홍은 공적 직함은 없었지만 왕실과 혼인을 맺어 이중삼중의 안전장치를 한 것이다. 이런 안전장치는 홍문관의 기능이 거의 작동하지 않았던 연산군 때 힘을 부릴 수 있었다.

잔인한 임사홍의 복수

연산군 때 임사홍은 고삐 풀린 망아지처럼 날뛰어 복수의 칼을 휘둘렀다. 연산군에게 생모 폐비 윤씨의 죽음을 아뢰고, 갑자사화를 주도해서 조선의 수많은 선비를 죽음으로 몰아넣었다. 이때 조카 이심원도 앙갚음의 참소를 해서 사사하게 했다. 이심원의 두 아들 유녕과 유반까지도 죽였다.

임사홍의 복수는 잔인했다. 그러나 그 복수는 결국 자신에게 돌아오는 부메랑이 되었다. 임사홍도 결국 중종반정으로 참수를 당하고 자멸한다. 그의 나이 61세 때였다.

홍문관의 상소 ①
—조정을 뒤흔들다

농업국가 조선에서 농사철이 되면 가장 큰 관심사는 비였다. 비가 흡족하게 내리면 성군의 덕으로 여겼고, 가뭄이 심하면 부덕의 소치로 여겨 임금은 하늘의 꾸짖음에 응답하기 위해 몸을 닦고 반성하고, 영의정을 비롯한 정승들도 사직서를 내고 책임을 지고자 했으며, 궁녀를 내보내거나 죄수를 풀어주어 원한의 음기를 달래서 비가 내리기를 기원했다. 기우제도 지냈다. 기우제는 삼각산·목멱산·한강을 시작으로 오방토룡제단까지 12단계가 있었는데, 비가 내릴 때까지 지냈다.

: 지독한 가뭄 :

성종16년 6월, 지독한 가뭄이 닥쳤다. 5월부터 가뭄의 징조가 있어 잔치를 금하고 억울한 옥사를 경계했다. 경기도 관찰사는 한성으로 올라와 가뭄으로 인한 지방의 실태를 보고하고 기우제를 건의했다. 임금은 기우제를 비롯하여 단비를 바라는 조치를 취했으나, 비는 찔끔 하는 정도로 그쳤다.

전국 8도가 가물었다. 경상도는 채소까지 말라 죽었다. 임금은 반찬 수를 줄였고, 대비는 자신의 전각에 물품을 올리지 못하게 했으며, 영의정 윤필상 등은 임금을 보필하지 못한 책임을 지고 3번이나 사직을 청했다. 호조는 6품 이상 관리의 녹봉을 감하는 대책을 내놓았다. 백성의 공물과 세금을 줄여주고, 5가구를 1통으로 묶어 서로 음식을 나누게 했다. 일부 백성들은 칡뿌리와 솔방울을 말려 가루로 만들어 쌀 싸라기와 섞어 죽을 만들어 먹었다.

6월이 되자 임금은 전례가 없는 조치를 취했다. 조선으로 들어오는 야인과 왜인의 숫자를 줄였다. 백성이 굶주리는데 다른 나라 사람들에게 먹을 것을 줄 수 없다는 이유였다.

"당당한 대국으로서 소추小醜, 여진족과 왜인에게 우리의 식량이 바닥임을 드러내는 것은 나라의 위신이 깎이고 약함을 보여주는 것입니다. 특히 우리와의 교역에 의존하는 대마도인들이 폐단을 일으킬 수 있습니다."『성종실록』16년 6월 20일

신하들은 우려를 나타냈으나, 임금은 대마도주에게 문서를 보냈다.

"너희 조상들은 우리에게 충성을 돈독히 했고, 우리는 예로서 정성을 다했다. 경상도 전체가 가뭄으로 곡식이 다 타버린 것을 너희들도 보고 들은 바가 있을 것이다. 이런 상태로는 충분히 접대할 수 없다. 선박의 수는 줄이지 않겠으나, 타고 오는 사람은 줄이도록 하라. 풍년이 되면 옛날처럼 하겠다."『성종실록』16년 6월 20일 입 하나라도 줄이겠다는 고육지책이었다.

: 홍문관의 가뭄 대책 상소, 조정을 흔들다 :

7월이 들어서도 가뭄이 해소될 기미를 보이지 않자, 성종은 홍문관에 대책을 올리게 했다.

"내가 덕이 없어 가뭄을 초래했다. 누구를 탓하겠는가? 잠을 잘 수 없고 먹어도 입맛이 없다. 하늘을 두려워하고 비가 내리기를 간절하게 빌어도 응답이 없어 그대들에게 묻는다. 심중에 품은 바를 서슴없이 말하라."『성종실록』 16년 7월 3일

홍문관 부제학 안처량 등은 장문의 상소로 대책을 올린다.

"전하께서는 정전의 거처를 옮기고 반찬 수를 줄였으며 공물을 줄여주고 옥사를 가볍게 해서 백성을 구제하는 온갖 방법을 다했습니다. 그럼에도 하늘의 꾸짖음이 계속되므로 그 연유를 찾지 못하겠습니다.

그러나 옛 고서에 따르면, 인사의 옳고 그름에 따라서 상서와 재앙이 발생한다고 합니다. 우선 관직을 태만하게 하는 곳부터 아뢰겠습니다.

한성부와 장례원의 낭관은 노비송사 등을 다투는 중요한 자리임에도, 사리에 어두운 자가 자리를 차지해서 허송세월을 보내고 있습니다. 사간원은 간쟁과 논박을 맡은 곳임에도 입을 다물고 있는 자가 있으며, 세자를 호위하는 익위사는 졸렬하고 무식한 자가 많습니다. 중앙의 관직이 이러한데, 지방의 많은 관리들은 백성에게 가혹하게 하고 뇌물을 주고받지 않겠습니까?

의정부·육조·대간은 적임자를 추천하고 신중하게 선발해야 합니다. 관리를 제대로 임명하지 않으면 폐해는 결국 백성에게 돌아갑니다. 의정부는 으뜸의 자리임에도 공보다는 사를 위해 재산을 늘리

는 데 골몰할 뿐, 좋은 계책으로 임금을 보필하지 못하고 있습니다. 의술로 대신에 오른 자도 있고, 왕실의 인척이라는 이유로 자리를 차지한 용렬한 무리도 있습니다. 현명하지 못한 자를 물러나게 해서 하늘의 꾸짖음에 답하소서. 또한 남의 허물을 지적한 저희도 유능하고 현명한 자로 교체하소서." 『성종실록』 16년 7월 3일

홍문관은 가뭄 극복의 대책으로 인사의 중요성을 강조하면서, 무능하고 정당한 과정을 거치지 않은 인물들이 조정에 광범위하게 포진해 있음을 지적했다. 그 원인으로 삼정승을 포함한 조정대신들이 능력 있는 인물을 추천하지 않고, 왕의 인척이라는 이유로 자리를 차지한 용렬한 자도 있으며, 한성부·장례원, 지방 등의 중견 간부들도 적재적소에 배치되지 않았음을 지적했다. 조정의 주요 인물들을 송두리째 뒤흔드는 상소였다.

: 전례 없는 사직서 행렬 :

영의정 윤필상은 홍문관의 상소에 대해 좋은 계책을 내지 못한 것은 맞지만, 재산은 공신전으로 축적한 것이라며, 어쨌든 물의를 일으켰으니 하늘의 꾸짖음에 응답해야 한다며 사직서를 냈다. 이어서 좌의정 홍응, 우의정 이극배, 삼정승 아래의 좌찬성 서거정과 우찬성 이파, 좌참찬 김겸광도 사직서를 냈다.

"가뭄의 재앙을 없애는 공을 세우지도 못하면서 뻔뻔스럽게 벼슬자리에 있는 것이 두렵고 부끄럽습니다." 『성종실록』 16년 7월 5일

의정부의 구성원 모두가 사직서를 제출한 것이다. 조정의 기능이 멈출 수도 있는 전례 없는 사직서 행렬이었다. 성종은 가뭄의 책임이 자신에게 있다면서 사직서를 모두 반려했다.

청송 부원군 심회세종의 장인 심온의 아들와 선성 부원군 노사신세종의 이모부 노한의 손자은 중재안을 냈다.

"홍문관의 상소는 깊은 뜻이 있습니다. 대소신하의 잘잘못을 물어 어진 이를 가려 쓰는 것이 어떻겠습니까?" 『성종실록』 16년 7월 5일

성종은 두 사람의 조언을 받고 의정부를 불렀다.

"삼정승과 삼고좌찬성·우찬성·좌참찬가 모두 사직하니 내가 놀라고 두렵다. 가뭄의 재앙은 내 탓이지 재상들의 탓이 아니다. 삼정승과 삼고는 홍문관의 상소에서 실천할 수 있는 것을 골라 하늘의 꾸짖음에 답하라." 『성종실록』 16년 7월 5일

하지만 삼정승과 삼고는 다시 사직을 청했다.

"신들은 음양을 조화시키고 교화를 넓히지 못해서 두렵고 부끄럽습니다. 홍문관의 올바른 말은 반드시 따라야 합니다." 『성종실록』 16년 7월 5일

성종은 가뭄 극복을 위해서 홍문관에 대책을 물은 것인데, 방향이 인사문제로 흘러가고 있었다.

사직서 행렬이 계속 이어졌다. 사간원도 모두 사직서를 제출했다. 사간원은 여태까지 남의 허물을 탄핵했으나, 홍문관의 상소에서 이제 자신들이 지적을 받은 것이다. 이런 경우는 좀처럼 드물었다.

"입을 다물고 간쟁을 하지 않는 자가 있다는 홍문관의 지적에 두렵고 부끄럽습니다."

"홍문관에서 한 사람을 지적했는데, 왜 사간원 전체가 사직을 청하는가?"

"사간원은 합의제이므로 한 사람의 허물도 함께 책임지는 것입니다." 『성종실록』 16년 7월 5일

성종은 사간원의 수장 대사간만 교체했다.

공조판서 권찬도 사직서를 냈다. 권찬은 진사 출신이었으나, 홍문관이 상소에서 과거에 합격하지 않고 의술로 판서에 올랐다고 문제를 삼은 것이다. 성종은 "사대부가 의술을 천시한다면 누가 의술을 업으로 여기겠는가?"라고 옹호하고 사직을 받아들이지 않았다.

충청도 관찰사 윤해는 중전의 작은 아버지로, 홍문관은 윤해가 정당한 천거 절차를 거치지 않았고 학문도 없다고 주장한 바 있다. 홍문관은 윤해를 군으로 봉해 충분히 먹고살 수 있도록 해 주면 된다고 건의했으나, 성종은 이마저도 들어주지 않았다.

: 석 달 만에 비가 내리다 :

성종은 홍문관이 지적한 고위직의 사직서는 모두 반려했다. 그러나 한성부·장례원·익위사 등의 중간급 간부, 지방의 수령 등 30여 명을 파직하거나 교체했다. 이에 사헌부와 사간원이 나섰다.

"홍문관에서 논박한 관리 중에 재상은 바꾸지 않고 아랫사람만 바꾸었습니다. 법을 시행할 때는 마땅히 높고 가까운 자리부터 인사 조치를 해야 합니다. 재상들을 교체하소서."

"홍문관은 재상의 잘못을 알고 있는데, 사헌부와 사간원은 왜 알지 못했나? 이제 말하는 것은 늦었다."『성종실록』 16년 7월 7일

성종은 오히려 나무라고 받아들이지 않았다. 사헌부도 물러서지 않고 다시 간언을 올렸다.

"윗사람은 그대로 두고 아랫사람만 바꾸는 것은 온당하지 않습니다. 백관을 통솔하는 의정부, 한 도를 책임지는 관찰사를 바꾸어야 합니다."『성종실록』 16년 7월 7일

성종은 영의정과 충청도 관찰사 윤해는 구체적 잘못이 드러나지

않았다며 받아들이지 않았다. 하지만 간언이 계속 되자, 결국 의정부의 좌찬성, 우찬성, 좌참찬, 그리고 한성부 판윤을 교체하는 선에서 홍문관의 요구를 일부 수용했다. 공교롭게도 인사를 교체한 사흘 후 비가 내렸다. 석 달여 만에 비가 내린 것이다.

홍문관은 나라와 백성을 위해서 자신들이 품은 뜻을 가감 없이 쏟아냈다. 그 기준은 백성의 삶이었다. 홍문관으로부터 따끔한 질책을 받은 재상들은 남의 탓이 아니라 스스로의 탓으로 받아들였다. 홍문관이 조정을 뒤흔드는 상소를 올렸으나 그 처리과정은 질서가 있었다.

조선은 사헌부와 사간원이 백관을 규찰하면서 간언을 담당했고, 성종 때부터 홍문관이 설치되어 임금에게 자문과 간언도 했다. 홍문관·사헌부·사간원은 각각의 역할이 있지만, 모두 간언을 올릴 수 있기에 통칭해서 '삼사'라고 한다. 현재의 언론에 비유할 수 있다.

조선의 삼사는 상소와 면담으로 임금과 직접 소통하며 자신들의 뜻을 아뢰었다. 현재는 조선시대의 삼사처럼 대통령에게 간언하는 정부 부서는 없다. 왕조시대의 임금과 국민의 손으로 선출된 국정 최고 책임자를 직접 비교할 수는 없지만, 그럼에도 최고 책임자에게 간언하는 그 정신은 여전히 유효할 것이다. 최고 책임자 혼자 세상을 다 보고 판단할 수 없기 때문이다.

홍문관의 상소 ②
— 성종이 바뀌다

성종21년 7월, 거의 열흘 동안 비가 계속 내리고 천둥과 번개가 쳤다. 창덕궁 진선문에서 사람이 벼락을 맞았다는 보고가 있었다. 자연현상이지만 조선시대에는 다르게 보았다. 특히 임금이 거주하는 궁궐에 벼락이 내리쳤으니 임금이 두려워하며 말했다.

"정치의 잘못으로 백성의 원성이 하늘에 닿아 재앙을 내려 꾸짖는 것이다."『성종실록』 21년 7월 1일

: **홍문관의 상소** :

조선시대에는 가뭄이 심하거나 비가 너무 내려도, 바람이 나무가 뽑힐 만큼 심하게 불어도 하늘의 경고로 보았다. 성종은 하늘의 꾸짖음을 달래기 위해서 사면령을 반포하고 신하들의 빼앗은 직첩도 돌려주었다. 직첩을 돌려받은 신하가 무려 691명에 달하는 대사면이

었다. 이에 더해서 신하들에게 바른 말을 구했다. 홍문관이 현 시국의 병폐를 진단하는 장문의 상소를 올렸다.

첫째, 임금이 정사에 임하는 최근의 자세를 비판했다. 아직 인시새벽 3시~5시와 묘시새벽 5시~7시에는 서늘한 기운이 남아 있는데도, 임금이 조하·조참·경연을 더위 핑계로 한 달여 동안 중지하니 정무가 해이해질까 두렵다고 했다.

둘째, 인사 청탁을 비판했다. 개성부 도사 심언은 봉보부인임금의 유모에게 인사청탁을 하고, 중전의 아버지 윤호는 인사청탁을 받고도 숨기고, 중전의 오빠 윤은로는 지방의 수령과 짜고 방납*으로 이익을 취했다며, 임금과 중전의 인척이 정치에 관여하는 것은 나라를 어지럽히는 빌미가 된다고 비판했다.

셋째, 임금의 인척과 조정관리들의 자세도 지적했다. 의금부는 중전의 아버지와 오빠의 인사청탁을 허술하게 추국하여 법망을 빠져나가게 했고, 대간도 엄격한 잣대 대신 형식적으로 면피하기 위한 간언을 올리고, 임금은 덩달아 용서했다고 꼬집었다.

넷째, 내시, 의관, 통역관들의 작은 수고에도 벼슬과 상을 주니 권위가 땅에 떨어지고 요행을 바라는 길이 열렸다고 지적했다.

다섯째, 임금의 눈과 귀가 되는 대간을 외직에 임명한 것은 마땅치 않다. 목민관의 중요성은 인정하지만 용감하고 심지 굳은 대간을 지방으로 보내는 것은 의지를 꺾는 수단이 되지 않을까 우려스럽다고 했다.

여섯째, 뇌물을 받은 혐의로 고소당한 대사간 이평이 여전히 녹봉을 축내고 있으니, 그가 대사간으로서 누구의 잘못을 지적할 수

● 방납(防納): 백성이 마련하지 못한 공물을 관에서 먼저 바치고, 추후 백성으로부터 그 대가를 받는 것이다.

있겠느냐고 질타했다.

　일곱째, 공주와 옹주들이 혼인할 때 큰 집을 지어주고 예물이 사치스러우니, 백성에게 검소함을 강조하는 임금의 말과 행동이 차이가 있다고 꼬집었다.

　"명령과 실천이 일치하지 않으면 백성이 따르지 않습니다."『성종실록』21년 7월 16일

　홍문관은 하늘의 꾸짖음에 응답하는 것은 형식이 아니라 성실하게 임해서 곧은 말을 받아들이는 것이라며, 임금과 중전의 폐부를 찌르는 직언을 올렸던 것이다.

: 홍문관 상소와 성종의 맞대응 :

성종은 초중기까지는 홍문관의 상소를 높이 평가하고 의정부로 넘겨 실천할 항목이 있는지를 살펴보게 했다. 그러나 이번에는 완전히 달랐다.

　"조하와 조참은 더위가 심해서 없앴으나 잘못이라고 주장하면 더워도 하겠다. 봉보부인과 국구가 정사에 간여한다는 것은 사실이 아니다. 윤은로가 방납을 기로채지 않았다는 주장도 있다. 공주와 옹주의 집과 예물을 언급한 것은 옳지 않다. 대사간 이평이 뇌물을 받았다는 근거가 있는가?"『성종실록』21년 7월 16일

　강산이 두 번 바뀌는 재위 21년 차로서 홍문관의 상소에 맞대응해서 조목조목 반박했다. 그럴 거면 신하들에게 왜 바른 말을 구한다고 했는지 의아할 정도이다. 성종의 이런 반응은 따지고 보면 새삼스러운 것이 아니었다. 재위 중후반기로 넘어가면서 홍문관의 간언이 반드시 옳은 것은 아니라며 태도가 차츰 바뀌었기 때문이다.

: 초기와는 다른 불통의 모습 :

성종은 인사를 담당하는 이조에 전지를 내렸다.
"이제부터 대간과 홍문관 관원을 수령의 후보로 올리도록 하라."『성종실록』21년 7월 3일

백성과 직접 접촉하는 목민관의 중요성을 명목으로 내세웠으나, 간언을 올리는 대간과 홍문관을 지방으로 쫓아내는 사실상의 좌천으로 전례가 없는 조치였다. 신하들은 선비의 기상을 꺾을 수 있는 나쁜 사례라며 극구 반대했으나 소용이 없었다.

성종은 홍문관과 대간의 직언이 차츰 귀에 거슬렸을까? 침실에 '처음에는 모두 마음먹고 시작하나 유종의 미를 거두는 것은 드물다 靡不有初 鮮克有終'라는 글을 거는 등 초심을 잃지 않으려고 노력한 흔적이 보이나, 홍문관의 간언이 즐겁다고 술을 내리며 마음껏 마시고 취하라던 초기의 모습은 차츰 사라져 갔다. 이에 홍문관은 즉위 때를 되돌아보라고 간절하게 간언을 올렸다.

"처음을 삼가고, 마무리를 생각해서 만세의 계책을 삼으시면 다행으로 생각합니다."『성종실록』21년 7월 16일

조선왕조실록에서 '불청'이란 말이 2,750여 회나 나오는데, 이중에서 1,830여 건66%이 『성종실록』에 집중되어 있다. 불청不聽이란 말을 들어주지 않거나 그 내용을 행동으로 옮기지 않는 것을 말한다.

성종은 신하들의 말을 끝까지 듣고 "그대의 말이 맞다"고 대답했지만, 막상 행동으로 옮기지 않는 경우가 많았다. 왜 그랬을까? 성종의 직접적 언급이 없으니 그 속내는 알 수 없다. 성종은 심지어 홍문관을 깎아내리기도 했다.

"홍문관의 사람이 어찌 모두 다 바른 사람이겠는가?"『성종실록』21년

7월 18일

"처음처럼 마무리를 잘해야 합니다."

『성종실록』에 여러 차례 등장하는 간언이다. 임금의 초중기 모습이 바뀌는 것에 대한 우려 때문이었을 것이다. 초지일관이 왜 이리 어려울까? 성종의 바뀌는 모습을 보고 이런 의문이 자연스럽게 떠올랐다. 성종만의 특징일까, 아니면 인간의 불완전한 모습 그대로일까? '작심삼일'이란 말이 떠오른다. 인간은 사흘마다 매번 결심을 다시 해야 하는가 보다.

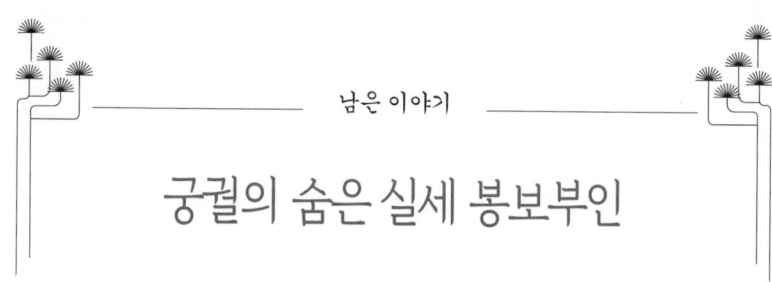

남은 이야기

궁궐의 숨은 실세 봉보부인

궁궐에는 왕비나 후궁도 아니고, 그렇다고 상궁도 아닌 여인으로 숨은 실력자가 한 명 있다. 바로 봉보부인이다. 궁궐의 숨은 실력자였던 봉보부인들을 만나보자.

세종의 유모 이씨

세종은 태어날 때 아버지 정안대군태종이 왕이 아니었고, 집안의 종인 유모 이씨의 젖을 먹고 자랐다. 형 효령대군도 마찬가지로 유모가 있었다. 성종도 태어나서 유모의 젖을 먹고 자랐다. 일반적으로 조선시대 사대부 가정에는 유모가 있었고, 대체로 집안의 종이었다.

　세종은 왕이 된 후, 유모 이씨가 그 부모를 보러 갈 때 쌀과 콩 20석씩을 하사하기도 했다. 이씨는 직책이 없었지만, 남편은 행사직이라는 무반으로 등용되었다. 이씨는 2남3녀를 두었는데, 딸 3명은 양인에게 시집가서 양인이 되었으나 아들 2명은 천인으로 있었다. 세종은 이 이야기를 듣고 신하들에게 이들이 양인이 될 방법을 찾아보라고 했다. 황희와 맹사성이 대안을 제시했다.

　"유모로서의 공이 있으므로 속전을 면제하고 양인이 되게 하소서." 『세종실록』 14년 6월 19일

　이씨의 아들들도 양인이 되는 길이 열렸다. 제도에 없는 특혜였다.

세종17년, 임금은 예조에 유모에 대한 옛 제도를 살펴서 법적 제도를 마련하게 했다. 이로써 이름은 봉보부인, 품계는 종2품으로 정해졌다. 이후 『경국대전』에서 봉보부인은 종1품으로 명기되며 법적인 제도를 갖추게 되었다.

성종의 유모 백씨와 인사청탁

성종의 유모 백씨는 원래 단종의 누이 경혜공주 집안의 종이었는데, 그 인연으로 성종의 유모가 되었고, 성종이 즉위하자 노비에서 일약 종1품 봉보부인이 되었다. 특혜가 아니라 법에 따른 절차였다. 국가로부터 정기적으로 쌀과 콩, 옷감, 노비와 말을 하사받았다. 노비 신분에서 노비를 부리는 신분으로 바뀐 것이다.

궁궐 출입도 했다. 성종이 하사한 말에 '봉보기마패'라는 나무 패를 달고 궁궐 안까지 말을 타고 들어가는 특혜를 누렸다. 영의정도 누리지 못한 영광이었다.

유모 백씨는 이러한 특혜에 하루아침에 세상이 다르게 보였던 모양이다. 노비였던 지난 시절을 잊고 주제넘은 생각을 했다.

성종이 즉위한 지 9개월_{성종1년 7월} 때, 임금에게 인사청탁을 했다. 성종은 14세의 어린 왕이었지만 단호한 태도를 보였다.

"너는 무슨 뇌물을 받고 이런 청탁을 하는가? 관직은 공공의 기구인데, 내가 어리다고 은밀한 청탁을 받고 작위를 주면 국정이 어떻게 되겠는가? 또다시 이런 이야기를 한다면 용서하지 않을 것이다." 『성종실록』 1년 7월 24일

성종의 이 말은 후일 다른 왕들에게도 자주 인용되어 후궁 등의 인사청탁을 경계하도록 했다.

노비에서 고위 관리로

성종은 백씨의 인사청탁은 막았지만 그녀의 아들과 남편에게 특혜를 주었다. 백씨의 아들 강석경은 궁의 가마나 말을 관리하는 사복시에서 일하게 되었고, 성종17년에는 사복시의 내승까지 되었다. 내승은 3명으로 일반적으로 사복시의 책임자와 문인 2명이 겸임하는데, 그런 자리를 노비 출신에게 맡겼으니 사헌부와 사간원이 가만있지 않았다. 하지만 성종은 강석경을 옹호했다.

"강석경은 문자를 대강 알아서 임명한 것이다. 유모에 대한 은혜가 아니다." 『성종실록』 17년 3월 8일

사헌부와 사간원은 열흘 동안 20여 차례나 상소를 올려 임명 철회를 요구했다. 결국 임금이 한발 물러서서 명을 취소했다.

"나의 반대에도 불구하고 너희들이 계속 임명을 철회하라고 주장하는 것은 참으로 아름답다." 『성종실록』 17년 3월 18일

그로부터 3개월 후 강석경은 원인을 알 수 없이 죽었고, 성종은 관곽, 쌀 및 콩 10석, 베 50필, 종이 50권 등 부의를 후하게 했다. 강석경은 일찍 죽었으나, 봉보부인 어머니 덕택으로 노비에서 조선의 관리가 되었던 것이다.

백씨의 남편 강선도 초특급 출세를 해서 중추원의 정3품 무관 첨지중추부사까지 오른다. 당상관이 되었을 뿐만 아니라 중추부까지 들어간 것이다. 중추부는 특별한 역할이나 임무가 없는 문무 당상관을 소속시켜 우대하던 기관인데, 다만 돌아가면서 임금과 함께하는 조회인 상참에 참석하기도 했다.

"물러서라."

강선은 중추부로 출퇴근할 때 시종하는 노비들에게 큰소리를 치게

했다. 사인교를 타면서 노비를 부리는 대신의 반열까지 오른 인생역전을 만끽했을 것이다.

권력의 숨은 양날

봉보부인 백씨는 재산도 많이 축적했다. 임금이 백씨를 돈독하게 챙기자, 그녀에게 노비와 논밭을 뇌물로 바치는 사람이 많았기 때문이다. 성종21년, 홍문관에서 상소를 올릴 정도였다.

"봉보부인이 갑자기 부귀를 누릴 수 있게 되었으니, 그만하면 충분히 노고에 보답했다고 할 수 있습니다." 『성종실록』 21년 4월 21일

봉보부인 백씨는 성종 21년 병으로 죽었다. 성종은 유모가 병들자, 사람을 서너 차례 보내 문병하고, 부음이 알려지자 매우 슬퍼했다.

봉보부인 백씨와 가족 이야기가 해피엔딩으로 끝난 것은 아니었다. 백씨는 연산군으로부터 폐비 윤씨를 쫓아내는 데 관여했다는 이유로 부관참시를 당했고, 재산은 모두 몰수되었으며, 남편 강선은 장 100대를 맞고 다시 노비 신분이 되어 귀양을 갔다. 강선은 아내보다 오래 살아서 권력에 숨어 있는 양날의 칼을 맛보았던 것이다.

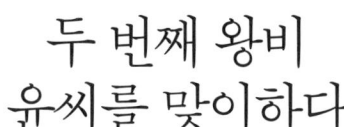

두 번째 왕비
윤씨를 맞이하다

왕비가 되기 전후의 모습이 180도 다른 여인이 있다. 성종의 후궁 숙의에서 후에 왕비가 되고 연산군을 낳은 폐비 윤씨이다. TV드라마에서 정희왕후, 소혜왕후인수대비와 더불어 궁중 여인들의 갈등 혹은 암투의 소재로 자주 등장한다.

: 왕비 1순위가 된 이유 :

성종4년, 대왕대비 정희왕후는 호조에 윤기견과 윤호의 집에 각각 면포 100필, 정포품질 좋은 베 50필, 쌀 50석을 보내라고 명을 내렸다. 상당히 많은 물품이다.

이윽고 윤기견과 윤호의 딸들이 궁궐로 들어와서 종2품 숙의가 되었다. 일반적으로 궁녀가 승은을 입고 후궁에 오르면 첫 단계는 숙원종4품인데, 이들은 궁궐로 들어오자마자 종2품을 받았다. 사대부의 딸로서 후궁이 되기 위해 궁궐에 들어왔기 때문이다.

1년 후, 성종의 첫 번째 왕비 공혜왕후 한씨가 19세에 자식 없이 병으로 승하했다. 2년여 후, 두 번째 왕비를 간택해야 했다. 윤기견의 딸 윤씨가 왕비 후보 1순위였다.

윤씨는 궁궐에 들어와 종2품 숙의에 봉해졌음에도, 소박한 옷을 입고 검소하게 생활하며 조심성이 있었고 어질고 정숙했다. 대왕대비뿐만 아니라 안순왕후 예종의 계비, 소혜왕후 인수대비, 성종의 어머니의 눈에도 쏙 들어왔다. 윤씨는 겸손함도 갖추었다.

"저는 과부의 집에서 자라 보고 들은 것이 없고 덕이 없습니다. 주상의 거룩하고 영명한 덕에 누를 끼칠까 몹시 두렵습니다." 『성종실록』 7년 7월 11일

: 중전 즉위 3개월 만에 원자를 낳다 :

윤씨의 아버지 윤기견은 세종 때 과거에 합격해서 집현전 부교리종5품가 되었고, 문종 때는 『고려사절요』의 편찬에 참여했으며, 단종 때는 사헌부 지평정5품으로 이개·유성원 등과 같이 일했다. 경력을 보면 장래가 촉망되는 관리였을 것이다. 윤씨가 "과부의 집에서 자랐다"고 한 것을 보면 아버지가 일찍 죽었음을 알 수 있다.

성종7년 7월, 윤씨는 임신을 했고, 후사가 없던 성종의 사랑을 듬뿍 받고 있었다. 그녀는 성종보다 두 살 위로 21세였다. 대왕대비는 그녀를 성종의 두 번째 왕비로 삼겠다고 의정부에 의지를 내렸고, 성종도 매우 기분이 좋아서 신하들에게 술을 내렸다. 7월 11일, 성종

은 의정부에 전지*를 내렸다.

"중전은 백성의 어머니이다. 오랫동안 알맞은 사람을 구하기 어려웠다. 숙의 윤씨는 일찍부터 어질고 정숙한 덕이 있었고 규방의 법도에 합당하다. 위로는 대왕대비의 의지를 받들어 중전의 자리에 오르게 하니 이 사실을 널리 알려라." 『성종실록』 7년 7월 11일

성종 7년 11월, 윤씨는 중전에 오른 지 3개월 만에 원자연산군를 낳았다. 조선에서 임금의 아들로 태어난 첫 사례였다. 이전의 왕들은 태어날 때 아버지가 임금이 아니었다. 윤씨는 왕비에 오르자마자 후사를 낳아 왕조국가에서 가장 중요한 역할을 해낸 것이다.

"조선이 개국한 이래 오늘과 같은 경사는 없었습니다." 『성종실록』 7년 11월 7일

성종은 도승지의 건의를 받아들여 전국에 대사면령을 내렸다.

성종 8년 3월 14일, 임금의 친경례에 이어서 중전 윤씨가 왕비로서 창덕궁 후원에서 첫 친잠례**를 주관했다. 내외명부들이 참석했고 신하들이 왕비의 친잠례에 하례를 올렸다.

임금과 왕비는 친잠례가 끝난 후 세 분의 대비세조비 정희왕후, 덕종비 소혜왕후, 예종계비 안순왕후에게 잔치를 베풀었다. 윤씨는 사대부의 딸로서 후궁으로 뽑혀 궁궐로 들어와 대비들과 임금의 사랑을 독차지하

- 왕의 명령을 부르는 이름
  전지(傳旨): 왕이 의정부 혹은 승정원을 통해서 내리는 명령서. 이와 비슷한 의미로 '교지, 왕지, 전교'가 있다.
  교서(敎書): 왕이 신하나 백성들에게 널리 알리는 문서
  비지(批旨) 혹은 비답(批答): 신하들이 올리는 상소문에 대해서 왕이 내리는 답
  교명(敎命): 왕이 왕비 또는 왕세자, 왕세자빈을 책봉할 때 내리는 문서
  고신(告身): 왕이 내리는 관리의 임명장. 4품 이상의 관리 임명장을 '교지' 혹은 '관교'라고 하고, 4품 이하는 '교첩'이라고 한다.
- ** 농업국가 조선에서 벼농사와 누에치기는 매우 중요했다. 임금과 왕비는 농사를 체험하는 행사를 열어 백성의 삶을 조금이라도 이해하려고 했다. 임금의 벼농사 체험은 '친경례', 왕비가 뽕잎을 따고 누에를 치는 체험은 '친잠례'라고 한다.

여 중전에 올랐고, 원자를 낳았으며, 국가의 행사도 주관하는 등 겉으로는 아무런 문제가 없었다.

: 1차 중전 폐비 거론 사건 :

친잠례를 치른 지 보름 후인 성종8년 3월 29일, 대왕대비는 왕비 윤씨의 남자형제 윤우와 윤구를 의금부에 하옥시킨다. 더불어 도저히 상상이 안 되는 충격적인 내용의 의지를 조정에 내렸다.

"중전의 침상 옆에 있는 작은 상자에 비상독극물이 들어 있었고, 굿하는 책이 있었다. 중전이 된 이후에는 과거와 달리 잘못된 점이 많았다. 임금은 아홉 여자를 거느릴 수 있는데, 아직 그 수가 차지 않았는데도 투기가 심하다. 그런데 이미 중전에 올랐으니 책망할 수도 없다. 내가 처음부터 사람을 잘못 보았음을 심히 부끄럽게 생각한다. 이미 국모가 되었고 원자도 있는데, 이를 장차 어떻게 처리해야 하는가?" 『성종실록』 8년 3월 29일

이와 동시에 성종도 내시를 통해서 뜻을 전했다.

"내가 즉위한 이후 좋은 일도, 좋지 못한 일도 겪었다. 가정을 잘 다스리지 못한 까닭으로 생긴 일로 매우 부끄럽다. 이것을 논의하라." 『성종실록』 8년 3월 29일

숙의 윤씨가 왕비가 된 지 겨우 8개월, 대왕대비와 왕이 '부끄럽다'는 단어까지 사용하며 중전을 질책하고, 중전의 행실을 논하라고 한 것이다. 조정대신들은 아연실색하여 쉽게 입을 열 수 없었.

영의정 정찬손이 우선 결론을 내리지 말고 차츰 의견을 모으자는 뜻으로 말했다.

"죄는 가볍고 무거운 것이 있는데, 당연히 고사를 살펴보아야 합

니다."

"내가 직접 겪은 일이다. 죄를 논하라." 『성종실록』 8년 3월 29일

성종은 단호했다. 하지만 대신들은 궁궐에 별도의 거처를 마련하고, 2, 3년 동안 개과천선을 기다린 연후에 다시 복위시키자는 중론을 전했다. 그러나 임금의 생각은 전혀 달랐다. 중전을 폐하고 빈 정1품으로 강등해서 민가에 살게 하자고 했다. 그러면 원자를 폐하지 않는 것이라고 했다.

"중전을 폐해서는 안 됩니다."

"중전을 폐하라." 『성종실록』 8년 3월 29일

임금과 신하들의 주장이 너무나 달라 이날은 결론이 나지 않았다.

: 출궁 철회 :

다음날 성종은 재상들만 불렀다. 임금이 먼저 입을 열었다.

"내가 생각을 거듭해도 투기만의 문제가 아니다. 비상을 가지고 있는 것은, 비록 나를 해치려는 것이 아닐지라도 국모로서 예의범절을 잃은 것이다. 중전을 별궁에 두는 것은 징계의 의미가 없다." 『성종실록』 8년 3월 30일

신하들은 일단 중전을 궁궐에 두고, 그래도 반성의 기미가 없으면 민가로 내보내자고 절충안을 주장했으나, 임금은 완고했다. 결국 임금의 뜻대로 빈으로 강등해 출궁시키는 것으로 결론이 났다. 출궁 교서를 짓고, 종묘에 고할 축문을 지을 사람을 정하고 헤어졌다.

"출궁 준비를 하라."

임금이 승정원에 지시를 내리자, 승지들이 임금을 뵙고 반대했다.

특히 우승지 임사홍의 반대가 심했다.

"원자는 국본입니다. 모후가 폐위된다면 원자 자리를 능히 보전하기 어려울 것입니다."『성종실록』 8년 3월 30일

성종은 재상들을 다시 불렀다.

"주상의 뜻이 이미 정해졌기에 감히 반대의견을 올리지 못했습니다. 원래는 중전을 폐위시키지 말아야 한다고 생각했습니다."『성종실록』 8년 3월 30일

성종은 대신들의 건의를 받아들여 마음을 진정시키고, 대왕대비를 설득하겠다면서 회의를 마쳤다. 중전을 출궁시키겠다는 처음의 계획을 철회한 것이다.

중전의 남자형제 윤우와 윤구는 석방했지만, 중궁전 궁녀 삼월은 교형에 처하고 사비는 장 100대를 때리고 변방의 종으로 보냈다. 제1차 중전 폐비 사건은 이렇게 중전의 아랫사람에게 책임을 지우는 것으로 마무리되었다. 중전 윤씨는 자신을 폐위시키고 궁궐에서 내쫓으려는 논의를 보면서 행실을 바꾸었을까?

중전 윤씨를 폐비로 내치다

1차 폐비 거론 사건이 있은 지 5개월 후, 성종8년 10월 20일, 22일에 임금이 의외의 명을 내렸다.

"내가 제사 준비를 위해 재계에 들어가 정무를 처리할 수 없을 때, 질병 등 긴급한 것은 중전에게 아뢰어 처리하라. 그 결과는 제사가 끝난 후 보고하라."

"비록 작은 일이지만, 중전이 정치에 참여하는 빌미가 될 것입니다."

"그대의 말이 옳지만, 질병 등 긴급한 일은 어떻게 처리해야 하는가?"

"해당 부서에서 처리한 후 보고하면 됩니다."『성종실록』8년 10월 20일, 22일

성종은 재위 9년 차로 긴급한 일의 처리방법을 충분히 알고 있었고, 원상도 일부 남아 있었다. 그럼에도 중전에게 국가의 일을 일부 맡긴 것이다. 둘의 관계가 달라졌음을 알 수 있다. 이후 연산군의 동

생도 낳은 것을 보면 중전과 사이가 좋아지고 있다고 볼 수 있다.

: 2차 폐비 거론 사건 :

그러나 2년 후 성종10년 6월, 임금은 다시 중전의 폐비 문제를 들고 나왔다. 중전의 실덕이 고쳐지기를 바랐으나 예전 그대로이고, 자신을 능멸했다면서 '말이 많으면 버린다, 순종하지 않으면 버린다, 질투를 하면 버린다'는 등 칠거지악을 거론했다.

임금이 칠거지악까지 언급하자, 조정대신들은 임금의 생각에 동의하면서도 민가로 쫓아내는 것은 반대했다. 원자와 대군까지 낳은 중전을 쫓아내는 것은 나라의 근본이 흔들릴 수 있다는 이유였다.

임금은 역시 강경한 태도를 취했다.

"궁궐에 두는 것은 징계의 의미가 없다. 출궁을 준비하라."

우의정 윤필상을 비롯해서 대신들과 승지들이 거듭 아뢰었다.

"별궁에 두어 거처하게 해야 합니다."

성종은 화를 내면서 일어섰다.

"경들이 물러나지 않으면 내가 나가겠다." 『성종실록』 10년 6월 2일

성종이 내시를 시켜서 모두 물러가게 했으나, 승지 몇은 끝까지 버티며 중전을 민가로 쫓아내지 말라고 청했다. 성종은 승지늘이 중전의 편을 든다고 생각했다.

"승지들을 옥에 가두고 파직시켜라." 『성종실록』 10년 6월 2일

성종은 의금부가 승지들을 추국하게 하고 더욱더 강경한 태도를 취했다. 임금이 인사권을 무기로 사용한 것이다. 결국 중전 윤씨는 작은 가마를 타고 궁궐을 나와야 했다. 성종은 신하들의 동의를 이끌어내지 않은 채 윤씨를 출궁시킨 것이다.

: 출궁 :

다음날부터 상소를 올리는 부서가 늘어났는데, 모두 중전의 폐출을 반대했다. 사헌부·사간원·홍문관은 임금에게 중전의 구체적 죄목이 뭔지 설명해 달라고 요구했다. 특히 홍문관 전한종3품 이우보는 폐비를 종묘에 고하는 글을 지으라고 명이 떨어지자, 임금의 명을 두 번이나 거절했다.

"신의 생각과 다른 글을 지을 수 없습니다. 감히 명을 받들지 못하겠습니다." 『성종실록』 10년 6월 2일

성종은 이우보를 의금부에 하옥했다. 임금은 인사권뿐만 아니라 감옥까지 활용해서 반대자의 입을 막은 것이다. 육조판서와 참판, 종친들까지 나서서 중전의 폐출을 반대했으나, 임금은 받아들이지 않고 교서를 내린다. 교서는 이우보 대신 임금의 검토관 조위가 지었다.

"윤씨는 후궁에서 왕비가 되었으나 음덕의 공이 없었다. 오히려 투기하는 마음만 가지고 있다. 독약을 품고 있었고 실덕이 심해서 일일이 열거할 수 없을 정도이다. 위로는 종묘를 받들 수 없고, 아래로는 나라의 모범이 될 수 없다. 윤씨를 폐하여 서인으로 삼는다." 『성종실록』 10년 6월 2일

1차 중전 폐비 거론 사건 때는 빈으로 강등해서 내보내려 했으나, 이제는 아예 서인으로 낮추었다. 최소한의 양식이나 의복도 제공하지 않고 완전히 인연을 끊겠다는 것이다.

성종은 중전 폐위 사실을 종묘에 고했다. 중전의 폐출 절차가 마무리된 것이다. 그럼에도 윤씨를 민가에 둘 수 없다는 상소가 계속 올라왔다.

"윤씨 집에 화재나 도둑이 들면 옹색해서 예의범절을 잃을 수 있고, 담이 낮아 외부 사람이 엿볼 수 있습니다. 가난해서 추위에 떨 수도 있어서 왕비의 집이라고 사람들이 놀리면 임금에게도 누가 될 것입니다."『성종실록』 10년 6월 2일

: 성종과 대왕대비의 증언 :

성종은 창덕궁 선정전에서 의정부·육조·대간·승지·사관·주서를 불러 윤씨의 행위를 구체적으로 설명했다.

"나를 부드럽게 대하지 않았고, 나의 발자취를 없애겠다고 했다. 곶감과 비상을 주머니에 같이 넣어두었는데, 만일 내가 먹었다면 어떻게 되었겠는가?

또한 남자가 자식을 낳지 못하게 되고 반신불수가 되는 방법이 담긴 언문 책을 감추어 두었다가 발각되었다. '주상이 내 뺨을 때리므로, 두 아들을 데리고 집으로 돌아가서 여생을 보내겠다'는 근거 없는 말도 썼다.

내가 허물을 고치라고 하자, '거제·요동·강계로 유배를 보내도 달게 받겠다'라고 맹세했으나, 모두 거짓이었다. 또한 아침에 조회와 상참이 끝나도록 일어나지 않았고, 대신들의 가정사에 대해서도 참견하기를 좋아했다. 이것이 중전의 도리인가? 내가 살아있을 때는 변고를 만들지 않겠지만, 죽으면 반드시 난을 일으킬 것이다."『성종실록』 10년 6월 5일

신하들이 도저히 믿을 수 없는 충격적인 내용이었다. 대왕대비도 언문 글로 더 구체적인 증언을 했다.

"주상의 몸이 아파도 개의치 않고 뜰에서 꽃구경을 하거나 새를

잡으면서 희희낙락했다. 반대로 자신이 아프면 '나는 죽고 싶지 않고 보여주고 싶은 것이 있다'라고 해서 우리는 늘 두려웠다. 주상의 어선御膳, 임금의 음식에 독을 넣을까봐 두려워서, 중전이 어선에 접근하지 않도록 여러 가지로 주의를 기울였다.

중전이 잘못한 일이 있어서 내가 물으면 '주상이 가르친 것입니다'라고 하고, 주상이 잘못을 꾸짖으면 '대왕대비가 가르친 것입니다'라고 하며, 나와 주상을 이간질했다. 윤씨를 출궁시킨 것은 원자에게는 불쌍한 일이지만, 주상의 근심과 괴로움은 사라질 것이고 우리들도 편안해질 것이다." 『성종실록』 10년 6월 5일

윤씨의 증언은 기록에 없으니 진실을 알 수 없지만, 임금과 대왕대비의 증언은 실로 놀라운 것이었다. 숙의일 때는 예의바르고 정숙했던 여인이 왕비가 된 후 180도 달라진 평가를 받은 것이다.

: 어찌 왕비의 탓으로만 돌립니까? :

그럼에도 옛 왕비를 민가에 둘 수 없다는 상소가 계속 올라왔다. 특히 홍문관 최경지 등은 폐비를 내쫓은 사유는 알겠지만, 민가에 두고 식재료조차 주지 않는 것은 옳지 않다고 직언을 올렸다.

"전하도 성찰하셔야 합니다. 어찌 왕비의 탓으로만 돌리십니까?"

"나의 잘못으로 왕비가 이 지경에 이르렀다고 여기는 것인가?"

"전하께서 가정을 잘못 다스렸다고 말하는 것은 아닙니다. 옛 사람도 이런 논란이 있었습니다." 『성종실록』 10년 6월 5일

성종은 오히려 최경지에게 따졌고, 최경지는 임금의 분노를 눈치채고 한 발 물러섰다.

성종은 폐비 윤씨의 행동을 규제하는 구체적 조치를 취했다. 어

머니와 같이 사는 것은 허락했지만, 형제와 친척들을 만나지 못하게 했고, 이웃은 출입한 자를 고하게 하고, 만일 고하지 않으면 벌을 주겠다고 했으며, 관련 부서가 감시를 소홀히 해도 벌을 주겠다고 했다.

왕비의 잘못은 인정하지만 민가로 내쫓은 것은 잘못이라는 여론이 지배적이었으나, 임금의 강경한 태도에 말을 꺼내기가 어렵게 되었다. 불행하게도 폐출된 지 며칠 후 윤씨의 둘째 아들이 죽었다.

몇 개월 후, 윤씨 집에 도둑이 들어 물건을 훔쳐갔다는 것이 알려졌다. 신하들은 담을 쌓자고 건의했다.

"만일 그렇게 한다면 도둑이 든 모든 집의 담을 쌓아 주어야 하느냐?" 『성종실록』 10년 윤10월 22일

성종은 반박하고, 오히려 도둑 방비를 소홀히 한 윤씨에게 죄를 주어야 한다고 으름장까지 놓았다. 폐비 윤씨에 대한 티끌만큼의 애정도 없음을 보여준 것이다.

이로부터 1년 5개월 후, 성종은 세 번째 왕비를 맞이한다. 폐비 윤씨와 같이 궁궐에 숙의로 들어온 윤호의 딸 윤씨가 왕비에 올라 정현왕후가 되었다. 정현왕후는 연산군이 어머니로 여겼던 왕비로 중종을 낳았다. 폐비 윤씨가 왕비로 다시 돌아올 자리가 없어진 것이다.

폐비 윤씨에게
사약을 내리다

성종13년 8월 11일, 윤씨가 폐비로 전락해서 궁궐을 나간 지 3년이 지났다. 경연이 끝난 후 시독관 권경우가 청을 올렸다.

"임금이 사용하는 물건조차 함부로 처리하지 않는 것은 지존을 위해서입니다. 폐비 윤씨의 거처를 따로 마련해 주고 물품을 공급해 주어야 합니다."『성종실록』13년 8월 11일

성종은 다른 경연관의 의견을 물었다. 대사헌 채수와 한명회도 권경우의 말에 동의하자, 임금은 언성을 높였다.

"윤씨의 죄는 이루 다 말할 수 없다. 내가 그 죄를 밝혔다. 경들은 원자에게 아첨해서 후일을 도모하려는 것이다."

"오늘 경연관 중에서 한명회가 가장 나이67세가 많고, 가장 젊은 저도 벌써 34세입니다. 원자가 임금이 되는 세상을 기약하고, 어찌 그런 마음으로 현재의 임금을 섬길 수 있겠습니까?"

"경들이 원자를 위한 것이 아니라면, 어찌해서 임금에게 죄지은

사람을 변호하는가? 폐비 윤씨를 위한 것이지, 나를 위하는 것이 아니다."『성종실록』13년 8월 11일

: 폐비 윤씨에 대한 성종의 분노 :

성종은 신하들의 태도에 여전히 납득하지 못하고, 그동안 밝히지 않은 다른 사실도 털어놓았다. 폐비 윤씨가 임금인 자신이 거처하는 장막을 가리키면서 '소장素帳'이라고 했다는 것이다. 소장은 장사를 지내기 전 궤에 치는 흰 포장이다. 임금에게 마치 죽음을 바라는 듯한 저주의 말을 퍼붓고도 목숨을 보전한 것만도 다행이 아니냐고 했다.

성종은 경연에서 주고받은 윤씨에 관한 대화를 승지를 통해 다른 신하들에게 설명하게 하고, 특히 대비에게는 언문으로 요약해서 전하게 했다. 거기에는 권경우의 발언에 대해 분함을 참을 수 없다는 내용도 있었다.

"윤씨의 죄는 인정합니다. 그러나 권경우는 낮은 벼슬아치로 상황을 잘 모르고, 이미 대신들이 아뢴 것을 되풀이한 것에 불과합니다. 너그럽게 용서해서 언로를 넓혀 주시기 바랍니다."

"권경우는 잘 몰랐다고 하더라도, 사실을 자세하게 아는 자도 윤씨를 변호했다."『성종실록』13년 8월 11일

권경우를 옹호한 한명회와 채수를 지적한 것이다. 둘은 대죄를 청했다. 특히 채수는 글로 대죄를 청했지만 임금은 마뜩찮게 생각했다. 대사헌 채수는 성종이 1차로 중전 폐출을 시도할 때, 승지로서 대비의 언문 의지를 역사에 기록해서 널리 알려야 한다고 건의하고, 실제로 번역했던 인물이다. 성종은 채수를 매우 신뢰하여 발탁했으

나, 권경우를 변호한 것에 실망감을 감추지 못했다.

"경을 믿고 발탁했는데 어찌 나를 저버리는가?" 『성종실록』 13년 8월 11일

채수는 다시 글을 올려 임금에 대한 충성은 변함이 없다고 했으나, 결국 대사헌직에서 물러나 옥에 갇히고 국문을 받았다. 채수는 이로부터 약 2년 간 등용되지 못했다. 폐비 윤씨에 대한 성종의 분노를 짐작케 한다.

대왕대비도 다시 언문 의지를 내려서 그동안 밝히지 않았던 새로운 사실을 털어놓았다.

"내가 책망하면 폐비는 손으로 턱을 괴고 성난 눈으로 노려보았다. 여염집 여인도 그렇게 하지는 않을 것이다. 또한 주상의 자취를 없애고 상복을 입겠다고 하면서, 오래 살아서 후일에는 볼 만한 것이 있을 것이라는 패역한 말을 쏟아냈다. 우리는 늘 주상의 옥체를 염려했다. 아직도 권경우처럼 폐비의 잘못을 분간하지 못하는 것이 두렵다. 옳고 그름을 가려내어 징계하고 후일을 경계해야 할 것이다."『성종실록』 13년 8월 11일

: 사약을 내리다 :

성종13년 8월 16일, 임금이 세 분의 대비에게 문안인사를 올리고, 영돈녕 이상 의정부·육조·대간들을 불러들였다. 임금은 원자가 차츰 성장함에 따라 신하들이 동요하고, 폐비가 원자를 통해 다시 발판을 마련할 것을 우려하고 있었다.

"경들은 사직을 위한 계책을 말하라."

"윤씨가 원자의 세력을 믿고 날뛸 가능성이 있으니 미리 예방하지 않을 수 없습니다. 그러나 원자가 있기에 어렵습니다."『성종실록』 13

년 8월 16일

영의정 정찬손의 말이다. 신하들의 곤혹스러운 속내를 엿볼 수 있다. 청송부원군 심회와 좌의정 윤필상이 총대를 맸다.

"대의로 결단을 내려서 큰 계책을 정하셔야 합니다."

사실상 죽임을 건의한 것이다. 예조판서 이파도 동의했다. 성종은 다시 한번 좌우를 돌아보면서 물었다.

"어떻게 처리해야 하는가?"

"여러 사람들이 모두 (폐비 윤씨를 죽이는 것을) 옳은 결정이라고 여깁니다."

마침내 폐비 윤씨의 죽임에 참석자 모두가 동의했다. 임금은 좌승지 이세좌에게 사약을 내리는 책임을 맡겼다. 이세좌는 내의 송흠을 불러서 그 방법을 물었다.

"비상만 한 것이 없습니다."

폐비 윤씨는 남편이자 임금이 내린 사약을 먹고 죽었다. 성종은 원자가 장차 세자가 되고 임금이 되어 폐비 윤씨와 결속해서 권력을 휘두르면 큰 풍파가 일어날 것으로 보았다. 그 미래의 위험을 사전에 제거한 것이다.●

'윤기견의 딸, 숙의 윤씨, 중전 윤씨, 폐비 윤씨'는 같은 사람이지만, 중전이 된 전후로 전혀 다른 인물로 비추어졌다. 무엇이 윤씨를 변하게 했을까? 성종과 대왕대비의 증언은 있으나, 폐비 윤씨의 증언이나 기록이 없으니 실체적 진실은 알 수 없다.

● 성종은 폐비 윤씨를 포함해서 3명의 왕비, 9명의 후궁을 두었다. 성종의 묘지문에 기록된 자식은 30명으로 조선 최대의 다산 왕이다. 여기에는 일찍 죽은 연산군의 동생과 중종의 동생은 포함되어 있지 않다.

: 역사의 아이러니 :

역사는 아이러니가 자주 일어난다. 현재 무심코 넘긴 사건이 미래 위험으로 다가올 수 있고, 현재의 어려움을 꿋꿋하게 버티다 보면 전화위복이 될 수도 있다.

성종이 미리 악을 제거하고자 폐비 윤씨에게 내린 사약은 25년 후 갑자사화로 피의 보복을 불러일으켰다. 사약을 들고 간 이세좌를 비롯, 윤씨의 죽음에 직간접적으로 관여한 수십 명이 보복으로 죽었다. 한명회를 비롯한 여러 명은 무덤이 파헤쳐지는 부관참시까지 당했다. 반면 윤씨를 변호하다가 대사헌에서 파직되었던 채수는 연산군으로부터 피의 보복을 당하지 않았다. 채수는 중종 때 저승 이야기를 끌어와서 중종반정을 빗댄 소설 『설공찬전』을 남겼다. 조선 최초의 금서로서, 발굴자인 국문학자 이복규 전 서경대 교수는 한글로 읽힌 최초의 소설이라고 평가한다.

역사가 의도한 대로 흘러가지 않은 경우는 숱하게 많다. 성종은 윤씨를 폐비하여 악을 사전에 제거하고자 했으나, 결과적으로 자식 연산군에 의해 큰 참화갑자사화를 불러일으켰다. 역사의 강은 좋은 쪽이든 나쁜 쪽이든 도도하게 흘러가는 것이다. 조선왕조실록 500년의 기록을 읽다보면, 역사의 굴곡 속에는 삶의 희로애락이 있고, 미래는 예측할 수 없기에 인생이 더욱 도전하고 살 만한 가치가 있음을 실감하게 된다.

최부, 표류에서
무사 귀환하다

: 중국에서 들려온 뜻밖의 소식 :

성종19년, 이조참판 안처량이 중국에 사신으로 갔다가 현지에서 뜻밖의 소식을 들었다. 조선인 최부가 제주 바다에서 표류해서 중국 절강지방에 도착했고 북경으로 호송되고 있다는 것이다. 중국 관리가 조사한 문서에는 최부와 함께 배에 탄 43명의 이름, 내력, 소지품 등이 적혀 있었다. 중국은 안처량에게 조사한 문서를 보여주고 조선인이 맞는지 확인을 요청했다.

특히 최부의 이력은 상세했다. 성종18년, 국왕의 명으로 제주등처경차관으로 제주에 파견되어 임무를 수행하는 중에 부친상을 듣고 급거 고향으로 돌아오다가 바다에서 표류했다는 것이다. 안처량은 이 사실을 통역관 탁현손을 통해서 조정에 먼저 보고했다.

2개월 후 최부와 일행 43명은 한성에 도착했다. 성종은 최부의 귀국 소식을 듣고, 부친상을 마친 후 다시 벼슬을 내리겠다면서, 우선 그동안 겪은 일을 써서 올리라고 했다. 최부는 한성의 청파역에 8일 동안 머물면서 약 9개월간의 장정을 일기형식으로 기록했다. 이것이 3권으로 남겨진 최부의 『표해록漂海錄』이다.

『표해록』은 조선의 관리가 제주 바다에서 표류해 중국의 절강성에 도착해서 항주·소주 등 강남지역, 북경, 산해관, 요동을 직접 눈으로 보고 경험한 것을 쓴 조선 최초의 기록물이다. 당시 중국의 지역과 문물 일부를 이해하는 좋은 지침서이다. 그러나 이 책은 최부가 다시 관직에 진출하는 데 걸림돌이 되었다.

: 제주에서 들은 아버지의 부고 :

최부는 전라도 나주 출신으로 생원시 3등, 문과을과 1등, 문과중시 을과 1등으로 과거에 합격하고, 교서관 박사, 사헌부 감찰, 홍문관 부교리를 지냈다. 『표해록』에 의하면, 성종18년 9월14일 최부는 33세 때 제주 삼읍제주목·대정현·정의현 추쇄경차관°으로 명을 받았다. 제주도로 도망간 사람들을 찾아내고 제주의 민정을 살피기 위한 임무를 맡은 것이다. 한성을 떠나 전라도 해남현에 도착해 순풍을 기다려서 약 2개월 후 제주에 도착했다. 그런데 임무를 수행하던 중에 고향 나주에서 아버지가 돌아가셨다는 소식을 들었다.

최부는 음력 윤1월에 아버지의 부고를 들었는데, 육지로 나가려면 남에서 북으로 바람이 불어야 했다. 제주에서 육지로 배를 띄우려면 순풍을 만나기 위해서 몇 개월씩 기다리는 것이 예사였고, 날

● 추쇄는 원적에서 도망한 자를 찾아내는 것이고, 경차관은 지방 시찰을 위해서 파견하는 임시관리다.

씨에 대한 예측은 지역 사람들의 경험에 의존해야 했다. 당시 날씨가 고르지 못해서 최부의 뱃길을 반대하는 사람이 많았다. 그러나 고르지 않은 날씨에도 일부가 찬성하여 배를 띄울 수 있었다.

"동풍이 불어서 떠날 수 있다."

"왕명을 받은 신하의 배가 침몰된 적이 없다. 하늘이 임금의 덕을 알기 때문이다."

아버지의 부고를 받은 최부의 급한 마음을 대변한 것이라고 볼 수도 있을 것이다. 제주 목사가 최부의 귀향을 도왔다. 나라의 배보다 더 튼튼하고 빠른 수정사 승려의 배를 수소문했고, 뱃길을 잘 아는 자, 해적으로부터 보호할 수군 등을 붙여주어 모두 43명이 배를 탔다. 불교를 배척한 조선에서 승려의 배가 나라의 배보다도 더 튼튼하다니, 당시 제주의 행정력이 어느 정도인지를 짐작케 한다.

: 망망대해에 표류하다 :

이윽고 배가 제주를 출항했다. 그런데 날이 어두워지면서 바람이 불고 비가 내리기 시작했다. 수군들의 불만이 터져나왔다.

"이런 날씨에 배를 출항시킨 것은 누구의 허물입니까?"

바람과 물결이 더 사나워졌고, 급기야 닻도 끊어졌다. 배는 광활한 바다에서 일엽편주처럼 떠다녔다. 제주 남자들은 바다와 적극적으로 싸울 생각을 하지 않고 물에 빠져 죽는 것을 기정사실화했다.

"딸로 태어나면 '장차 효도할 사람이다'라고 하고, 아들로 태어나면 '내 자식이 아니고 곧 고래와 악어의 밥이다'라고 여겼다."

당시 제주 민간에서 떠돌던 이야기다. 거친 바다에서 일하다가 오늘 아니면 내일 죽는다는 숙명을 받아들였다. 최부가 명령을 내려도 수군들은 들은 척하지 않았고, 심지어 때려도 일어나지 않았으며, 부서진 배를 수리하거나 위기를 벗어나고자 노력하지 않았다. 바다의 용신을 달랜다며 각자의 군사장비나 식량을 바다에 던지며 기도했다. 목숨을 지탱할 식량을 바다에 던져도 막을 수 없었다.

최부도 아버지의 장례를 치르고 홀로 된 노모를 봉양하게 해 달라고 간절한 기도를 올렸다. 그러나 한치 앞을 내다볼 수 없는 망망대해에서 버텨야 할 일이 너무 많았다. 배에 들어오는 물을 퍼내야 했고, 극도의 굶주림을 견뎌야 했으며, 무엇보다 목이 탔다. 오줌을 받아먹기도 했으나 이마저도 더 모을 수 없는 지경에 이르렀다. 스스로 생명을 포기하려는 사람들도 있었다. 최부는 이들을 말리고 달래야 했다. "하늘이 우리를 도와서 살 수 있다." 이윽고 바다가마우지 두 쌍이 날아가는 것이 보였고, 먼 마을에서 연기가 피어오르는 듯한 모습도 보였다. 육지와 가까워지고 있다는 희망이 점차 생겼다.

: 중국 절강성 영파부에서 만난 도적 :

표류 9일째, 최부 일행은 어떤 섬에 도착해서 겨우 죽을 끓여먹을 수 있었다. 섬에는 깎아지른 절벽이 우뚝 솟아 있어 바람을 피할 곳조차 없었기 때문에 다시 떠나야 했다.

그다음날 사람이 사는 마을에 도착했다. 최부와 마을 사람들 사이에서 필담으로 대화가 이루어졌고, 그곳이 중국 절강성 영파부라는 것을 알았다. 물도 얻어 마셨다. 그런데 그들이 갑자기 도적으로 돌변했다. 배를 뒤져 강탈하고 금은보화를 내놓으라고 위협했다.

최부의 옷을 벗겨서 알몸으로 결박해 거꾸로 매달아 놓고 목을 베려고 했다. 그런데 도적의 칼이 최부의 오른쪽 어깨 위에 잘못 내려와서 칼날이 뒤집혔다. 도적이 다시 작은 칼을 가져와서 목을 베려는 순간 영화 같은 장면이 벌어졌다. 다른 도적이 이를 말렸던 것이다. 최부는 구사일생했다. 죽을 운명이 아니었던 모양이다.

도적은 최부 일행의 배를 닻, 노 등을 끊어버린 채 바다에 내팽개치고 달아났다. 배는 다시 바다에 덩그러니 떠서 흘러갔다. 칠흑 같은 어둠이 내리고, 바람에 운명을 맡길 수밖에 없었다. 최부에게 원망이 더욱 쏟아졌다.

"제주를 오가면서 산신에게 제사를 올리지 않은 탓에 이런 일이 벌어진 것입니다."

"어찌 귀신에게 음식을 주지 않았다고 해서 재앙이 생기겠느냐?"

최부의 설득은 먹혀들지 않았다. 최부를 더 힘들게 한 것은 절반 이상이 희망을 포기하고 움직이지 않는 것이었다. 그나마 최부의 하인을 비롯한 몇이 배를 수리하고 물을 퍼내는 등 적극적으로 행동해서 침몰까지 이르지 않았다.

: 절강성에서 수차를 보다 :

이후 최부 일행은 중국의 육지에 도착해서도 죽을 고비를 숱하게 넘겨야 했다. 마을 사람들에게 약탈당하고 몽둥이로 맞았으며, 왜적으로 오인되어 살해 위협을 받고 죽도록 달려야 했다. 발이 부르트고 모든 힘이 다 소진되어, 최부조차도 차라리 바다에서 죽는 것이 좋았을 것이라고 자탄했을 정도였다.

그럼에도 불구하고 최부 일행에게는 희망이 있었다. 최부의 시 짓는 능력, 임금으로부터 받은 마패였다. 지방의 유력자가 최부의 시에 감탄해서 도움을 주었다. 마패에는 중국 황제의 연호가 새겨져 있었다. 마패를 보여주자 중국 관리의 신뢰를 얻었다. 중국 군졸 20여 명이 교자를 메고 와서 맞이했고, 최부는 교자를 계속 이용하는 혜택을 누렸다. 최부의 탁월한 학문적 능력도 한몫했다. 중국 관리들이 질문한 한반도의 역사·지리·인물 등을 상세하게 설명했고, 중국의 경서, 사서오경과 주역에 대해 이야기를 나누었다. 중국 관리들이 더욱 놀란 것은 최부가 중국의 지리를 자세하게 알고 있었다는 것이다.

"당신이 답례로 지어준 시에 중국의 산천이 어찌 이렇게 자세하게 등장합니까?"

"제가 일찍이 중국의 지도를 열람했기 때문에 이곳에 도착해서 추측으로 기록한 것일 뿐입니다."

『표해록』에도 중국의 구체적인 지명과 묘사가 곳곳에 등장한다. "중략 다시 방죽을 지나 서쪽 2리를 걸으니 동관역에 도착했으며, 배를 타고 문창교·동관포·경령교·황가언포·조산포·도가언포·제양포를 지났다." 그냥 지나쳐도 될 것 같은 지역의 다리·점포·문·역의 이름까지 아주 상세하게 기록하고 있다. 지필묵도 충분치 않았을 텐데, 이런 이름을 어떻게 미주알고주알 다 기록할 수 있었는지 궁금할 정도이다. 기억력이 탁월했던 것 같다. 최부의 행적은 중국의 조정에도 보고되었다. 중국의 관리들은 조정에서 명령이 올 때까지 음식을 제공하고 치료도 해 주는 등 여러 도움을 주었다.

최부도 마음의 여유를 갖게 되자 주변의 사물이 눈에 들어왔다. 그 중에서 눈에 띄는 것이 수차였다. 소흥부를 지날 때, 농부가 수차를 이용해서 논에 더 쉽게 많은 양의 물을 대는 것을 보았다. 조선의 농사에 요긴하게 사용할 수 있을 것 같아 현지 관리를 통해 수차 만드는 방법을 배워서 기록했다.

: 표류 6개월 만에 압록강을 넘다 :

최부와 일행은 북경에 도착해서 명나라 황제로부터 면포·옷·신발 등 상을 받았다. 최부는 일행에게 상의 의미를 설명했다.

"상은 공로가 있는 사람에게 주는 것이다. 우리는 표류해서 죽음에 이르렀다가 본국으로 돌아가는 것뿐이다. 중략 우리의 공이 아니다. 본국으로 돌아가서 임금의 덕을 잊지 말고, 황제의 상을 가벼이 여겨서 팔지 말고 영구히 보존해서 보물이 되게 하라."

최부는 계주성에서 중국 사신으로 와 있던 지중추부사 성건 일행을 만났다. 성건은 고국의 소식을 전해주었다. 성종은 최부 일행이 바다에 표류되어 실종되었다는 소식을 듣고, 각 도의 관찰사에게 바닷가 마을을 수색하게 했으며, 대마도와 일본의 여러 섬에도 문서로 알리게 했다. 숱한 고생 끝에 사지를 벗어나서 타국에서 듣는 고국 소식이었다. 최부는 임금을 향해서 절을 올리고 일행들도 감격해서 눈물을 흘렸다.

최부는 제주바다에서 표류한 지 6개월 후, 압록강을 건너 고국으로 돌아올 수 있었다. 그동안 망망대해의 일엽편주가 되어 바람 부는 대로 운명에 맡겨야 했고, 극한의 배고픔과 갈증을 견뎌야 했으며, 도적을 만나서 죽음 일보 직전까지 간 적이 있고, 왜적으로 오인되어 살해 위협을 벗어나고자 발이 부르트도록 도망가야 했지만 살아남았다. 희망을 갖고 노력하는 자에게 생명의 끈은 이어진 것이다. 그들의 무사귀환은 기적이 딱 맞는 표현이지만, 최부의 학문적 능력과 지도력, 중국 정부의 도움이 큰 역할을 했다.

최부의 『표해록』, 충과 효의 갈림길에 서다

한성으로 돌아온 최부는 성종의 명으로 『표해록』을 청파역에서 8일 동안 머물면서 약 9개월간의 장정을 일기형식으로 기록해서 바쳤다. 임금은 아버지의 초상을 치러야 하는 최부에게 부의로 베 50필과 고향까지 타고 갈 말을 주고, 공이 있는 18명에게 면포와 정포를 각각 2필씩 내렸다.

또한 후속조치도 취했다. 전라도 관찰사에게 『표해록』에 기록된 수차를 제작해서 올리도록 했다. 아울러 조선으로 도망온 중국인 4명을 요동으로 다시 풀어주었으며, 동지중추부사 성현을 중국에 보내 표문을 지어 사례를 하고, 튼튼한 배를 구해준 제주 목사에게는 일행 43명이 목숨을 잃지 않는 데 기여했다고 옷감을 상으로 내렸다.

: 최부의 임명과 서경 거부 :

성종 23년 1월, 임금은 부친의 삼년상을 마친 최부를 사헌부 지평에 임명했다. 사헌부 지평은 청요직으로 출세길에 들어섰다는 의미로 해석할 수도 있다. 그런데 예상치 못한 문제가 불거졌다.

며칠 후 최부는 임금을 뵙고 임명 철회를 요청했다. 사간원에서 서경을 하지 않는다는 것이다. 서경은 임금이 관원을 임명한 후 이름, 이력, 문벌 등을 써서 사헌부와 사간원의 대간에게 보내서 임명 가부를 묻는 제도이다. 임금이 관리를 임명한 후 대간이 50일 내에 서경을 하지 않으면, 그 임명을 철회해야 한다. 모든 권한이 집중되어 있는 왕조국가에서 임금의 인사권을 견제하는 장치이다. 임금은 사간원을 불러 서경을 하지 않는 이유를 물었다.

"최부는 본국에 귀환해서 부친상을 당한 슬픔을 전하께 아뢰고 빨리 빈소로 돌아가야 했습니다. 그런데 한성에서 8일 동안 머물면서 『표해록』을 썼으니 사람이 마땅히 지켜야 할 도리를 다하지 않았습니다."

"나는 최부가 겪은 온갖 어려움을 알고자 했고, 나의 명으로 지은 것이다. 어찌 임금의 명을 어길 수 있는가?"

"비록 임금의 명이 있다 하더라도 후일 기록하겠다고 사양하고, 부모의 빈소로 먼저 달려가야 했습니다." 『성종실록』 23년 1월 5일

성종은 사간원을 설득했으나, 사간원은 한치도 물러서지 않았다. 임금은 사간원의 서경 권한을 존중할 수밖에 없었다.

1월 14일, 임금은 임명을 철회하고, 다시 최부를 불러 그가 겪은 인고의 세월에 대해 듣고 옷과 가죽신을 하사하고, 사지를 헤쳐 나오면서도 나라를 빛냈기 때문이라고 그 이유를 밝혔다.

성종24년 4월, 최부가 부친상을 당한 지 5년 후 임금은 그를 다시 홍문관 교리로 임명했다. 그런데 이번에는 사헌부에서 서경을 하지 않았다.

"최부가 아버지를 잃은 슬픈 마음이 없는 것이 아니라, 내가 중원을 알고자 해서 기록하게 했다. 최부는 홍문관에 어울리는 능력을 가지고 있다. 두 번 다시 말하지 말라."

"아무리 임금의 명령을 받았더라도 대의를 훼손했기 때문에 정상참작을 할 수 없습니다."『성종실록』24년 4월 11일, 13일

성종은 이조판서와 병조판서를 불러 의견을 물었다. 두 판서는 임금의 명으로 그리한 것이니 임명에 문제가 없다고 의견을 냈다. 최부가 임명된 홍문관도 찬성했다. 하지만 사헌부는 입장을 굽히지 않았다.

"충신은 효자 가문에서 나온다고 했습니다. 어버이에게 효도를 다하지 못한 사람이 어떻게 임금에게 충성할 수 있겠습니까?"『성종실록』24년 4월 13일

성종은 사람의 기억은 시간이 지나면 희미해지기에 먼저 기록을 하게 했다며, 최부는 정상참작을 할 만하다고 강조하면서 조정대신들에게까지 논의를 확대했다.

"임금의 명령을 중히 여긴 것입니다."

"3년 동안 여묘살이를 한 효자입니다."

"경학에 밝고 행실이 좋습니다."『성종실록』24년 4월 19일

조정대신들 대부분은 최부를 칭찬하고 임명에 찬성했다. 그럼에도 사헌부는 끝까지 양보하지 않고 서경을 거부했다.

"조정의 기풍과 정의는 한번 무너지면 뒷날의 폐단을 막기 어렵습니다."『성종실록』24년 4월 19일

성종은 결국 최부의 홍문관 교리 임명을 철회했다. 서경 권한을 가지고 있고 원칙을 강조한 사헌부의 의견을 존중한 것이다. 최부는 임금의 명으로 쓴 『표해록』으로 두 번이나 관직 진출에 발목이 잡힌 것이다.

임금의 명으로 기록한 『표해록』, 최부의 임명과 서경 거부, 그 속에 담긴 충과 효는 오늘날 현대인에게 동떨어진 이야기일 수 있다. "충신은 효자 가문에서 나온다"는 사헌부의 주장도 왕조국가가 아닌 민주주의 제도의 나라에서 어울리지 않는 말일 수 있다. 그럼에도 조선시대 선비들에게 충과 효는 실천하고 지켜야 할 삶의 중요한 가치였고, 논쟁도 치열했다. 그렇다면 지금의 시대정신, 오늘날의 대의는 무엇일까? 또한 나의 대의는 무엇인가? 최부의 『표해록』을 둘러싼 논쟁을 통해서 스스로에게 질문해 보는 것도 가치가 있을 것이다. 자문자답을 하는 과정에서 그 대의를 발견할 수 있다면 가치 있는 삶을 산다고 할 수 있을 것이다.

남은 이야기

최부와 송흠의 말 이야기

최부와 송흠은 한때 같이 홍문관에서 근무했다. 최부는 정4품 응교, 송흠은 갓 홍문관에 들어간 막내로 정9품 정자였다. 최부의 고향은 나주, 송흠의 고향은 영광으로 15리쯤 떨어져 있었다. 두 사람은 휴가를 얻어서 고향으로 내려갔다. 송흠은 휴가 중에 최부의 집을 방문했다. 최부가 물었다.※ ※허균의 아버지 허엽의 『전언왕행록』에 실린 일화이다.

"무슨 말을 타고 여기에 왔는가?"

"역말을 타고 왔습니다."

"나라에서 주는 역말은 그대의 집까지다. 내 집에 올 때는 사적으로 온 것인데, 어찌 역말을 탈 수 있는가?"

최부는 조정에 올라와서 임금에게 그 사실을 아뢰었고 송흠은 파직되었다. 공과 사를 구별하는 칼날 같은 모습을 엿볼 수 있다. 파직된 송흠이 찾아가자 최부가 이렇게 말했다고 한다.

"그대처럼 젊은 사람은 앞으로도 조심해야 할 것이다."

송흠은 이후 전라도 관찰사, 대사간, 공조판서, 우참찬까지 오르고, 중종 때 청백리로 뽑혔다. 조선의 선비들은 청백리에 선정된 것을 최고의 명예로 여겼다. 최부의 대쪽 같은 원칙론이 송흠에게 선한 영향력을 미쳤을까? 최부의 나무람이 송흠에게 반성의 계기가 되었을까? 그 내력은 알 수 없다. 다만, 한 사람이 원칙을 지켜서 좋은 쪽으로 행동하면, 그 주변도 좋은 쪽으로 발전할 수 있다는 것을 최부와 송흠의 일화에서 알 수 있다.

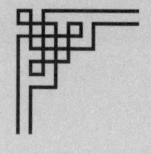

3장

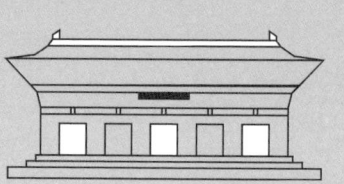
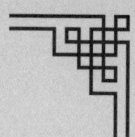

연산군, 최초의 반정으로 쫓겨나다

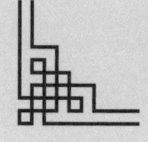
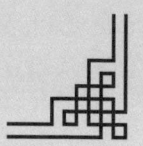

연산군, 왕에 오르다

연산군은 부모가 왕과 왕비일 때 태어난 조선 최초의 원자였다. 그는 자연스럽게 7세에 세자가 되고 12년간 세자수업을 거쳐서 19세에 왕위에 오른다. 제10대 왕으로 조선이 건국한 지 102년째였다.

: 준비된 나라의 새로운 왕 :

연산군이 왕위에 오를 때, 조선은 『세종오례』, 『경국대전』 등의 완성으로 제도적, 법적 틀을 갖추었다. 또한 성균관·향교 등을 통해서 길러진 인재들은 과거시험을 통해 집현전·홍문관 등 벼슬길에 나아갔으며, 의정부·육조 등 관료제의 틀도 갖추었다. 북방의 여진족이나 남쪽의 왜구도 정벌이나 유화책으로 국경의 근심이 어느 정도 사라졌다. 조선 초기 나라의 기틀이 잘 갖추어진 것이다.

연산군은 이런 환경에서 왕위에 올랐기에 백성을 사랑하고 신하들과 잘 숙의해서 정책을 펼치면 성군이 될 터였다. 그러나 역사는 그렇게 순리대로 흘러가지 않았다. 결국 연산군은 조선 최고의 폭군으로 왕위에서 쫓겨나고 '군'으로 강등되었다. 역사는 늘 파도처럼 고저가 있다.

: 굴곡 :

조선 최초의 현직 왕과 왕비에게서 태어난 연산군, 그러나 이후 성장과정은 굴곡이 있었다. 태어난 지 1년 후 원자 연산군은 창진종기나 천연두로 보이는 질병을 앓고 있었고, 궁궐 밖 강희맹 등의 집으로 피접을 나가 5세가 될 때까지 살았다. 그 사이 생모에게 커다란 변고가 있었다. 왕비 윤씨는 폐위되어 서인으로 궁궐에서 쫓겨났고 이후 사약을 받았다. 연산군이 궁궐로 돌아왔을 때 생모는 이미 궁궐에 없었다. 젖먹이 때 외에는 보지 못했기에 생모에 대한 기억도 없었다. 연산군은 생모의 다음 왕비 정현왕후 윤씨를 어머니로 알고 자랐다.

연산군이 생모가 돌아가신 것을 안 것은 즉위 1년차였다. 즉위1년 3월 그는 부왕의 묘지문을 읽으면서 의문이 들어 승지에게 물었다.

"윤기견은 어떤 사람이냐?"

"폐비 윤씨의 아버지로 윤씨가 왕비로 책봉되기 전에 죽었습니다."『연산군일기』 1년 3월 16일

이로써 연산군은 생모가 폐위된 후 죽은 것을 알게 되었다. 생모에 대한 어렴풋한 진실을 처음으로 접한 것이다. 상당한 충격이었을 것이다. 연산군은 이날 수라를 들지 않았다고 한다. 연산군이 광기의 복수를 한 것은 이로부터 9년 후, 연산군10년에 일으킨 갑자사화였다. 생모의 빈자리가 성장과정에서 어떤 영향을 미쳤는가에 대한

구체적 기록은 없지만, 생모의 따뜻한 손길을 받지 못하고 자란 것은 사실이다.

: 학문을 싫어하는 세자 :

조선은 성군이 갖추어야 할 조건으로 학문을 중시했다. 세자가 되면 스승인 서연관이 붙는다. 영의정은 세자사, 좌의정이나 우의정 중 한 명이 세자부가 되어 겸직했는데, 이들을 합쳐서 사부師傅*라고 한다. 당대 최고의 학자들이 서연관이 된다. 공부 교재로는 『소학』, 『논어』, 『맹자』 등이 쓰였다. 그런데 연산군은 『맹자』를 읽기 시작해서 끝내는 데 2년 가까이 걸렸다. 세종이 20일 정도에 끝낸 것에 비하면, 집중적으로 공부하지 않았고 관심도 적었던 것 같다. 연산군의 책에는 구결口訣, 한문에 다는 토도 씌어 있었는데, 세자의 특진관 이칙이 구결은 학습에 방해되므로 지우라고 건의했을 정도이다.

성종 23년 6월, 사헌부 지평 민이가 임금에게 아뢰었다.

"세자의 학업을 보니 어제 배웠던 책도 읽지 못할 뿐만 아니라 오류가 많았습니다." 『성종실록』 23년 6월 13일

성종이 세자 교육기관 시강원에 이런 전지를 내리기도 했다.

"세자에게 날마다 읽을 것을 많이 주어서는 안 된다. 먼저 읽은 것을 복습하는 것도 어려운데, 새로운 것이 많으면 잘 읽지 못할 것이다." 『성종실록』 24년 윤5월 14일

성종은 세자의 공부를 위해 여러 방법을 찾았으나 뜻대로 되지 않았다. 연산군은 왕이 되어서도 마찬가지였다. 이런저런 핑계를 대

* 서연관은 사부 외에도 이사, 좌빈객, 우빈객 등 여러 직함이 있다.

며 경연에 참석하지 않았다. 홍문관과 사헌부는 경연을 열심히 한 부왕의 예에 따르라고 여러 번 상소를 올렸으나 소 귀에 경 읽기였다.

: 이해할 수 없는 명령들 :

반면 연산군은 왕으로서 강제적 위엄은 갖추고자 했다. 궁궐의 담을 더 높이고, 후원에 가시를 둘러 백성들이 궁궐 안을 엿보지 못하게 했다. 인사의 객관성도 부족했다. 자격을 갖추지 않은 친인척의 등용이 늘어났다. 이때 임사홍도 다시 복귀한다. 임사홍은 후일 갑자사화의 큰 불씨가 되었다. 사헌부와 사간원은 인사의 부당성을 숱하게 지적했으나 소용이 없었다.

왕으로서 도저히 이해할 수 없는 명령도 내린다. 연산군4년, 대간과 홍문관을 임명하지 말라고 지시했다.

"젊은 신진들은 자신들의 명예만을 중시하고 임금을 업신여기며, 나를 자유롭지 못하게 한다." 『연산군일기』 4년 7월 29일

젊은 신하들의 쓴소리가 듣기 싫었던 것이다. 사관도 나라의 정사에 참여하지 못하게 했다. 연산군 시대의 기록을 '실록'이 아니라 '일기'로 부르는 이유이기도 하다. 지금까지의 왕들과는 완전히 다른 조치였다.

연산군은 이미 젊은 신진 세력들을 불신하고 있었다. 임금의 손발을 묶어 즐거움을 찾지 못하게 한다고 불평했다. 학문도 싫어하고 포학해졌다. 신진들에게 무언가 본때를 보여주고 싶어했다.

연산군은 조선 최초로 임금의 적장자로 태어나 세자를 거쳐 왕위에 올랐으나, 왕 본연의 역할에는 관심이 적은 듯했다. 조선의 순탄한 길이 연산군의 등장으로 차츰 암흑 속으로 접어들었다.

대쪽 같은 최부와 연산군

최부는 연산군1년 사헌부 지평정5품으로 다시 관직에 임명된다. 그가 표류하기 전에 맡았던 사헌부 감찰의 바로 위 직책이다. 관리들의 잘못이나 부정을 규찰하거나 임금에게 간언을 올리는 직책을 맡은 것이다. 그런데 연산군은 부왕 성종과 달리 사헌부 등이 올리는 간언을 열린 마음으로 대하지 않았다.

: 성균관 생원을 가두다 :

연산군은 부왕 성종이 승하한 지 한 달 후 첫 정사를 보았다. 연산군 1년 1월 22일, 사간원과 사헌부는 임금이 올바른 정치를 펼치기 위한 '시의16사'를 올렸다. 연산군은 그 항목들을 모두 등서해서 안으로 들이라고 승정원에 명을 내렸다. '시의16사'를 곁에 두고 훌륭한 정치를 펼치겠다는 즉위 초기의 의지를 엿볼 수 있다.

반면 즉위 초기의 정사로서 도저히 이해할 수 없는 조치도 내렸다. 같은 날 성균관 생원 157명을 의금부에 하옥시킨 것이다. 두 왕대비의 뜻에 따라, 성종의 장례절차에 불교의식을 행한 것을 비판한 상소가 이유였다.

거의 모든 대신들, 그 상소에서 비난을 받은 노사신조차 새 정치를 펼치면서 성균관 유생들을 가두는 것은 전례가 없다고 용서를 청했다. 임금을 지근거리에서 보좌하는 승정원에서도 유생들의 간언을 따르라고 진언을 올렸다. 최부가 소속된 사헌부에서도 유생들을 풀어주라고 여러 차례 상소를 올렸다.

"요·순 같은 성인도 신하와 의논해서 일을 처리했습니다."

"나는 요·순처럼 어질지 못해서 무례한 상소문을 올린 유생을 죄준 것이다."『연산군일기』 1년 2월 2일

연산군은 이처럼 즉위 초부터 신하들의 간언에 귀를 열려고 하지 않았다. 임금의 귀를 열어 선정을 펼 수 있도록 간언을 올려야 하는 사헌부에는 험난한 길이 예고된 것이다.

: 우이독경 :

얼마 후인 2월 12일, 연산군은 인사를 단행했다. 이철견은 도총관 겸 지의금부사, 윤탄은 동지의금부사, 정석견은 지성균관사, 전임은 겸사복장으로 임명했다. 지난날 잘못으로 자리에 물러났거나 귀양을 갔던 사람들이고 외척도 있었다. 최부는 그들의 잘못된 행적을 낱낱이 밝혀서 임명을 철회하라는 상소를 올렸다.

"이철견은 종을 위협하고 간음을 해서 파직되었고, 윤탄은 충청감사로서 탄핵을 당했고, 정석견은 선왕을 속여서 유배를 갔으며,

전임은 회령부사로서 백성 4명을 죽여서 파직되었던 자입니다."『연산군일기』 1년 2월 12일

연산군은 오히려 상소를 조목조목 반박했다. 최부도 물러서지 않고 임명 철회를 끈질기게 요구했으나, 연산군은 마이동풍이었고 결국 철회하지 않았다.

5월에 연산군은 처남 신수근을 승지에 임명한다. 또 외척을 등용한 것이다. 최부는 앞장서서 반대했다.

"전하가 정사를 시작한 지 겨우 3개월밖에 되지 않았습니다. 벌써 외척 이철견, 윤탄, 안우건 등을 등용하고 신수근까지 왕명을 출납하는 자리에 두었습니다. 앞으로 10년도 안 되어 조정은 외척으로 가득차지 않을까 우려됩니다."『연산군일기』 1년 5월 13일

연산군은 최부의 간절한 상소에도 역시 우이독경이었다.

연산군은 경연 모범생이었던 부왕 성종과 달리 경연도 소홀히 했다. 연산군 1년 4월 경연을 하지 않는 이유를 이렇게 말했다.

"허리 아래 병이 있고 발도 시리고 아프다."『연산군일기』 1년 4월 22일

사헌부는 오랫동안 폐지된 경연을 다시 열라고 상소를 올렸다. 경연은 임금과 신하 간에 자연스럽게 국사도 논의하는 소통의 장인데, 연산군은 이를 외면한 것이다.

: **조정을 발칵 뒤집은 최부의 상소** :

연산군 3년 2월, 최부는 조정을 발칵 뒤집어놓는 상소를 올렸다. 최부는 그동안 사헌부 지평에서 경연관이 되었고, 홍문관 응교정4품, 사간원 사간종3품으로 승진하면서 부서도 바뀌었다. 그러나 삼사에서의 이동이라 임금에게 간언을 올리는 역할은 바뀌지 않았다.

"영의정 신승선은 됨됨이가 나약하기 짝이 없습니다. 나라의 중대사에도 가타부타 말이 없고 수년째 질병으로 자리를 비우고 있습니다. 나라의 경륜을 논의하는 영의정 자리가 개인의 병을 보양하는 곳이 되었습니다."『연산군일기』 3년 2월 14일

영의정 신승선은 중전 신씨의 아버지이자 연산군의 장인인데, 최부는 신승선이 조정에서 아무런 역할을 하지 않고 녹을 축낸다며 호되게 비판했다. 또한 조정의 최고 상층부 삼정승에게도 직격탄을 날렸다.

"좌의정 어세겸은 재주와 학문은 칭송할 만하지만, 그는 게을러 터진 오고당상(한낮이 되어 출근하는 어세겸을 조롱하는 별명)입니다. 한번이라도 좋은 정책을 내놓았다는 이야기를 듣지 못했습니다. 날마다 술이나 마시고 있으니 조정대신이라고 할 수 있습니까?"『연산군일기』 3년 2월 14일

"우의정 한치형의 인품은 아름답지만 배우지 못한 자입니다. 그가 정승이 되어 한 일이라고는 궁궐의 담 쌓기와 성종의 묘소에 능을 보호하기 위해 둘러 세운 사대석 설치를 정지시킨 것 등 두 가지뿐입니다."『연산군일기』 3년 2월 14일

최부는 이것으로 그치지 않았다. 판서들에게도 칼날을 들이댔다. 예를 모르는 자가 예조판서가 되었고, 호조판서는 백성의 편에서 세금을 줄이려고 하지 않았으며, 이조판서는 인척이나 부정한 사람을 천거해서 나라를 위한 자리가 사심을 채우는 자리로 전락했다고 비판했다. 이에 더해서 임금이 갖추어야 하는 5가지 덕목도 올렸다. 마음을 올바르게 하고, 사소한 오락을 멀리하며, 사면을 가볍게 해 주어서는 안 되고, 내치를 엄격히 해야 하며, 인재를 소중히 해야 한다는 것이다.

최부는 임금에게 권세를 농간하거나 자리만 채우는 신하를 버리

고 어진 자를 등용하고, 백성의 편안함을 바라는 성군이 되기를 바라는 간절한 마음을 쏟아냈다. 아무리 간언을 올리는 부서의 관원이라도, 얼굴을 매일 맞대야 하는 조정대신들의 인물 됨됨이가 형편없고, 나라를 위해서 제대로 하는 역할도 없다고 날카로운 칼날을 들이대는 것은 쉬운 일이 아니었다. 자신도 상당한 역풍을 맞을 수 있기 때문이다. 그럼에도 최부는 각오를 하고 추상 같은 기개로 상소를 올렸던 것이다.

연산군3년, 이때만 해도 연산군과 조정대신들에게 일말의 염치는 남아 있었다. 연산군은 겉으로는 최부가 올린 상소가 옳다면서 자신을 요·순처럼 어진 임금으로 만들기 위한 것이라고 칭찬했다.

최부에게 논박을 당한 대신들은 모두 사직서를 냈다. 우의정 한치형과 이조판서 유순은 사직서를 4번이나 냈는데도, 연산군은 사직서를 모두 되돌려주었다. 최부의 상소를 옳다고 칭찬했지만, 그 내용은 받아들이지 않는 이율배반이었다. 최부가 나라를 위해서 올린 절실한 말은 허공으로 흩어져버렸다.

: 삼사의 간언을 외면하다 :

최부는 며칠 후 사간원에서 물러나야 했다. 연산군 주변에서 스멀스멀 자라고 있는 악의 무리들에게 역풍을 맞은 것이다. 최부뿐만 아니라 바른 말을 하는 다른 신하들도 차츰 임금에게서 멀어져 갔다. 연산군이 쓴소리로부터 귀를 닫기 시작한 것이다.

임금이 사헌부나 사간원에서 올리는 간언을 받아들이지 않으면, 임금의 비위를 맞추려는 독버섯이 자라기 마련이다. 그 독버섯이 자라서 일으킨 것이 연산군4년무오년의 무오사화이다. 무오사화는 김종직의「조의제문」을 제자 김일손이 사초에 실은 것을 유자광 등이 교묘하게 해석해서 문제를 삼은 것이다. 최부도 무오사화에 연관된다. 김종직의 문하생으로서 붕당을 맺었다는 것이 이유였다. 최부는 곤장을 맞고 유배를 가서 6년 후 참형에 처해졌다.

최부가 역경을 딛고 이어온 기개 넘치는 삶은 백성을 위해 충성을 다해서 보필하고자 한 임금으로부터 무너졌다. 연산군은 최부 외에도 부왕 성종이 홍문관을 통해서 배출한 많은 뛰어난 인재들의 생명을 꺾었다. 최부가 연산군이 아닌 세종 같은 성군을 만났다면, 『표해록』이상의 업적을 남겨서 오늘날에도 많은 사람들의 입에 회자되었을지도 모른다. 인물은 시대와 그를 알아주는 지도자와의 만남도 중요하다.

최초의 사화를 일으키다

왕이 간언을 듣기 싫어하면, 간신의 달콤한 말이 그 빈 공간을 헤집고 들어오기 마련이다. 그동안 사림의 견제를 받아온 훈구세력은 임금의 심경을 눈치채고 기회를 엿보고 있었다.

: 무오사화의 시작 :

연산군4년 7월 1일, 그 발단이 시작되었다. 파평 부원군 윤필상, 선성 부원군 노사신, 우의정 한치형, 무령군 유자광이 임금을 뵙고 비밀스러운 일을 아뢰었다. 그 결과, 임금은 의금부 경력 홍사호와 도사 신극성을 경상도로 급파했다. 사관의 참석을 막았기에 무슨 일인지 참석자들 외에는 알 수 없었다. 그 비밀의 내용은 11일 후 밝혀졌다. 김일손을 잡아온 것이다. 당시 호조정랑 김일손은 모친상을 당해 고향 청도에서 여묘살이를 한 후 풍병을 앓아 요양 중이었다.

7월 12일, 홍사호가 김일손을 궁궐로 끌고 들어왔다.

"네가 『성종실록』에 세조 때의 일을 기록했다는데 바른 대로 말하라."

"옛 역사에도 '이에 앞서, 또는 처음에'라는 말이 있으므로, 신이 감히 선조의 일을 기록한 것입니다." 『연산군일기』 4년 7월 12일

연산군4년 무오년에 일어난 무오사화는 이렇게 시작되었다. 연산군은 김일손이 기록한 사초를 검토하게 하고, 집을 수색하게 하고, 김일손을 압송하면서 들은 이야기 등을 모두 진술하게 했지만 특이사항은 없었다.

연산군은 직접 실록도 열람했다. 홍문관과 예문관은 임금이 실록을 보는 것은 부당하다고 아뢰었지만, 오히려 의금부에 갇혀 국문을 당했다. 대간들은 직분에 충실한 간언을 국문하는 것은 부당하다고 했으나 마이동풍이었다. 전례 없는 일이 자행되고 있었다.

: 김종직의 조의제문 :

김일손의 사초에서 무오사화의 빌미가 된 것은 김종직이 쓴 「조의제문」이다. 조의제문은 '의제초나라 회왕를 조문하는 글'이란 뜻이다. 세조3년, 김종직이 경상도 경산의 답계역에 머물 때, 꿈에 칠장복군주의 옷 중 하나을 입은 사람이 나타나 이렇게 말했다고 한다.

"나는 초나라 회왕의제의 손자 심이다. 서초 패왕항우에게 살해되어 강물에 버려졌다." 『연산군일기』 4년 7월 17일

김종직은 꿈에 초나라 의제의 손자가 나타난 것을 이상하게 여겨 의제를 조문하는 「조의제문」을 지었다. 김종직이 쓴 내용을 대략 요약하면 이렇다.

"나는 동방의 천년 후 사람이지만, 삼가 초나라 회왕의제을 조문하노라. 중략 옛날 조룡진시황이 포악하게 날뛰니 사해가 붉게 피로 물들었네. 왕위를 얻었으되 백성의 소망에 따름이여! 왕손을 찾아내 초나라 시조, 즉 항우의 제사를 이어주었네. 장자유방를 보내 관중에 들어가게 함이여! 또는 족히 그 (천자의) 인의를 보여줌이로다. 왕이 문득 꿈속에 임하였네. 자양주자의 필법을 본받아 떨리는 마음을 가라앉히고 제문을 지어 올리고, 술잔을 들어 땅에 부으니, 바라건대 영령이여 부디 오셔서 흠향하소서."『연산군일기』 4년 7월 17일

김종직은 중국의 역사를 인용해서 「조의제문」을 썼는데, 신하들의 해석은 서로 달랐다. 김종직의 제자 표연말은 글의 뜻을 이해하지 못하겠다고 했고, 권오복은 남들이 말하지 못한 것을 간곡하고 비통하게 지어 사람들이 외웠다고 했고, 권경유는 충의가 격렬해서 읽는 자가 눈물을 흘렸다고 했으며, 김일손은 사초에 '충성스럽고 분하다'라고 자신의 생각을 덧붙였다.

그런데 유자광은 전혀 다른 뜻으로 해석했다. 초나라 항우가 의제를 죽인 것을 기록한 것은, 세조가 왕위를 빼앗고 단종을 죽인 것을 빗댄 것이라고 했다. 연산군은 유자광의 해석에 무게를 두어 신하들에게 김종직의 죄를 논하게 했다. 성종 때 김종직과 같이 활동한 정문형, 한치례 등이 아뢰었다.

"김종직은 모반을 꾀한 신하들과 다르지 않습니다. 역모의 죄로 다스려 부관참시를 해야 합니다."『연산군일기』 4년 7월 17일

연산군은 죽은 김종직의 무덤을 파헤쳐 부관참시를 하게 했다. 또한 김종직의 제자들까지 잡아와 추국했다. 「조의제문」을 사초에 싣고 자신의 생각을 덧붙인 김일손은 능지처사형에 처해졌다. 영의정을 지낸 노사신은 김일손의 죄를 감형해야 한다고 주장했으나 받

아들여지지 않았다.

　모든 신하들이 김일손을 참하는 현장에 가서 보아야 했다. 연산군은 그곳에 참석하지 않은 신하들, 그 현장을 보고 꺼려서 고개를 돌린 신하들의 이름을 적어 보고하게 했다. 죄를 주기 위해서였다. 연산군의 포학성을 엿보게 한다.

　김종직의「조의제문」을 옹호했던 권오복과 권경유는 곤장 100대를 맞고 종이 되었다. 둘은 능지처사는 면했다.

　김일손과 편지를 주고받거나 김종직의 제자로 여겨진 사람들 대부분은 참형이나 유배형에 처해졌다. 홍문관과 사헌부의 유능한 문관들도 곤장을 맞고 봉수군으로 전락했다. 뚜렷한 이유 없이 참화를 입은 자가 수십 명에 달했다. 김종직의 학문이 높았기에 가르침을 받고자 하는 사람들이 많았기 때문이다. 김일손의 사초를 보고 바로 보고하지 않은『성종실록』의 편찬자 이극돈과 유순 등도 파직을 당했다. 반면 김일손 등을 추국했던 당상들, 의금부 낭청과 이졸들에게는 후한 상을 내렸다. 유자광 등 수십 명도 품계가 오르거나 상을 받았다.

　사헌부 지평 정인인은 유자광 등이 상을 받는 것은 부당하다고 간언을 올리려 했다. 하지만 7월 29일, 승지로부터 임금이 이미 명을 내린 사실을 전해듣자 두려워 상소를 올리지 못하고 물러날 수밖에 없었다.

　"지금 은전을 베푼 일에 대해서 감히 상소하는 자는 법률에 의해서 처단하고 절대로 그냥 두지 않겠다."『연산군일기』 4년 7월 29일

　연산군은 죄를 내릴 때는 가혹했고, 충성하는 신하에게 주는 상은 후했다. 이와 반대로 세종은 상을 내릴 때는 매우 엄격했고, 죄를 줄 때는 자세하게 살펴 억울함이 없도록 했다.

: 무오사화의 이면 :

무오사화의 이면에는 이극돈과 유자광의 개인감정과 출세욕, 이 사건을 빌미로 신진 사림들을 몰아내려는 훈구세력의 정치적 야망도 결합되었다.

연산군4년, 『성종실록』을 편찬하기 위한 실록청이 설치되었다. 실록은 사관이 기록한 '사초'를 기본으로 해서 『승정원일기』, 『경연일기』, 시정기와 각 부서에서 기록한 등록을 모아 편집해서 완성한다. 이극돈은 실록 편찬의 실무 책임자로 사초를 보다가, 김일손이 자신이 전라도 감사 시절 성종의 상중임에도 기생을 끼고 놀았던 일과 뇌물을 받은 일을 기록한 것을 발견했다. 이극돈은 김일손에게 사초에서 그 부분을 빼달라고 했지만 거절당했다. 김일손은 사관의 사초는 한 자도 빼거나 보탤 수 없다는 원칙을 지킨 것이지만, 이극돈은 김일손에게 악감정을 품었다.

이극돈은 김일손의 다른 사초에서 「조의제문」을 찾아내고, 실록 총책임자인 어세겸에게 선왕을 무고하는 말이 있다고 했다. 하지만 어세겸은 반응을 보이지 않았다. 이극돈은 다시 유자광과 의논했다.

"어찌 머뭇거릴 일입니까?" 『연산군일기』 4년 7월 29일

유자광은 팔을 내두르면서 맞장구를 쳤다. 유자광은 김종직과 사림에게 유감이 있었다. 유자광이 함양군에 놀러와 지은 시를 군수에게 부탁해 걸어두게 했는데, 나중에 함양 군수로 온 김종직이 그 나무판을 떼어내고 불태웠다.

"유자광이 어떤 놈이기에 감히 현판을 단 것이냐?" 『연산군일기』 4년 7월 29일

유자광이 이 사실을 알고 분함을 참지 못했다. 유자광은 예종 때 남이의 역모사건(?) 고변으로 공신에 올랐으나, 서얼 출신이기에 실

제로 업무가 있는 실직을 받지는 못했다. 사림세력이 그의 관직 진출을 막은 것이다.

이극돈과 유자광은 죽이 맞았다. 둘은 연산군이 총애하는 윤필상, 노사신, 임금의 인척이자 우의정 한치형을 설득해서 임금에게 보고했다. 윤필상은 성종 때 영의정을 지냈고 연산군 때는 파평부원군에 오른 조정원로였다.

무오사화는 이극돈의 개인 치부를 덮으려고 시작되었고, 유자광이 기름을 부었으며, 윤필상 등 훈구세력이 실행으로 옮겼다. 그 결과 젊은 신진들은 능력을 발휘하지 못하고 일찍 지는 꽃이 되었다.

무오사화는 여러 역사적 손실을 가져왔다. 김종직·김일손·권오복·권경유 등이 기록한 사초는 모두 불태워졌다. 세조와 성종 때의 역사가 어느 정도 같이 사라진 것이다. 특히 김일손이 사초에 기록한 사육신 이개, 박팽년, 하위지 등의 내용이 허공으로 사라진 것은 너무나 안타깝다.

유림의 학자들은 한풀 꺾여서 안으로 탄식만 할 뿐이었다. 아들들에게 오히려 공부를 하지 말라고 했다. 과거에 합격하고 조정에 나가서 변을 당할까 두려워서였다. 성균관은 몇 달 동안 글 읽는 소리가 들리지 않았다. 사관은 무오사회를 이렇게 평했다.

"사邪가 정正을 이긴 것이다." 『연산군일기』 4년 7월 29일

조선은 어둠의 굴 속으로 들어가기 시작했다.

내시 김처선·김순손·김계경

중종 때의 문신 권벌은 책읽기를 매우 좋아해서 나이가 들어도 손에서 책을 놓지 않았다고 한다. 한번은 중종이 경회루에서 연 꽃구경 잔치에 참석하면서도 소매 속에 책을 넣어둘 정도였다 한다. 권벌은 중종에서 명종 대까지 병조판서·형조판서·예조판서를 거쳐 우찬성 종1품, 부총리급까지 오른 인물이다. 그러나 그의 관직 진출은 쉽지 않았다.

연산군 10년, 권벌은 과거에 합격했으나 바로 취소되었다. 부정행위 때문이 아니었다. 시험관이 그의 답안에 '처處' 자가 있음을 뒤늦게 깨달았던 것이다. 당시 처處 자는 사용이 금지된 글자였다. 조선시대에는 황제나 왕의 이름을 피휘하여 사용하지 않았는데, 처處 자는 왕, 성인의 이름이 아니라 내시 김처선金處善과 관계가 있었다. 연산군은 왜 처處 자의 사용을 금지했을까? 연산군 때 간언을 올리다가 장렬하게 죽은 세 명의 내시들에 대한 이야기를 해보자.

: 연산군일기에 기록된 김처선 이야기 :

조선은 순종까지 27명의 왕이 있다. 이 중에서 연산군과 광해군의 기록은 '실록'이라고 하지 않고 '일기'라고 하여 사료의 객관성을 부여하지 않는다. 폭정으로 인해 사실을 그대로 기록하지직필 못했고, 왕이 신하들과 국정을 다루는 정청이나 경연에 사관이 참여하지 않은 경우도 많아서 사료의 신빙성에 의문이 들기 때문이다. 따라서 연산군 시대는 『연산군일기』 외에 개인 기록을 참조할 필요가 있다.

우선 『연산군일기』 11년 4월 1일의 기록을 보자.

"왕이 김처선에게 술을 권했고, 김처선이 취해서 간언을 올리니, 왕이 노하여 친히 칼을 들고 그의 팔다리를 자르고 (활로) 쏘아 죽였다." 『연산군일기』 11년 4월 1일

연산군은 김처선의 양아들 이공신도 바로 궁궐에서 죽이고, 아내는 관노비로 삼았으며, 김처선의 재산을 모두 빼앗고, 집은 연못으로 파서 웅덩이로 만들고, 그 터에 김처선의 죄명을 돌에 새기게 했다. 그뿐만 아니라 김처선의 본관 전의현세종시을 없애고, 부모 무덤의 봉분을 뭉개고 석물도 치우게 했으며, 김처선과 양아들의 친족 7촌까지 연좌제를 적용했다. 또한 김처선과 이름이 같은 관리나 군사는 이름이 바꾸게 하고, 처處 자를 조정의 문서에 사용하지 못하게 했다. 처용무處容舞는 '풍두무'로, 절기 중 하나인 처서處暑는 '조서'로 바꾸었다. 김처선은 거의 역모죄 수준의 처벌을 받은 것이다. 김처선에 대한 증오가 왜 이렇게 깊었을까? 『연산군일기』는 김처선이 올린 간언에 대한 설명은 하지 않았다.

: 개인 기록물에 담긴 김처선의 간언 :

김처선이 올린 간언은 다수의 개인 기록물에서 상세하게 전하고 있다. 『소문쇄록』에 기록된 내용을 보자. 연산군 11년 4월 1일, 김처선은 부인에게 이런 말을 남기고 집을 나섰다.

"나는 오늘 반드시 죽을 것이다."

이날 연산군은 처용놀이를 했다. 처용놀이는 매우 음란했다. 김처선은 그동안 하옥을 당하고 곤장을 맞으면서도 연산군에게 처용놀이를 그만두라고 몇 번이나 충심으로 간언을 올렸지만 소용이 없었다. 김처선은 마지막으로 굳은 결심을 하고, 처용놀이를 하는 연산군에게 직언을 올렸다.

"이 늙은 몸은 네 분의 임금을 섬겼습니다. 저도 경서와 사서를 읽었습니다. 그러나 전하처럼 행동하는 분은 아무도 없었습니다."

연산군은 화를 참지 못하고, 김처선에게 활시위를 당겼다. 김처선은 갈빗대에 화살을 맞고도 말을 그치지 않았다.

"조정대신들도 죽음을 두려워하지 않았습니다. 늙은 내시가 어찌 감히 목숨을 아끼겠습니까? 다만 전하께서 오래도록 보위에 계시지 못할 것이 한스러울 뿐입니다."

연산군은 화가 머리끝까지 치솟아 김처선에게 화살을 더 쏘고 칼로 다리를 잘랐다. 그리고 김처선에게 일어나 걸으라고 했다.

"전하께서는 다리가 부러져도 걸어 다닐 수 있습니까?"

김처선이 말대꾸를 하자, 연산군은 김처선의 혀를 자르고 창자까지 끄집어냈다. 김처선은 목숨이 다할 때까지 충언을 그치지 않았다고 한다. 어쩌면 이런 마지막 말이 입 안에서 맴돌았을지도 모르겠다.

"음란한 행동을 버리고 올바른 임금이 되십시오."

연산군은 김처선의 시신을 호랑이에게 던져주었다. 『연산군일기』에 따르면 김처선을 죽이기 2개월 전에 연산군은 호랑이를 산 채로 잡아와서 궁궐에서 기르고 있었다.

내시는 임금의 일거수일투족이나 내밀한 사생활도 알 수 있는 지근거리에 있지만, 다른 신하들과 달리 봐도 못 본 체, 들어도 못 들은 체, 귀를 막고 입을 다물어야 하는 직책이다. 그렇지만 연산군의 행위는 내시 김처선으로서도 도저히 감내할 수 없었던 것 같다.

연산군은 무오사화와 갑자사화에서 신하들의 목숨을 깃털처럼 가볍게 여겼다. 부왕성종 때 홍문관 등에서 배출된 많은 인재들을 뚜렷한 이유 없이 죽이거나 내쳤다. 연산군은 자신에게 아첨하는 임사홍과 신수근 등 일부 신하와 여인들장녹수, 흥청, 운평 등 외는 눈에 보이는 게 없을 정도로, 조선 최악의 포악한 왕이었다. 잔인하고 포악한 임금 아래 의로운 인물이 나는 것은 참으로 슬픈 역설이다. 김처선처럼 간언을 올려서 죽임을 당한 내시는 더 있었다.

: 내시 김순손 :

연산군1년, 임금은 홍문관이 참여한 경연에 내시 김순손에게 역사서 『강목』을 들려 보냈다. 김순손이 손에 든 책은 임금의 책이었다. 조정대신들이 경연을 하라고 성화를 하자, 발병을 핑계로 내시를 대신 경연에 내보낸 것이다. 홍문관이 들고 일어나서 반발한 것은 물론이다.

김순손은 성종 후기 젊은 나이로 궁궐에 들어와 문자를 알았기에, 임금의 말씀을 전달하는 승전색이 되어 지근거리에 있었다. 연산군2년 5월, 김순손은 승전색이 된 지 얼마 후에 의금부에 갇혔다.

연산군이 밝힌 김순손의 죄목은 이것이다.

"임금을 업신여겼다." 『연산군일기』 2년 5월 13일

연산군은 김순손을 서천과 제주로 두 번이나 유배를 보내고 죽이려고 했다. 조정에서는 부왕의 삼년상 중에는 사람을 죽일 수 없고, 김순손의 구체적인 죄가 무엇인지 모르겠고, 설혹 중죄를 지었더라도 사형죄에 처하려면 삼복三覆을 거쳐야 한다며 반대했다. 삼복이란 죽을 죄에 해당하는 죄인을 3차에 걸쳐 심리하는 것을 말한다. 사헌부와 사간원, 승정원조차도 김순손을 유배 보내고 죽여야 하는 이유를 밝히라고 수차례 요구했다. 연산군은 뚜렷한 죄목은 밝히지 않은 채 두루뭉술한 답변만 되풀이했다.

"오만해서 장차 권세를 농락할 징조가 있다." 『연산군일기』 2년 5월 15일

연산군은 즉위 초부터 도저히 용납되지 않는 일들을 버젓이 저질렀다. 부왕의 상중임에도 궁궐의 뜰에서 암수 말을 교접시키고 구경했다. 내시와 시녀만이 알 수 있는 임금의 은밀한 행위였다. 김순손은 이런 부도덕한 짓에 대해 간언을 올렸고, 연산군은 자신의 행위가 드러날까 싶어 어물쩍 넘어가려 했던 것이다.

김순손은 약 1년 5개월 후 석방되어 다시 궁궐로 돌아왔으나, 7년 후 다시 제주로 유배를 가야 했다. 연산군이 술에 취해 부왕의 후궁을 간음하려 하자, 김순손은 또 간언을 올렸고, 임금이 노발대발해서 바로 죽이고자 했으나 그의 죄를 밝히라는 조정의 요구에 우선 제주로 유배를 보낸 것이다.

연산군10년, 즉위 초기와 달리 간언을 올리는 신하들은 이미 사라져 주변에 없었다.

"임금을 업신여겼다." 『연산군일기』 10년 3월 30일

신하들은 연산군의 설명에 장단을 맞추었고, 연산군은 김순손을

다시 한성으로 잡아와 처형했다. 아버지도 참형하고, 친척들은 섬으로 유배를 보내고 노비로 삼고, 고향 부평도 없애버렸다. 김순손은 첫 유배지에서 복귀한 후 임금에게 충언을 올리다가 죽어나가는 신하들을 숱하게 보았을 것이다. 간언은 바로 죽음이라는 것을 알고 있었다. 그럼에도 불구하고 충심으로 간언을 다시 올리다가 폭압적 임금에 의해서 생명을 잃은 것이다.

: 내시 김계경 :

내시 김계경은 연산군 때 곤장을 맞은 기록이 많다. 총 7번으로, 이유에 대한 설명은 없지만, 아마 연산군의 명을 충실히 이행하지 않았기 때문일 것이다. 연산군 시절 많은 내시들이 임금의 비위를 거스른 것을 이유로 곤장을 맞은 기록이 있다.

연산군11년 2월, 김계경은 또 곤장을 맞을 위기에 처했다. 이번에는 임금의 명을 거부했다는 이유를 밝히고 있다. 그는 궁궐 담을 넘어 도망갔으나 결국 군사들에게 잡혀 와서 효수를 당했다.

"궁궐에 간사하고 속이는 무리가 있다. 이런 사람이 있으면 풍속이 바로잡히지 않는다. 김계경은 그 따위다. 요사이 금표 및 축성에 관해서 논하는 자가 없으니 풍속이 바로잡힌 듯하다."『연산군일기』11년 2월 23일

연산군10년, 경복궁 주변에 금표를 설치했다. 금표는 일반 백성이 궁궐을 굽어보지 못하도록 출입금지를 표시한 것이다. 처음에는 궁궐 주변의 높은 곳에 세웠는데, 차츰 범위가 넓어져서 궁궐을 기준으로 서쪽의 금표는 30리가 좁다고 해서 더 늘렸고, 북쪽도 30~40리까지 설치했다. 그리고 임금의 사냥터나 유흥장소로 바꾸었다.

금표 안의 민가는 철거해야 했고 농사도 지을 수 없었다. 수확기에 금표를 설치해서 추수를 못해 울부짖는 백성들이 있을 정도였다. 금표에 대해 불만을 표시하면 삼족을 멸했고, 금표 안에 들어온 백성을 실제로 참수하고 효수했다.

금표가 실시된 지 1년 후, 연산군은 요즘 금표에 불만을 표하는 자가 없으니 풍속이 바로잡힌 듯한데, 내시 김계경 따위가 있으면 풍속이 바로잡히지 않는다고 했다. 연산군이 말한 올바른 풍속이란 백성의 고통이나 실정, 특히 금표나 성의 축성에 관해 간언하지 않는 것이다. 이런 것을 종합해 보면, 김계경은 금표 설치로 인한 백성의 고통을 포함해서 목숨을 던지는 간언을 올렸을 것으로 추정할 수 있다. 김계경은 김처선보다 앞서 처벌을 받았는데, 처벌내용은 김처선과 거의 같다. 부인은 관노비가 되고 집은 파서 웅덩이로 만들고 그의 본관 자산군을 없애고 친족의 7촌까지 연좌를 받았다.

김처선과 김순손은 사후 평가를 받았다. 김순손은 중종 때 가장 먼저 명예를 회복했다. 중종은 김순손을 2품 상선으로 추증하고 복호부역 면제를 시켰으며 정문*도 세워주고 '직신'으로 부르게 했다.

김처선은 명예를 회복하는 데 오랜 시간이 걸렸다. 중종 반정 이후 중종1년 사헌부 헌납 강중진이 포상을 건의했으나 받아들여지지 않았고, 중종7년 찬집청이 김처선과 김순손을 『속삼강행실』에 싣도록 건의했으나 이 또한 받아들여지지 않았다. 중종의 속내를 알 수 없다. 김처선이 명예를 회복한 것은 사후 250여 년이 지난 영조 때였다.

"일찍이 내시 김처선이 간언을 올리다가 죽었다는 것을 들었다.

• 정문: 조선시대 충신, 효자, 열녀 등을 그 동네의 어귀나 집 앞에 붉은 문을 세워 표창하는 것이다.

정문을 세워주는 것은 세상에 알리는 큰 정사이다."『영조실록』 27년 2월 3일

영조는 아울러 내시부에 명해 김처선의 대를 이을 자식까지 세우도록 한다. 『연산군일기』와 개인문집에 최소한의 기록이 있었기에 사후 평가를 했던 것이다.

그러나 김계경은 사후 평가를 받지 못했다. 그가 죽은 이유에 대한 정확한 기록이 없기 때문일 것이다. 김계경처럼 죽임을 당하고 평가를 받지 못한 내시들은 더 있었다. 내시 김취인은 조정의 비밀을 폭로했다고, 내시 임문한은 임금의 수레를 범했다고, 내시 방견은 불손한 말을 아뢰었다고, 내시 김세필은 불알이 남아 있다고, 그리고 김세필의 양부 최결은 고자가 아닌 자를 양자로 삼아 내시가 되게 했다고, 모두 효수를 당했다. 그들의 죽음에 대한 실체적 기록이 없어 안타까울 따름이다. 이 외에도 곤장을 맞거나 유배를 간 수십 명의 내시가 있었다. 연산군 때는 내시에게도 시련의 시절이었다.

TV프로그램이나 영화 등에서 내시는 종종걸음과 꾸부정한 자세, 중성적 목소리로 희화화되는 것이 일반적이다. 그러나 김처선·김순손·김계경 외 일부 내시들은 인륜을 어긴 연산군 시대에 살면서 조선의 신하로서 목숨을 던져 자신의 역할을 했던 보기 드문 충신이었다. 그 시대를 당당하게 살아간 올곧은 사람들이었다.

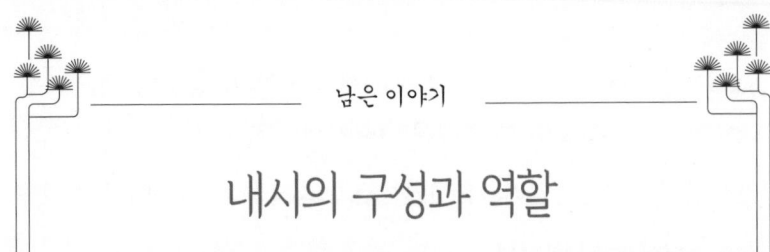

내시의 구성과 역할

내시는 이조 내시부 소속의 직책으로 거세, 즉 남자의 불알을 제거한 사람이다. 내시의 역할은 임금의 음식 감독, 왕명 출납, 문 지키기, 청소 등으로 『경국대전』에 명기되어 있다. 그러나 모시는 임금에 따라서는 거동을 돕거나 밀서를 전달하기도 했다.

내시는 출퇴근을 하고, 당직의 경우 궁궐에서 숙직을 했다. 정원은 140명이고 관노비도 부렸다. 세종5년 내시부에 관노비 200명을 내린 기록이 있다.

내시부는 상원종9품에서 상선종2품까지 품계가 있다. 한성판윤이나 참판이 종2품이므로, 내시의 최고 품계는 오늘날 서울시장이나 차관과 맞먹었다.

내시를 부르는 이름은 정말 다양했다. 내관·내수·시인·엄수·엄시·중관·중사·화자·환관·환시·환자·황문·협시 등으로도 불렀다. 역할에 따라서 임금의 말씀을 전하는 내시는 '승전색'이라 했고, 궁궐의 음식을 주관하는 내시의 우두머리는 '도설리'라 했다.

내시는 공부도 해야 했다. 임금의 말씀을 정확하게 전달하기 위해서는 학문이 필요했다. 『소학』, 『사서』, 『삼강행실』에서 좋은 성적을 받으면 품계가 올랐다. 35세가 되면 배움을 면제받았다. 내시의 결혼은 논란이 있었으나 허용해 주었다. 개인 재산을 소유했으며 사노비도 부렸다. 양아들을 입적해서 재산을 물려줄 수도 있었다. 아내와 양아들이 있었으나 사건에 휘말리면 김처선의 가족처럼 연좌제를 적용받았다.

궁궐의 여인들 ①
— 궁녀의 다양한 삶과 죽음

: 정치는 궁중에서 시작된다 :

조선의 22대 임금 정조는 "정치는 궁중에서 시작된다"고 했다. 정조는 궁녀들이 모여 술을 마시거나 잔치하는 것을 금했다. 궁녀들이 기녀들을 끼고 풍악놀이를 벌이고, 액정서˚나 궁방˚˚의 사내종들과 함께 꽃놀이와 뱃놀이를 하며, 심지어 재상들의 강가 정자나 교외 별장에 들어가는 추잡한 이야기도 들린다고 했다.

"나라의 법을 조금이라도 생각한다면 있을 수 있는 일인가?"『정조실록』2년 윤6월 13일

정조는 세손 때부터 궁녀들의 추잡한 행동을 보며 놀랍고 통탄

- ˚ 액정서(掖庭署): 내시로서 임금의 명을 전달하고, 어좌를 설치하고, 궁궐 열쇠, 붓, 벼루를 관리하는 부서
- ˚˚ 궁방(宮房): 왕의 자손이 독립해서 사는 집

했다며, 형조와 궁녀를 관장하는 부서는 엄격히 단속하고, 어길 시 지위고하를 막론하고 유배 보내라고 지시했다. 사내종과 꽃놀이와 뱃놀이를 즐겼던 궁녀들, 이것은 흔히 볼 수 있던 모습일까? 누가 궁녀가 되고 궁궐에서 무엇을 하고 일생을 보냈을까? 조선왕조실록에 기록된 궁녀들의 다양한 사례를 엿보자.

: 궁녀 선발이 화제가 된 이유 :

궁녀 선발은 궁궐뿐만 아니라 일반 백성들까지도 관심을 갖고 있었다. 한 집안을 일으킬 수 있는 대박의 기회가 될 수도 있었기 때문이다.

"궁녀를 뽑는 일은 그에 관한 법례가 있는데, 요즈음 내사*의 하인들이 민간에 다니면서 소요를 일으킨다고 합니다." 『인조실록』 21년 6월 3일

"나인을 뽑을 때 숱한 뇌물을 받고 되돌려 보내기도 해서 폐단이 적지 않다고 합니다." 『현종개수실록』 5년 10월 16일

"궁녀를 뽑을 때 액정서의 남자 종들이 소란을 피우는 폐단을 엄중하게 금하라." 『영조실록』 3년 윤3월 23일

"근래 궁녀를 선발한다는 이야기가 일반 백성들 사이에 파다해서 소란스럽다고 하는데 알고 있는가?" 『정조실록』 1년 5월 10일

궁궐에는 크게 세 부류의 여인들이 생활하고 있다. 왕실을 중심으로 해서 대왕대비·왕비·세자빈·공주 등이 있고, 사대부 여인으로서 선발되거나 또는 궁녀로 들어와서 임금의 승은을 입은 후궁이 있다. 이외에도 왕실이나 후궁 등의 전각에서 생활을 돕거나 각 관청에서 일하는 여인들이 있는데 바로 궁녀다. 궁녀는 궁인·여관·나

• 내사(內司): 궁궐 내의 일을 관장하는 부서

인·홍수·시녀로 부르기도 했다.

　조선왕조실록을 보면 궁녀는 추천이나 선발 형태로 들어오고 신분도 다양했으나, 그 절차를 명확하게 규정한 것은 보이지 않는다. 『경국대전』에서 내시는 내시부 소속으로 인원수나 역할을 명기했는데, 궁녀는 내명부의 품계는 밝혔지만 궁녀부 같은 부서는 따로 없다. 궁녀의 품계는 정5품에서 종9품까지 있다.

　궁녀는 왕실 가족의 허드렛일부터 시작해서 연차가 차면 직급과 녹봉을 받는 여관女官이 되고, 임금의 승은을 입으면 후궁이 되어 정1품 빈까지 올랐다. 또한 자식이 왕이 되기도 했다. 궁녀 한 명을 통해서 집안을 당당히 일으켜 세울 수도 있는 것이다.

: 최고의 궁녀와 비련의 궁녀 :

영조의 생모 최씨는 숙종 때 궁녀로 궁궐에 들어왔으며, 승은을 입고 후궁이 되어 숙원종4품, 숙의종2품, 귀인종1품, 숙빈정1품으로 봉해졌다. 최고 품계인 빈까지 오른 것이다. 숙빈 최씨는 3명의 군을 낳았는데, 첫째아들과 셋째아들은 일찍 죽고 둘째아들이 왕영조이 되었기에 죽어서까지 영광을 누렸다. 생전에는 이현궁이라는 큰 단독 거처를 가졌고, 죽어서도 육상궁이라는 단독의 사당에 신위가 모셔졌으며, 아버지는 영의정으로 추증되었다.

　반면 피지도 못하고 쓰러져간 궁녀들도 숱하게 많다. 세종 때 궁녀 내은이는 사랑하는 내시 손생에게 씌어주고 언약식을 맺기 위해서 임금의 푸른 옥관자를 훔쳤다. 비밀 언약식은 결국 발각되고, 세종은 궁궐의 실 한 오라기도 훔치면 사형죄에 해당된다며 둘을 참형에 처했다.

: 임금의 허락으로 궁녀가 결혼한 경우 :

궁녀는 궁궐에 들어오는 순간부터 임금의 여인이 된다. 임금 외는 누구와도 관계를 맺을 수 없다. 궁녀와 관계를 맺는 것은 간통으로서 불경죄였고 죽음에 이를 수도 있었다. 다만 임금이 허락한 경우는 궁녀도 결혼하거나 후처가 될 수 있었다.

태종 때, 개국공신이자 우의정 조영무는 궁녀 관음을 후처로 삼았다가 발각되었다. 관음은 10세에 궁궐에 들어왔으나, 기생의 딸이라는 것이 알려져서 다시 궁궐 밖으로 내쳐졌다. 하지만 궁궐에 5개월 있었기에 관노비의 신분이 되었다. 10년 후인 태종12년, 사헌부가 부역을 피하는 관노비를 추적하다가 관음이 조영무의 첩이 된 것을 알게 되었다. 대사헌 유정현은 조영무를 탄핵하는 상소를 올렸다.

"조영무는 신하의 예를 잃었습니다." 『태종실록』 12년 6월 6일

조영무는 얼굴을 들 수 없을 정도로 부끄럽다면서 파면을 청했지만, 태종은 개국공신 조영무를 감싸기 위해서 편법을 썼다.

"내가 지금 관음을 조영무에게 주겠다." 『태종실록』 12년 6월 13일

조영무는 임금의 보호로 탄핵은 면했지만, 임금의 여자를 가음했다는 꼬리표가 붙어 곤혹을 치러야 했다.

성종 때, 강양군 이축도 궁궐에서 내보낸 궁녀를 첩으로 삼았다. 이축은 성종의 어머니 인수대비의 언니의 아들로 종친이다. 사헌부는 궁녀와 간통한 불경죄로 처벌을 요구했으나, 성종은 이를 받아들이지 않았다. 종친이 궁녀를 취한 것을 처벌할 법률적 근거가 없다는 것이었다. 『경국대전』에는 궁궐에서 내보낸 궁녀를 첩으로 삼은 조관朝官은 처벌한다고 되어 있었다. 신하들은 조관에 종친도 포함

된다고 했고, 성종은 신하만 포함된다고 주장했다. 성종은 이축에게 죄를 줄 수 없다고 버티면서 '종친 및 조관'으로 법률조항을 고치는 타협안을 내놓았다. 이후 실제로 바꾼 조문을 근거로 궁녀와 간통한 종친이 처벌되기도 했다.

: 궁녀를 풀어주는 경우 :

궁녀의 생활은 엄격했다. 세종의 다섯째 아들 금성대군 이유는 어린 시절 돌보아 준 의빈 권씨를 자기 집으로 모시고자 했다. 의빈 권씨는 나이 70세에 병까지 들어 질병가궁녀나 나인들이 병들면 살던 대궐 밖의 집에 살고 있었는데, 집이 너무 낮고 좁고 습기가 차서 병든 이에게는 맞지 않았다. 그러나 임금의 허락을 받지 못했다. 세종 때 만든 궁녀에 대한 금령 때문이었다. 세종은 궁녀의 출입은 승정원의 허락을 받게 하고, 궁녀가 밖에서 자지 못하게 했다. 한번 궁녀가 되면 영원히 궁녀로서 궁궐 안에서 생활해야 했다. 궁궐의 비밀이 새나가지 않게 하기 위한 조치였다.

때로는 가뭄 등 자연재해가 궁녀를 자유의 몸이 되게 했다. 세종 26년, 임금은 농사철에 가뭄이 극심하자 궁녀 45명을 궁 밖으로 내보냈다. 숙종 11년에는 궁녀 25명, 영조 26년에는 45명 등을 궁 밖으로 내보낸 기록이 여러 번 있다. 허가 없이는 외출할 수 없고, 임금의 승은을 입는 것은 하늘의 별 따기, 궁궐에서 평생 갇혀 사는 궁녀들의 가슴 속 원한을 풀어주어 음양의 조화를 이루면 비가 내리는 데 보탬이 된다고 여겼기 때문이다.

: 생명이 끈질긴 궁녀 :

태종이 왕위에 오르자, 원경왕후 민씨의 계집종 김씨도 궁궐로 들어와 궁녀가 되었는데, 2년 후 임금의 아이를 뱄다. 중전 민씨는 한때 자신의 계집종이던 김씨가 임금의 아이를 배자 기가 찼고, 12월 추운 겨울 해산할 기미를 보이자 궁궐 밖으로 내보냈다. 남자 종 화상이 가련하여 서까래 두어 개를 걸치고 거적을 덮어 주었는데, 김씨는 사내아이를 낳고 용하게 살아남았다.

중전 민씨의 질투는 계속되었다. 남자 종 화상이 준 이부자리와 베개 등을 빼앗고, 김씨와 아이를 소에 실어 교하의 옛 집으로 보냈다. 태종은 나중에 이 사실을 알고 핍박과 추위에서 살아남은 것은 천운이라며 김씨를 빈으로 올려주고, 후에 그 아들을 군경녕군으로 봉했다. 김씨는 노비에서 궁녀가 되었고, 임금의 승은을 입고 정1품 빈의 품계를 받은 것이다. 조선에서 빈이나 군으로 봉해지면 최소한 먹고사는 데는 지장이 없도록 지원하고 노비도 붙여준다.

: 왕을 업신여긴 궁녀 :

상왕으로 물러난 태종은 나이 쉰을 넘기면서 잠을 편히 자지 못했다. 특히 삼경밤 11시~새벽 1시이 되면 더욱 잠을 이루지 못했다. 그럴 때면 궁녀에게 무릎 등을 주무르게 했다. 어느 날, 상왕 태종이 궁녀 장미를 꾸짖고 잠이 들었는데, 누군가 조심성 없이 두들겨 패는 느낌에 잠에서 깨어났다.

"왜 그랬느냐?"

"조금 전의 꾸지람에 분이 풀리지 않아 조심성 없이 두들겼습

니다."『세종실록』2년 10월 11일

　궁녀 장미는 이실직고했다. 태종이 누구인가? 1차, 2차 왕자의 난 때 형제들을 죽이고 왕위를 손에 쥐었으며, 상왕으로 물러나서도 여전히 병권을 가지고 신하들을 호령했는데, 그런 상왕의 몸을 두들겨 패다니 보통 배짱이 아니었다. 상왕은 그녀를 불경죄로 죽일 수 있었지만, 자신이 집안 단속을 잘 못했다고 부끄럽게 여겨 조용히 내보내고, 아무에게도 말하지 않았다. 그러나 상왕은 3년 후 이 사실을 밝히는데, 궁궐의 기강이 크게 무너지는 사건들이 잇달아 일어났기 때문이다.

　세종2년 10월, 소헌왕후 심씨가 의복을 벗어 궁녀 소비에게 잘 갈무리하라고 했다. 그런데 소비는 왕비의 옷을 몰래 찢어버렸다. 이 어처구니없는 일은 곧 발각되었다. 세종이 궁녀 소비에게 다른 일을 시켰는데, 왕비가 시킨 것으로 알고 분풀이를 했다고 한다.

　공교롭게도 이 시기에 내시들도 도를 넘은 행위를 벌였다. 한번은 상왕이 내시 양자산에게 창덕궁의 광연루 난간의 길이를 재라고 시켰다. 상왕이 지켜보다가 길이를 재는 방법이 틀렸다고 꾸짖자, 양자산이 화를 내며 자를 도랑에 집어던져 버렸다. 태종이 아무리 상왕으로 물러나 있었지만, 세종도 부왕을 극진히 모시고 있었던 터였다.

　또한 상왕이 강원도에 갔을 때의 일이다. 시녀가 식재료를 담당하는 내시 매룡에게 고기를 달라고 청하자, 매룡이 누운 채로 대답했다.

　"내가 무슨 물건이 있어서 네게 줄 수 있겠는가. 나의 세勢, 불알나 베어 가라."『세종실록』2년 9월 28일

　감히 상왕의 수라를 위해서 고기를 요구한 궁녀에게 봉변을 주다니.
　태종은 궁녀가 중전의 옷을 찢는 일이 생기자, 궁녀 장미의 일 등 부끄러운 과거 일까지 모두 털어놓고, 조정의 기강을 다시 세우겠다

며, 의정부와 육조에 이들의 죄를 논하라고 명을 내렸다. 이후 두 궁녀의 처리 기록은 없으나 참형에 처한 것으로 보인다. 내시 양자산과 매룡도 의금부에서 국문한 뒤 참형에 처해졌다. 이들은 지엄한 공간, 궁궐의 주인 왕과 왕비에게 자신들의 감정을 은근슬쩍 드러내며 분풀이를 했지만, 결국 자신의 생명과 바꾸어야 했다.

: 말을 탄 궁녀 :

영조는 어머니 숙빈 최씨를 추모하는 육상궁을 세우고 자주 참배를 갔다. 참배의식은 매우 엄숙했다. 영조 3년, 대신들은 사당 문 밖에 줄서서 대기하고 있었다. 그런데 궁녀 3명이 말을 타고 지나갔다. 궁녀로 들어와 승은을 입은 후궁의 아들이 임금이 되었으니 자신들도 오만한 마음이 들었던 걸까? 대신들은 한탄했으나 사헌부나 사간원의 대간조차도 아무 말이 없었다. 이틀 후, 승지 나학천이 임금에게 상소를 올렸다. 하지만 영조가 그녀들을 처벌한 기록은 없다.

위의 이야기들은 모두 조선왕조실록을 기초로 한 것이다. 조선왕조실록은 임금과 조정대신들의 활동을 위주로 기록하기에 궁녀들의 일상적 활동은 거의 빠져 있다. 조선왕조실록에 궁녀들이 등장하는 것은 대부분 어떤 사건과 관련이 있고, 부정적인 이야기가 더 많다. 아름다운 이야기나 외로움, 일상의 고단함 등 궁녀들의 진짜 삶은 덮인 것이다. 육상궁에 말을 타고 들어간 궁녀의 예는 매우 특이한 사례이다. 이처럼 궁녀는 궁궐에서 하나의 단어로 정의할 수 없는 다양한 형태의 삶을 살았고 죽음을 맞이했다. 조선왕조실록에는 기록되어 있으나, 이 책에서 소개하지 못한 궁녀도 부지기수이다.

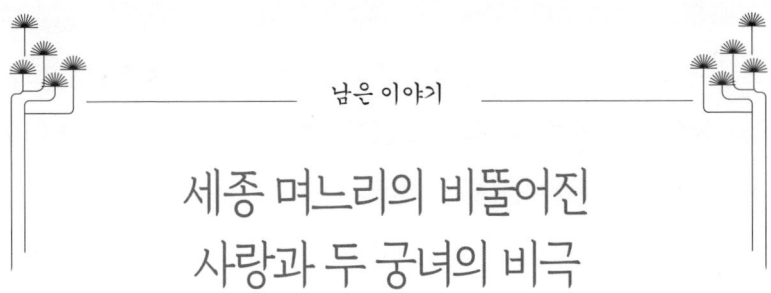

남은 이야기

세종 며느리의 비뚤어진 사랑과 두 궁녀의 비극

첫 번째 세자빈 김씨

조선의 위대한 성군 세종은 참으로 며느리 복이 없었다. 맏아들 문종은 세자 시절 13세에 명문 집안인 상호군 김오문의 딸과 혼례를 올렸고, 김씨는 세자빈이 되어 휘빈으로 봉해졌다. 그런데 혼례 후 세자가 곁을 찾지 않자, 외로움을 견디다 못해 시녀 호초에게 남자에게 사랑받는 법을 물었다. 호초는 처음엔 모른다고 했으나 강요에 못 이겨서 두 가지 방법을 가르쳐 준다.

"남자가 좋아하는 여인의 신을 불에 태워 그 가루를 남자에게 마시게 하면, 나는 사랑을 받고 상대편 여자는 멀어집니다."『세종실록』11년 7월 20일

세자빈 김씨는 세자의 시녀 효동과 덕금을 시기하고 있었다. 두 시녀의 신을 손수 잘라 술법을 사용하려고 3번이나 시도했으나 기회를 잡지 못했다. 호초에게 다른 술법을 가르쳐 달라고 했다.

"두 뱀이 교접으로 흘린 정기를 수건으로 닦아 차고 있으면 남자의 사랑을 받습니다."『세종실록』11년 7월 20일

호초는 사대부의 첩들에게 전해들은 방법을 가르쳐주었다. 이러한 술법은 결국 들통 났고 세종도 알게 되었다.

혼례를 올린 2년 후인 세종11년 7월, 세자빈 김씨는 시아버지 세종에

의해 서인이 되어 궁궐에서 쫓겨났다. 궁녀 호초는 참형에 처해졌다. 민가에서 동무들끼리라면 농지거리로 깔깔거릴 수도 있었겠지만, 궁궐에서 세자빈에게 말했기 때문에 죽음을 초래한 것이다.

두 번째 세자빈 봉씨

휘빈 김씨가 폐출된 3개월 후, 세자_{문종}는 두 번째 세자빈으로 봉씨를 맞았고 순빈으로 봉해졌다. 세자와 세자빈은 친영례*부터 금슬이 좋지 않았고, 소원한 관계가 몇 년 지속되었다. 세종이 세자를 타일러 사이가 조금 좋아지기도 했지만, 7년이 지나도 자식이 없었다. 아무리 왕이고 아버지라도 아들에게 침실 일까지 가르칠 수는 없는 노릇이었다.

세종은 세자 부부가 소원한 것을 매우 안타깝게 여겼으나, 후사를 염려해 신하들과 상의해서 후궁 3명을 들인다. 단종의 어머니 권씨는 이때 뽑혀 와서 승휘의 품계를 받았다.

세종18년 10월, 승휘 권씨가 임신하자 세자빈이 우는 소리가 궁중에 울려퍼졌다. 임금이 불러 타일렀지만 뉘우치는 기색이 없었다.

"네가 매우 어리석다. 너는 세자빈으로서 아들이 없지만, 만일 권씨가 아들을 두면 기뻐해야 할 것이다." 『세종실록』 18년 10월 26일

그런데 어느 날, 세자빈 봉씨가 임신을 했다고 했다. 세종과 중전은 매우 기뻐했다. 중전은 세자빈을 왕비전으로 데리고 와서 안정을 취하게 돌보았다. 그런데 한 달쯤 후 세자빈이 낙태를 했다고 했다. 증거를 살펴보았으나 없었다. 앞서 임신했다는 말 자체가 거짓이었던 것이다.

세자빈 봉씨의 비뚤어진 행동은 이뿐만이 아니었다. 변소에 가서 벽 틈

● 친영례: 신랑이 신부의 집에서 예식을 올리고, 신부를 신랑의 집으로 맞이해 오는 예(禮).

으로 엿보고, 여종에게 남자를 사모하는 노래를 부르게 했다. 여종 소쌍을 사랑해 잠자리에 들였다. 소쌍이 강요에 못 이겨 옷을 반쯤 벗으며 주저하자, 세자빈이 나머지 옷을 강제로 벗기고 남자와 교합하는 듯한 희롱을 했다. 세자빈과 소쌍의 동침이 여러 번 이어지자, 급기야 궁녀들 사이에 소문이 퍼졌고 세종의 귀에도 들어갔다.

세종은 이보다 앞서 시녀와 여종이 동침한다는 이야기를 듣고, 이를 금하는 법령을 세운 바 있었다곤장 70대를 때리고, 어기면 100대를 더 치게 했다. 임금은 자신이 세운 법령을 세자빈이 어길 것이라고는 생각지도 못했다고 한탄하며, 세자빈 봉씨를 폐출시키고 서인으로 삼았다.

궁녀 소쌍에 대한 처리 기록은 없다. 그러나 호초의 예로 보았을 때 참형에 처했을 가능성이 높다. 궁녀 호초와 소쌍은 자신이 모시는 주인의 일그러진 행동 때문에 피지도 못한 꽃봉오리가 되었다.

궁궐의 여인들 ②
— 궁녀의 별, 상궁

조선의 법전 『경국대전』에는 왕족 및 사대부, 궁궐 여인들의 품계가 밝혀져 있다.

외명부는 왕족의 여성, 종친과 문무관의 처에게 주는 봉작이다. 왕의 딸로 적자는 공주, 서자는 옹주인데, 모두 정1품보다 품계가 높다. 왕세자의 딸로 적자는 군주로 정2품이고, 서자는 현주로 정3품이다. 종친·문무관의 처는 남편의 직에 따라서 품계를 부여받는다. 품계가 가장 높은 정1품은 부부인·군부인·정경부인이고, 가장 낮은 종9품은 유인孺人이다. 제사를 모실 때 벼슬을 지내지 않은 어머니의 지방에 '현비유인…'이라고 쓰는 것은 일반 백성에서 한 등급 올려준 것이다.

내명부는 후궁과 궁녀에게 주는 품계이다. 후궁은 빈·귀인·소의·숙의·소용·숙용·소원·숙원 등 8단계가 있다. 가장 높은 빈은 정1품이고, 가장 낮은 숙원은 종4품이다. 삼정승이 정1품이므로 빈은 품계로는 삼정승 및 정경부인과 맞먹는다. 대표적인 빈은 장희빈이고, 숙원은 장녹수인데, 후에 장녹수는 숙용으로 승진한다.

왕의 승은을 입지 못하는 궁녀도 품계가 있다. 궁녀의 가장 높은 품계는 정5품으로 상궁과 상의가 있고, 가장 낮은 품계는 종9품으로 주변치·주치·주우·주변궁이라고 한다. 궁녀의 최고 품계는 정5품이지만, 왕의 승은을 입으면 그 품계가 껑충 뛰어오르기도 했다.

: 최고 직위 상궁, 누가 무엇을 했을까? :

TV드라마에서 상궁은 왕비뿐만 아니라 왕과의 대화에서도 등장한다. 이것은 상궁의 업무와 관련이 있기 때문에 역사적 사실과도 부합한다. 세종10년 3월, 이조에서 당나라 제도를 기초하고 역대의 제도를 참고해서 내관과 궁관의 제도를 정한다. 여기에 궁녀궁관의 역할을 상세하게 규정하고 있다.

상궁은 정5품으로 중전을 인도하고 자신이 통솔하는 사기司記, 정6품와 전언典言, 정7품, 경국대전에는 종7품을 통해서 궁녀들의 생활을 관장하고, 왕비의 뜻을 대왕대비나 왕에게 전달하는 역할을 한다. 사기는 문서와 장부, 궁녀의 출입을 맡고, 전언은 선전과 계품을 맡아서 왕이나 대왕대비에게 왕비의 뜻을 전하는 일을 한다.

궁궐에는 왕비가 참석하는 공식행사가 많았다. 대비 봉숭, 왕비 책봉, 세자빈 책봉, 친잠례 등의 행사에 왕비가 참석할 때는 반드시 상궁의 인도를 받는다. 또한 상궁은 왕비의 최측근으로서 왕과 왕비와의 소통을 통해서 정치적 행위를 할 수도 있었다. 왕에 따라서 그 역할이 확대되기도 했다.

: 단종 때 상궁 박씨 :

단종1년, 계유정난이 일어났다. 수양대군이 김종서의 세력을 제압하고, 김종서, 황보인 등은 역모로 몰려 죽임을 당했다. 몰수한 재산을 공신들에게 나누어 주었는데난신전, 수양대군은 150결, 한명회를 비롯한 일등공신은 50결을 받았다. 그런데 상궁 박씨는 일등공신보다 더 많은 70결을 받았다. 상궁 박씨는 이후에도 두 번에 걸쳐 노비 5명씩을 받았고, 그녀의 올케 언니도 부역을 면제받았다. 상궁 박씨는 거부가 되고 노비 10명을 부릴 수 있는 위치까지 오른 것이다. 도대체 어떤 여인이기에 이렇게 많은 토지와 노비까지 받았을까?

단종3년 2월, 사헌부 장령 이승소는 임금에게 선왕의 궁인들이 아직도 궁중에 남아 있다면서 상궁 박씨를 밖으로 내보내라고 청을 올렸다. 임금은 옛 제도를 아는 궁녀가 필요하다면서 사헌부의 요청을 거절했다.

"부왕문종이 박씨를 나의 세자 시절에 붙여주었다."『단종실록』 3년 2월 5일

단종은 주변에 보호막이 되는 여인들이 없었다. 할머니 소헌왕후 심씨는 단종이 태어나기 전에 승하했고, 어머니 권씨는 단종을 낳고 이튿날 바로 졸했으며, 왕비 정순왕후 송씨는 뼈대 있는 사대부 출신이 아니라 풍저창* 종6품 부사의 딸이었다. 상궁 박씨는 할머니와 어머니가 없는 단종에게 빈자리를 채워주는 보호막 역할을 했다.

그러나 상궁 박씨에게 주어진 달콤한 꿀은 오래가지 못했다. 수양대군은 상궁 박씨와 금성대군 이유, 단종의 보모 역할을 한 혜빈 양씨가 반역을 도모한다고 주장했다. 단종은 왕위를 세조에게 물려

● 풍저창: 국가의 수입과 지출을 관장하는 창고

주고 상왕으로 물러나게 되었고, 반역 혐의를 받은 상궁 박씨는 청양으로 유배를 가고 가산도 몰수당했다. 권력 가까이 있음으로 인해 달콤한 꿀과 짠 소태를 동시에 맛본 것이다.

: 중종 때 상궁 박씨 :

상궁들은 본인뿐만 아니라 친척들을 위해서도 정치를 했다. 중종 때 상궁 박씨는 보통내기가 아니었다. 그녀는 중종의 보모로서 상궁에 올랐다. 궁녀는 궁궐에 처음 들어올 때 대체로 천인 신분이 많았는데, 박씨도 천인 신분이었다.

조선시대에 천인에서 양인으로 신분이 바뀌는 것은 쉬운 일이 아니었다. 그런데 상궁 박씨는 임금에게 건의해서 친척 10여 명을 양인으로 신분을 올려준다. 임금의 일방적인 결정으로 조정에 통보한 것이다.

사헌부는 법률에 근거가 없다고 반대했다. 임금은 왕으로서 내린 자신의 결정을 번복하지 않으려고 했지만, 결국 법적 근거를 내세워 끈질기게 주장하는 사헌부를 이길 수 없었다. 1차는 사헌부가 승리해서 상궁 박씨의 족친은 원래의 천인 신분으로 되돌아갔다.

이듬해 중종6년 2월, 상궁 박씨는 임금에게 다시 아뢰어 친척 10여 명을 양인으로 바꾸었다.

"상궁 박씨는 나의 보모로서 자식도 없다. 그녀의 삼촌까지 특별한 예로 양인으로 바꾸었다. 『경국대전』에는 없지만 조종조의 특별한 은혜의 예에 따른 것이다." 『중종실록』 6년 2월 24일

사헌부는 7, 8차례 더 반대했으나, 이번에는 임금의 생각을 바꿀 수 없었다. 상궁 한 명이 국가의 공조직 사헌부를 이긴 것이다. 상

궁 박씨는 국가의 공조직을 흔들었고, 임금이 덩달아서 춤을 춘 것이다. 상궁의 친척들이 천인에서 양인으로 신분이 바뀐 사례는 다른 왕 때도 여러 차례 있었다. 상궁의 영향력을 짐작할 수 있다.

: 저주 사건에 등장하는 상궁들 :

궁궐에서 자주 등장하는 것 중 하나가 저주 사건이다. 이를 '염매'라고 한다. 염은 짚이나 헝겊 등으로 사람의 형상을 만들어 쇠꼬챙이로 심장이나 눈을 찌르는 것이고, 매는 나무나 돌로 귀신을 만들어 놓고 상대의 저주를 비는 것이다. 이와 비슷한 방법으로 사람이나 동물의 뼈, 흉측한 물건 등을 궁궐의 전각 아래에 묻기도 했다.

염매는 중대 범죄이지만, 장희빈이 인현왕후를 저주한 사건 등 후궁이 왕비를 상대로, 또는 후궁들끼리 여러 차례 벌어졌다. 그 중심에는 대부분 상궁이 있다. 상궁은 궁녀들을 움직일 수 있는 권한이 있어 현장의 지휘자 역할을 할 수 있었기 때문이다. 상궁과 행동대원 역할을 한 궁녀들이 발각되어 참혹한 고문을 당하고 생명을 잃기도 했다.

: 교자를 탄 상궁 :

숙종44년 9월, 세자경종가 두 번째 세자빈 선의왕후을 맞아 혼례를 치르고 종묘를 찾아가서 아뢰었다. 수행하는 상궁이 4명의 가마꾼이 어깨에 멘 교자를 타고 종묘의 대문으로 들어서려 했다.

"내려라." 『숙종실록』 44년 9월 28일

대문을 지키는 부장이 꾸짖었으나 상궁이 따르지 않았다. 종묘는 역대 왕과 왕비의 위패를 모신 곳으로, 그 앞에 하마비가 있고 누구나 말이나 교자에서 내려 걸어 들어가야 한다. 그런데 상궁이 부장의 지시를 무시하고 교자를 타고 들어간 것이다.

병조는 그날 행사를 담당한 차지내관의 처벌을 요구했고, 홍문관은 상궁의 처벌을 요구했다. 대리청정을 하고 있던 세자경종가 말했다.

"상궁이 교자를 타고 대문으로 들어간 것은 사리에 어두워서 그런 것이다. 이미 대내에서 중죄로 다스렸다."『숙종실록』44년 10월 7일

세자는 죄를 주었다고 했으나, 어떤 처벌을 내렸는지는 구체적으로 밝히지 않았다. 상궁의 두둑한 배짱이 어디서 나온 것인지 궁금할 정도이다.

: 궁궐 화재와 상궁 :

궁궐에는 왕족을 포함한 많은 사람들이 살고 있다. 음식을 만들고 방을 데우기 위해서 불을 피웠고, 사재감*에서 땔나무와 숯을 공급했다. 궁궐은 목조가옥이기 때문에 화재에 취약하다. 궁궐의 화재로 살신성인한 상궁도 있고 승진한 상궁도 있다.

중종 때 상궁 박씨의 방에서 불이 났는데, 박씨의 여종 방자가 혼자 자고 있었다. 상궁 박씨는 다른 궁녀들과 함께 불을 껐고, 여종 방자는 살아남았다. 하지만 상궁 박씨는 불에 덴 상처로 죽었다. 중종은 화재현장을 둘러보고, 박씨에 대한 애도의 뜻으로 예정된 사냥을 중지하고 특명으로 부의를 한 기록이 있다.

● 사재감은 궁중에서 사용하는 땔나무 외에 생선, 고기, 소금을 담당하는 부서이다.

역시 중종 때 나인 전씨는 경복궁의 누각 청연루 아래 내탕고왕실의 재물을 넣어두는 창고에서 불이 난 것을 지나가다가 보았다. 부엌에서 불길이 치솟아 창틈으로 들어가 인화물질에 붙으려고 했다. 나인 전씨는 사람들을 불러 모아 자칫 크게 번질 수 있는 불길을 초기에 잡았다. 그녀는 상궁이 될 차례긴 했으나, 화재진압의 공으로 바로 상궁으로 승진했다.

선조 때, 임금의 어실에 화재가 났다. 어실은 임금이 잠깐 쉬는 곳으로 온돌로 되어 있어 침상 아래 불을 넣어 따스하게 한다. 자칫 큰 화가 닥칠 뻔했는데, 상기종6품 윤씨의 활약으로 불길을 잡았다. 윤씨는 화재진압의 공으로 상궁에 오른다. 종6품에서 정5품으로 3단계를 한번에 뛰어오른 것이다.

: 승은을 받은 궁녀들 :

궁녀로 들어와서 상궁에 오르면 궁녀들의 별이 되고, 승은을 입으면 또다시 신데렐라가 된다. 숙종 때 박씨는 임금을 모신 지 10년이 되어 상궁에 올랐다. 궁녀의 최고 자리에 올랐는데, 또 행운이 찾아왔다. 상궁으로서 승은을 입어 임신을 한 것이다. 중전 인원왕후가 임금에게 권해서 박씨는 종4품 숙원에 봉해진다. 논밭을 살 값으로 은 4천 냥, 집값으로 은 2천 냥, 콩 100석을 받았다. 상궁에서 승은을 입어 후궁이 되자, 하루아침에 은 6천 냥의 거금으로 단독의 거처와 논밭을 마련할 수 있게 된 것이다. 궁녀 유씨도 승은을 입어 약 3개월 전 숙원에 올라 같은 대우를 받은 바 있다.

: 상궁으로 살다간 최씨와 김씨 :

궁궐에서 오랫동안 성실히 업무를 수행하고 편안한 일생을 마친 상궁들도 있다. 최회저와 상궁 김씨다.

최회저는 중국인으로 중국과 조선에서 궁녀로 일했다. 봉림대군 효종이 병자호란으로 청나라에 볼모로 잡혀갔을 때, 최회저는 명나라 나인이었다. 명나라가 망하자 모든 나인들이 도망갔으나, 그녀는 다른 나인과 함께 봉림대군의 곁을 지켰다. 봉림대군은 조선으로 돌아오면서 이들을 데리고 왔는데, 다른 한 명은 병사했다. 하지만 최씨는 효종·현종·숙종까지 50년 넘게 궁궐에서 상궁으로 일했다. 숙종은 80세에 가까운 그녀에게 특명으로 상궁의 교지를 주고 잘 돌보아주었고, 그녀가 죽자 장례비용도 넉넉하게 내려주었다. 최회저는 명나라와 조선의 궁녀로서 직분을 다하고 상궁에 올라 조용히 생을 마쳤다.

상궁 김씨는 인조 11년에 태어나서 6세에 궁궐로 들어와 인조·효종·현종·숙종·경종까지 다섯 임금을 모시며, 85년 동안 궁궐에서 일생을 보내고 상궁까지 올랐다. 영조는 세자 시절 상궁 김씨가 숙종의 병구완을 위해서 7년 동안 밤낮으로 약을 달이고, 숙종이 승하한 후 90세의 나이에도 불구하고 능 참배에 한 차례도 빠지지 않던 것을 잊을 수 없다고 했다.

"상궁 김씨는 100세가 가깝도록 밤낮으로 나라를 위하여 일했다. 나이가 들수록 더욱 충성스러웠다. 그녀의 평생을 차마 묻어둘 수 없고, 충성을 다하는 이를 위해서 나의 마음을 표한다." 『정조실록』 13년 2월 18일

영조는 상궁 김씨에게 '다섯 임금을 섬긴 궁녀 91세 삼척 김씨 정충지문'이라는 어제를 내리고 정문도 세워 주었다. 그리고 그녀의

제사를 모시기 위해 영암·나주·안주·소리산·연안의 전토를 내리고, 친척 중에 도장마름을 임명해서 관리하게 했다.

　상궁은 궁녀들의 우두머리였고, 왕과 왕비와 소통할 수 있었다. 조정의 공조직이 붕당 등으로 흔들릴 때는 상궁의 이름이 자주 등장한다. 상궁들의 입김이 나라의 공조직을 흔들기도 했다. 중종·광해군·숙종 때이다. 반면 왕이 신하들과 공적으로 잘 소통할 때는 상궁이 끼어들 여지가 없었다. 세종·영조·정조 때는 상궁이 조정의 불미스러운 사건 등에 오르내리는 기록이 거의 없다. 이때도 많은 상궁들의 헌신적인 노력이 있었을 것이다. 다만, 기록으로 남아 있지 않기 때문에 알 수 없는 것이 안타깝다. 상궁이 정치에 개입하는 경우를 보면서 지도자의 역할과 공조직의 중요성을 다시금 되새기게 된다.

갑자사화와 연산군의 보복

사화士禍는 선비 혹은 조정의 신하들이 참혹하게 화를 입는 것이다. 조선은 무오·갑자·기묘·을사 등 4번의 사화가 있었다. 무오사화는 연산군4년무오년, 갑자사화는 연산군10년갑자년, 기묘사화는 중종14년기묘년, 을사사화는 명종 즉위년을사년에 일어났다.

: **부왕의 유훈을 어기고** :

연산군은 왕이 되어 부왕의 묘지문을 읽고 처음으로 어머니가 폐출된 것을 알았다. 폐비 윤씨가 쫓겨날 때 연산군은 만 3세였고, 뒤를 이어 왕비가 된 정현왕후 윤씨를 어머니로 알고 자랐다. 폐비 윤씨는 함안, 정현왕후 윤씨는 파평이 본관이다.

　연산군은 어머니의 폐출을 알고 수라를 들지 않았고, 기일에는 근신의 의미로 고기나 생선이 들어가지 않은 소찬을 먹었다. 어머니의 존재를 묻기 시작하고 어머니의 묘를 확인하게 한다. 부왕 성종은 훗날 알게 될 세자의 심정을 생각하여 '윤씨지묘'라는 표지석을 세워 주고, 묘지기를 2명 붙이고, 수령에게 한식·단오·추석·설 등 민속절기에 제사를 지내라고 명했다. 그리고 자신이 죽은 뒤에도 영원히 고치지 말고, 아비의 뜻을 지키라는 유훈을 남겼다.

연산군은 부왕의 유훈을 따르지 않았다. 우선 묘를 경기도 장단에서 한성서울 동대문구 회기동으로 옮겨 왕비의 무덤에 버금갈 정도로 조성하고 '회묘'라고 이름 붙였다. 부왕의 유훈을 지키라는 신하들의 반대에도 불구하고 사당과 신주도 세워서 '효사묘'라고 했다. 시호*까지 올려서 추숭**하자고 했으나, 이것은 신하들의 반대로 뜻을 이루지 못했다. 연산군은 부왕의 유훈 일부를 받아들이고, 폐비 사건은 이 정도 선에서 마무리되는 듯했다. 그러나 폐비 윤씨의 죽음에 대한 보복의 불씨가 잠복하고 있었다. 성종 때부터 견제를 받아서 절치부심한 임사홍이 틈을 엿보고 있었다.

: 피로 물든 궁궐 :

연산군10년갑자년, 연산군은 임사홍의 셋째아들 임숭재의 집에 갔다.

- 시호(諡號): 왕과 왕비, 유학자가 죽은 후에 공덕을 칭송하여 붙이는 이름
  묘호(廟號): 왕이 죽은 뒤에 공덕을 기리어 붙이는 이름
  예를 들어 세종의 경우 시호는 '영문 예무 인성 명효대왕(英文睿武仁聖明孝大王)'이고, 묘호는 세종이다. 세조의 경우 시호는 '승천 체도 열문 영무 지덕 융공 성신 명예 흠숙 인효대왕(承天體道烈文英武至德隆功聖神明睿欽肅仁孝大王)'으로 좋은 말이 많아서 매우 길고, 묘호는 세조이다. 왕의 사후에 붙이는 이름이지만, 그 아들이 왕이기 때문에 승하한 왕의 뜻을 고려해서 정한다. 우리가 부르는 왕의 이름인 세종과 세조는 두 분이 살아계셨을 때 한번도 들어보지 못한 것이다. 임금을 높여서 부르는 말은 성상(聖上), 주상(主上), 혹은 상(上), 전하(殿下), 지존(至尊) 등이다.
- 추숭(追崇) 혹은 추존(追尊): 왕위에 오르지 못하고 죽은 이에게 왕이나 왕비의 칭호를 주는 것. 세조의 의경세자→덕종, 영조의 효장세자→진종, 영조의 사도세자→장조, 순조의 효명세자→익종, 폐비 윤씨→제헌왕후 등이 그 예이다.

폐비 윤씨를 쫓아낼 때 강하게 반대한 임사홍에게는 기회였다. 임사홍은 연산군에게 절을 하고 목 메일 정도로 울면서 폐비 윤씨 사건을 자세하게 이야기한다. 연산군은 임사홍의 이야기를 듣고 깜짝 놀라 같이 덩달아 울었다. 피바람의 방아쇠를 당긴 것이다.

연산군은 대궐로 돌아와서 분노와 광기를 폭발한다.『연산군일기』10년 3월 20일에 그 내용이 생생하게 기록되어 있다. 우선 연산군은 폐비 윤씨를 참소한 것으로 여긴 엄숙의와 정소용을 밤늦은 3경밤 11시~새벽 1시에 창경궁 뜰에 결박해 놓고 마구 때리고 짓밟았다. 그런 다음 장 80대씩을 맞고 목에 칼을 차고 옥에 갇혀 있던, 정소용의 두 아들 이항과 이봉을 불러오게 하여 명령했다.

"이 죄인을 쳐라."

어둠이 짙었다. 큰아들 이항은 누군지 모른 채 때렸고, 작은아들 이봉은 어머니라는 것을 눈치채고 차마 손을 뻗지 못했다고 한다. 연산군은 엄숙의와 정소용을 죽인 다음, 시신을 찢어 내수사로 하여금 젓을 담게 하고 산과 들에 흩어버리게 했다.

연산군의 패악은 여기서 그치지 않았다. 큰 칼을 빼들고 어릴 때 어머니로 여겼던 정현왕후 윤씨의 침전으로 달려가 소리쳤다.

"빨리 뜰 아래로 내려오시오."

대비는 나오지 않고 시녀들은 달아났다. 때마침 왕비 신씨가 현장으로 달려와서 상황을 진정시킬 수 있었다. 연산군은 다시 이항과 이봉의 머리채를 붙잡고, 할머니 인수대비 침전으로 가서 문을 열고 들어가 욕을 했다.

"이것은 대비의 사랑하는 손자가 드리는 술잔이니 한번 맛보시오."

"사랑하는 손자에게 하사할 것이 없습니까?"

대왕대비는 어쩔 수 없이 술잔을 받으면서 창졸간에 베 2필도 꺼내 주었다. 연산군은 할머니에게 불손한 말을 퍼부었다.

"어찌해서 어머니를 죽였습니까?"

이것은 『연산군일기』에 나오는 기록이다. 그런데 개인 기록에는 연산군의 감정을 더욱 부채질한 내용이 담겨 있다.

"폐비 윤씨의 피 묻은 수건을 연산군에게 올리니 매우 슬퍼했다." 『기묘록』, 김육

"(윤씨가) 사약을 마시고 토한 약물이 적삼에 젖었고, 그 적삼을 연산군에게 올리니 적삼을 안고 밤낮으로 울었다." 『파수편』, 작자 미상

연산군은 어머니 폐비 윤씨의 위상을 회복하는 작업부터 시작했다. 회묘는 '회릉'으로 높여서 석물과 수호군을 갖춘 왕비의 묘로서 위엄을 갖추게 하고, 시호는 '제헌왕비'로 높여 추숭했다. 그러나 역사는 제헌왕비보다 폐비 윤씨로 기억한다. 연산군이 반듯한 임금이었다면 바람대로 그의 어머니도 제헌왕비로 기억되었으리라.

: 갑자사화 :

연산군은 춘추관에게 『성종실록』을 상고하게 하여 폐비 사건의 전말을 파헤치고자 했다. 당시 승정원 승지와 주요 대신들, 윤씨에게 사약을 내리는 데 관여한 자, 폐비 불가를 적극적으로 간하지 않은 자, 폐비를 참소한 여인들을 분류해서 보복했다.

한명회·정창손·심회 등 이미 죽은 자는 부관참시를 하고, 현재 자신을 보좌하는 영의정 성준, 좌의정 이극균 등 살아 있는 자는 극형에 처했다. 내관 등을 포함, 자고 일어나면 서너 명의 목이 날아가는 것이 예사였다. 부왕 성종의 뜻을 따르고 잘 보필한 신하들이 보복을 받았다.

연산군은 어머니의 죽음에 대해 처음 들었을 때는 수라를 들지 않았고, 이후 기일에는 소찬을 먹고 형옥 문서를 올리지 못하게 하고 형 집행을 정지시키고 목욕재계를 하고 근신했다. 그러나 차츰 국기일이 아니라고 해서 형을 집행하고 패악한 모습을 보였다. 연산군12년 폐비 윤씨의 기일에는 후원에서 하루종일 나인들과 노래하고 춤추고 발가벗고 교합을 즐겼다. 주변에 많은 사람들이 있었음에도 음란행위를 저지른 것이다.

연산군은 갑자사화 때 어머니의 한을 씻어드린다는 효를 내세웠지만, 내면에 감추어진 분노와 광기를 드러낸 것일지도 모른다. 그 중간에는 임사홍의 농간도 있었다. 연산군의 광기에 임사홍의 개인적 복수도 끼어들었다. 임사홍은 성종 때 자신의 관직 진출을 막은 사람들에게 죄를 덮어씌워 죽였다. 갑자사화는 죄의 기준이 없는 '잔인한 참혹함' 그 자체였다.

중종반정으로 연산군의 보복은 끝났다. 임사홍은 참수당했고, 아들 임숭재도 부관참시로 처벌해야 한다는 요구가 거셌다. 중종은 부관참시는 하지 않았지만 임숭재 묘의 석물을 다 치우게 했다. 연산군과 임사홍은 자신들이 저지른 끔찍한 보복을 그대로 되돌려받았다.

이런 역사를 통해서 우리는 용서라는 단어가 얼마나 소중한 것인지 느낄 수 있다. 복수는 복수로 끝나는 것이 아니라, 결국 자신에게도 화가 되돌아온다는 것을 여러 역사적 사건들이 증명해 주기 때문이다. 사화를 역사로만 배우는 우리는 그 참혹함을 뛰어넘는, 용서의 행복을 추구할 수 있을까?

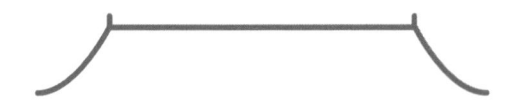

궁궐의 여인들 ③
— 권력을 공유한 장녹수

장녹수, 그렇게 낯선 이름은 아니다. TV드라마 등에서 임금의 총애와 악녀 후궁의 상징으로 등장하고, KBS 드라마 「장녹수」에서 흘러나오던 "어이타 녹수는~ 청산에 홀로 우는가~"라는 멜로디로 잘 알려져 있다. 장녹수는 드라마 등에서 한번 정도는 보았을 법한데, 일단 『연산군일기』에 어떻게 기록되어 있는지 보자.

장녹수가 『연산군일기』에 처음 등장하는 것은 연산군8년 3월 9일, 연산군과 승지 이자건과의 대화에서이다.

"장한필은 어느 때의 신하인가?"

"장한필은 문과 출신으로 신이 무신년성종19년에 충청도 경차관으로 갔을 때 문의세종시 현령이었습니다."

연산군은 장녹수의 아버지 장한필의 이력을 조사해 보고하라고 지시한다. 장녹수의 어머니에 대한 기록은 없다. 장녹수는 아버지가 사대부이지만 노비 신분으로 기록되어 있다. 정실부인이 아닌 첩과의 사이에서 태어났음을 알 수 있다.

두 번째 기록은 몇 개월 후 장녹수가 노비소송에서 뇌물을 받고 영향력을 행사하고, 노비였던 형부 김효손이 정7품 무반 관리인 사정이 되었다는 것이다. 연산군이 관심을 가진 수개월 후, 장녹수는 뇌물을 받고 인사청탁을 할 만큼 영향력을 행사했음을 알 수 있다.

: 연산군을 단숨에 사로잡다 :

장녹수는 관노비의 창기*로 궁궐 행사에서 춤을 추고 노래를 불렀다. 얼굴과 자태가 아름다운 미인은 아니었지만, 궁궐로 들어올 때 나이가 30세였음에도 16세 소녀처럼 앳되어 보였다고 한다. 특히 청아한 목소리의 노래솜씨가 일품이었는데, 입술을 크게 움직이지 않아도 소리가 맑게 나왔다고 한다. 또 다른 특징은 말솜씨였다. 교사스럽고 요사스러운 아양은 견줄 바가 없다고 할 정도였다. 연산군은 장녹수가 마치 어린아이처럼 조롱하고 노예처럼 욕해도 즐거워했고, 아무리 화가 났어도 장녹수 앞에서는 그저 빙그레 웃었다고 한다.

장녹수가 경복궁을 출입할 때는 오장차비** 8명이 호위를 맡았다. 연산군은 자신이 원자 시절에도 받지 못한 호위를 장녹수에게 붙여주었다성종은 원자의 출입에 오장차비를 금했다. 장녹수가 본가에 갈 때는 왕의 행차에 버금갔다. 앞에는 왕을 호위하는 내금위와 선전관이 인도하고, 의금부 나장 10쌍이 앞길을 정리했다. 시장을 지날 때 나장

• 조선은 궁궐의 내전에서 사용하는 음악이나 악공을 '내악', 국가의 공식적 모임에서 사용하는 음악이나 악공을 '외악'이라고 했는데, 여기서 음악과 춤을 담당하는 여인을 '창기'라고 하고 관노비였다.

•• 오장차비는 검은색 몽둥이를 가진 경비군사로 왕이나 세자의 호위를 담당한다.

들은 막대기를 휘저으며 사람들을 몰아냈다. 시장 사람들이 막대기를 피해서 달아나느라 물건을 잃는 경우가 다반사였다. 행렬의 뒤로는 승지, 주서, 내시가 따랐다. 승지는 왕의 비서이고, 주서는 「승정원일기」를 기록하는 관리인데, 왕 옆에서 공식임무를 수행해야 할 이들을 후궁 행차에 따라나서게 한 것이다. 세자의 행차에도 이렇게 하지는 않는다.

장녹수는 본가에 도착해서 성대한 잔치를 베풀고, 따라온 승지 이하의 관리들에게 물품을 내렸다.

"신이 ○○ 비단을 받아왔습니다." 『연산군일기』 11년 9월 22일

장녹수에게 물품을 받은 승지 등은 궁궐로 들어와 연산군에게 보고를 해야 했다. 마치 임금이 신하에게 하사품을 내려주는 모습과 같다. 장녹수가 베푼 성대한 잔치, 비단 등의 물품은 연산군이 나랏돈을 준 것이다. 연산군은 장녹수가 국가의 공조직을 사조직처럼 부리도록 했고, 국가의 예산을 퍼주었고, 덩달아 장녹수는 기고만장 유세를 떨었다.

: 인사 개입 :

장녹수의 성장과정을 알 수 있는 것은, 예종의 둘째아들 제안대군의 계집종 때부터이다. 그 이전에는 집이 가난해서 몸을 팔아 생활했고 시집도 여러 번 갔다고 한다. 그녀는 제안대군의 집에 안착해서 노비와 결혼해서 아들 한 명을 두었고, 이후 창기로 궁궐에 들어가서 연산군의 눈에 들어 후궁이 되고 종3품 숙용까지 오른다. 노비에서 숙용에 오른 것도 대단하지만, 이것은 시작에 불과했다.

장녹수는 발톱을 드러내 형제부터 챙기기 시작했다. 내수사 여종

이었던 언니와 조카들을 양인 신분으로 바꾸어 주었다. 역시 노비였던 형부 김효손은 상상할 수 없는 정도의 승진을 했다. 무반 관리인 정7품 사정이 되었고, 함경도 전향별감을 거쳐 군기시군의 무기와 장비를 맡은 부서의 책임자 제조정3품까지 올랐다. 조정은 부당한 인사라는 상소를 수차례 올렸으나 소용없었다. 장녹수의 입김이 얼마나 셌는지 알 수 있다.

장녹수의 인사 개입은 가족에서 차츰 주변으로 확대된다. 연산군은 장녹수의 청으로 제안대군의 장인 김수말을 군자감 첨정종4품에서 사도시궁궐에 쌀과 간장 등을 공급하는 부서 책임자 정정3품으로 승급시켰다. 단번에 종4품에서 정3품으로 3단계 뛰어오른 것이다. 장녹수는 한때 자신을 거두어 준 제안대군의 은혜를 갚은 것이지만, 조정의 인사 질서를 무너뜨린 것이다.

연산군은 장례원의 노비 종이에게 동평관의 창고지기를 영원히 맡기라고 명을 내렸다. 매우 이례적 조치였다. 동평관은 일본 사신이 머무는 곳으로, 일본과의 무역이익 때문에 서로 가려는 곳이었고, 한 사람이 오래 맡으면 나라의 금지 품목을 사적으로 거래하는 폐단이 있어 담당을 자주 교체했다. 사헌부에서 반대했으나 소용이 없었다. 노비 종이는 연산군과 장녹수의 딸 영수의 유모 석비의 아들이었다. 어머니가 장녹수 딸의 유모를 한 덕택에 이익이 생기는 나라의 창고지기가 된 것이다.

장녹수의 딸 영수 때문에 특혜를 받은 사람은 더 있다. 의원 박계선은 염질이 걸린 영수를 치료해 주었다고 1자급을 올려받고 부상으로 은대도 받았다. 은대는 3품에서 6품의 관원이 허리에 차는데, 중인 의원에게는 매우 값진 선물이다. 또한 천연두에 걸린 영수를 돌보아 준 구수영은 쌀 50석과 안장 갖춘 말을 하사받았다. 장녹수는 후궁으로서 초특급 대우를 받고, 조정의 인사까지 주물렀던 것이다.

: 처녀 차출에 손녀를 안 보낸 홍귀달 :

이와 반대로 장녹수로 인해 죽음에 이르거나 곤혹을 치른 사람들도 많았다. 연산군9년, 홍귀달은 원치 않던 경기관찰사에 임명되어 65세에 죽음을 맞았다. 홍귀달은 글솜씨가 뛰어나 성종 때 예문관 대제학에 올랐고, 이조판서·호조판서·공조판서를 역임했으며, 연산군 때 지중추부사의 조정원로로서 『역대명감』*, 『속국조보감』 등을 찬술하고 임금의 경연을 맡았다.

홍귀달은 경연에서 역사의 교훈을 자주 인용했는데, 연산군이 가장 듣기 싫어하는 충언들이었다. 연산군은 그의 충언이 듣기 싫어서 경기관찰사로 쫓아냈다. 홍귀달은 경기관찰사로서 기근을 구제하고 백성들이 빚을 나누어 내도록 하자는 등 백성의 애로사항을 건의했고, 연산군은 이를 모두 받아들었다. 비록 경기관찰사로 쫓아낸 셈이긴 하지만, 연산군과 홍귀달은 좋은 관계였던 것이다.

그런데 연산군10년 3월, 홍귀달은 조정의 처녀 차출에 손녀를 보내지 않았다. 아들 홍언국은 자신의 딸이 병에 걸렸기 때문에 처녀 차출에 나갈 수 없었다고 밝혔다. 하지만 홍언국은 국문을 받게 되었고, 경기관찰사로 있던 아버지 홍귀달이 조정에 올라와서 다시 설명했다.

"지금 손녀를 차출해도 병으로 보낼 수 없습니다. 병에 걸려서 저희 집에서 키우고 있습니다." 『연산군일기』 10년 3월 11일

• 『역대명감』: 역대 왕과 신하, 후비의 행적 중에서 본보기가 될 만한 것을 찾아 기록한 책이다.

홍귀달은 대신 자신의 죄를 청했으나, "지금 보낼 수 없습니다"라는 말이 불경죄가 되었다. 연산군은 홍귀달의 말을 실수로 여겨 덮어두려는 듯했으나, 갑자기 태도를 바꾸어 홍귀달을 귀양 보내고 교수형에 처했다. 왜 그랬을까?

홍귀달은 경기관찰사로서 자신도 모르게 장녹수와 엮인 적이 있었다. 그는 신수근을 통해서 창고지기 자리를 달라는 청탁을 받았으나 귀담아듣지 않았다. 그 청탁의 뒤에는 장녹수가 있었다. 홍귀달은 겉으로는 불경죄였으나, 실상은 장녹수의 인사청탁을 거절한 것으로 귀양을 가고 죽음에 이르렀던 것이다.

: 궁녀 전향과 수근비, 옥지향 :

궁녀 전향과 수근비도 능지처사를 당했다. 부모 형제와 친인척 70여 명도 불에 달군 쇠로 몸을 지지는 낙형의 국문을 받았다. 거의 역모죄 수준이다. 이들에 대한 국문은 사관도 들어오지 못하게 하고 비밀리에 진행되었다. 무슨 죄목으로 비밀리에 국문했을까?

연산군은 이들이 궁궐의 질서를 어지럽히고, 전향이 장녹수의 집에 익명서를 붙였다고 했는데, 구체적인 행위와 증거를 제시하지 않았다. 모두가 연산군의 주관적 판단이었다. 연산군이 밝힌 죄목으로는 친인척들까지 불에 달군 쇠로 몸을 지지고 처벌하는 것이 설명되지 않는다. 해답은 연산군10년 6월 9일 사관의 설명에 있다.

"궁녀 전향과 수근비의 죽음은 장녹수가 참소했기 때문이다. 장녹수는 이들의 모습이 고와서 시기했고, 왕에게 밤낮으로 두 궁녀를 헐뜯었다. 그래서 두 궁녀의 부모 형제까지 하루아침에 다 죽였다."『연산군일기』10년 6월 9일

운평* 옥지화가 장녹수의 치마를 밟은 일이 있었다. 윗사람의 마음가짐에 따라 용서받을 수도 있는 일인데, 장녹수는 그렇지 않았다. 장녹수가 연산군에게 어떻게 일러바쳤는지에 대한 기록은 없다.

연산군은 옥지화에게 불경죄로 중죄를 주어야 한다며 의정부·육조·한성부·대간 등을 불렀다. 조정대신들이 겨우 장녹수 치마 사건 처리에 동원된 것이다. 조정대신들은 연산군의 뜻에 영합해서 참형을 요구했고, 연산군은 옥지화의 목을 베어 흥청악**이 모이는 취홍원, 가흥청***이 모이는 뇌영원에 돌려보게까지 했다. 흥청 및 운평들에게 장녹수를 임금 대하듯 모시라고 경고를 보낸 것이다. 운평은 '태평한 운수를 만났다'는 뜻으로 연산군이 직접 지은 이름인데, 운평 옥지화는 버러지보다 못한 장녹수와 연산군을 만나 생명을 잃게 된 것이다.

: 재상을 겁박하는 장녹수의 종 :

동지중추부사 이병정은 여종을 야단친 대가로 거의 죽음에 이를 뻔했다. 연산군10년 7월, 이병정은 이웃 여종들의 다툼 소리를 듣고 하인을 보내 말렸으나 소용없자 직접 가서 타일렀다. 하지만 오히려 그들로부터 욕을 얻어먹고 업신여김을 당했다. 이병정이 화를 내며 말했다.

"너와 내가 귀천의 차이가 있으니 형조에 알려서 다스리겠다." 『연산군일기』 10년 7월 29일

- • 운평: 연산군 때 각 고을에 기생을 설치해서 운평이라고 부르고, 한성으로 뽑아 올렸다.
- •• 흥청악: 연산군이 만든 궁중음악 기구에 소속된 여자
- ••• 가흥청: 전국에서 소집한, 아직 대궐에 들어가지 않은 처녀 기생

이병정은 재상으로서 위엄을 보여주고, 하인을 시켜 머리채를 잡고 휘두르게 하고는 풀어주었다. 그런데 문제가 터졌다. 그중 한 여종이 장녹수의 사람이었다.

재상이 여종들의 싸움을 말리고 야단친 것인데, 연산군은 자신을 능멸한 것으로 보았다. 중간에 장녹수의 농간이 있었음을 충분히 짐작할 수 있다. 이병정은 의금부에 갇혔다. 영의정 유순은 이병정의 직책을 박탈하고 장 100대, 3년의 노역형을 주자고 했다.

"교수형이 어떠한가?"

"이병정은 계집종이 장녹수의 사람임을 모르고 한 것입니다." 『연산군일기』 10년 8월 2일

승지들이 다시 청을 올려서 이병정은 목숨을 건졌으나, 장녹수에게 뇌물을 바치고 나서야 풀려날 수 있었다. 그러나 이것으로 끝이 아니었다. 장녹수의 여종은 이병정에게 기고만장해서 말했다.

"네가 비록 풀려났으나, 내가 다시 한마디 하면 너를 죽이는 것은 어렵지 않다." 『연산군일기』 10년 8월 2일

이병정은 다시 가산을 팔아서 장녹수에게 뇌물을 더 바쳐야 했다. 장녹수의 계집종조차 재상을 죽일 수 있다고 위협하는 일이 벌어진 것이다. 이병정은 장녹수에게 뇌물을 바쳐 목숨은 건졌으나, 직을 박탈당하여 수군 병사로 전락했고 아들과 함께 유배를 가야 했다. 장녹수의 입에서 상과 벌이 결정되었다. 폭정의 왕 연산군의 뒷받침이 있었기 때문이다.

: 장녹수의 집 :

장녹수의 집을 조성하는 과정도 비상식의 극에 달했다. 연산군10년

3월, 장녹수의 이웃집을 철거시켰다. 장녹수의 집에 불이 옮겨 붙을 수 있다는 것이 이유였다. 나라의 돈으로 철거비용을 부담했다. 사헌부는 장녹수의 이웃집을 철거하는 것은 부당하다고 아뢰었으나, 모두 의금부에 갇혔다.

"임금을 능멸했다." 『연산군일기』 10년 3월 12일

나랏돈을 함부로 쓸 수 없다고 간언을 올리는 것은 사헌부의 일인데, 임금에 대한 능멸이라니 어처구니없는 일이었다. 장녹수의 집은 선공감에서 짓게 했다. 나라의 건조물을 짓는 공조의 선공감이 후궁의 집짓기에 동원된 것이다.

2년 후, 연산군은 장녹수의 또 다른 집을 짓는 현장을 방문했다. 연산군은 건축 속도가 느리다며 책임자를 국문하고, 대관과 감찰이 감독하게 하고 승지가 수시로 확인하게 했다. 왕의 잘못을 아뢰고 신하 등의 비위를 고발하는 임무를 띤 대관과 감찰을 후궁 집짓기의 감독자로 임명한 것이다. 대관과 감찰이 비판을 하지 못하도록 재갈을 물린 것이다.

장녹수는 집에 대한 욕심이 끝이 없었다. 한두 채로 만족하지 못했다. 연산군은 종친 이강의 집, 사산군 이호의 집, 예종 때 영의정을 지낸 홍윤성의 집, 경상도와 전라도 관찰사를 지낸 이효장의 집도 빼앗아 장녹수에게 주었다. 집을 빼앗긴 사람들은 비슷한 집을 받거나 시가로 보상을 받았다. 나랏돈이 장녹수의 집을 늘리는 데 사용된 것이다. 장녹수는 왜 이렇게 많은 집을 원했을까?

장녹수가 『연산군일기』에 처음 등장한 연산군 8년 3월 9일부터 처형된 연산군 12년 9월 2일까지 4년 6개월 동안, 연산군이 장녹수에게 내린 물품을 보자.

장녹수의 일상생활에 필요한 잡물을 내리고 법을 정하라. 연산군 8년 9월

무명 500필을 내리다. 연산군 10년 3월

노비 13구를 내리다. 연산군 10년 6월

쌀 30석, 황두 20석, 면포와 정포 각 150필, 후추 1석, 백포 20필을 내리다. 연산군 10년 12월

중미 20석과 조미 30석을 보내다. 연산군 11년 1월

장녹수의 강화도 밭과 목장에 군사 400명을 동원해 흙담을 쌓게 하다. 연산군 11월 3월

면포 15,204필을 주다. 연산군 11월 9월

백면포, 면포, 정포 각각 100필과 후추 1섬을 보내다. 연산군 11년 10월

홍주와 합덕의 논을 주다. 연산군 12년 1월

면포 12,908필을 주다. 연산군 12년 4월

무역의 권한을 주다. 연산군 12년 4월

물고기를 잡는 장치 어살과 소금가마를 주다. 연산군 12년 8월

연산군은 장녹수에게 밑 빠진 독처럼 나라의 물품을 내렸다. 면포가 3만 필에 가깝고 논과 밭, 목장에서 얻은 수확물도 있다. 무역에서 얻은 물품도 있다. 이외에도 장녹수는 인사청탁으로 받은 뇌물의 양이 어마어마했을 것이다. 그런 물품을 보관할 장소가 필요했을 것이고, 자신의 집이 가장 믿을 만한 곳이라고 여겼을 것이다.

연산군은 장녹수에게 온갖 특혜를 주었고, 장녹수의 탐욕은 하늘을 덮었다. 장녹수가 살아 있다면 남의 집을 빼앗고 뇌물을 받고 끝없이 펼치는 욕망의 근원에 관해 물어보고 싶을 정도이다. 장녹수의 탐욕은 점차 가속화되었고, 연산군은 제동장치를 켤 기미가 없었다. 연산군은 30대 초반이었고, 장녹수는 30대 중반이었다. 그들이 담을

욕망의 시간은 아직도 많이 남아 있었다. 그러나 지나친 욕망은 늘 비극을 잉태하고 있음을 역사의 여러 사건에서 볼 수 있다.

: 중종반정이 일어나기 10일 전 :

연산군12년 8월 23일, 연산군은 장녹수, 전비 등과 후원에서 잔치를 벌였다. 연산군은 풀피리를 두어 곡조 불었다고 한다.

"인생은 초로와 같아서 만날 때가 많지 않은 것이다."『연산군일기』 12년 8월 23일

연산군은 두 줄기 눈물을 흘렸다. 장녹수도 따라서 눈물을 머금고 슬피 울었다. 연산군은 장녹수의 등을 어루만졌다.

"지금은 태평한 세월이 오랫동안 지속되고 있으니, 어찌 불의의 변고가 있을 수 있겠느냐? 그러나 만일 변고가 일어난다면 너희들은 반드시 죽음을 면하지 못하리라."『연산군일기』 12년 8월 23일

연산군과 장녹수가 만난 지 4년 5개월 동안의 마지막 기록이다. 연산군이 자신에게 다가오는 죽음의 그림자를 알고 있었는지는 알 수 없지만, 장녹수가 저지른 탐욕으로 죽음에 이를 수 있다는 속마음을 내비쳤던 것이다. 그 속마음이 연산군이 장녹수에게 던지는 마지막 말이 되었다. 그로부터 열흘 후 9월 2일, 중종반정이 일어나고 장녹수는 참수되었다. 연산군은 31세, 장녹수는 34세추정에 유명을 달리했다.

"대체로 사물이 성하면 쇠하고, 환락이 극에 달하면 슬픔이 따르기 마련이다."* 전한의 회남왕 유안의 말이다. 역사는 연산군과 장녹

---

* 『회남자』, 도응훈 편, 夫物盛而衰 樂極則悲

수의 폭정과 욕망에 대해서 답을 제시하고 있다.

폭군 연산군을 경험한 중종반정 세력들은 임금을 올바른 성품으로 이끌기 위해 좋은 글귀를 접하도록 했다. 중종도 홍문관으로 하여금 교훈이 되는 글을 병풍으로 제작하게 하여 곁에 두었다. 중종2년 1월, 홍문관 직제학 성몽정과 응교 최숙생이 임금에게 올린 정심잠正心箴, 즉 마음을 올바르게 하는 경계의 글의 일부를 보자.

"마음은 위태로워서 외부의 물욕이 스며든다. / 귀는 소리에 끌리고 / 눈은 색에 방탕하고 / 몸은 평안함에 안주한다. / 임금은 구중궁궐 깊숙이 내시들과 비단옷, 미인들에 둘러싸여 친할 수 있고 / 올바른 선비는 드물게 왔다가 쉽게 물러간다. / 아첨하는 자가 어느 사이에 틈을 타고 기교를 부려 눈을 즐겁게 하니 결국 나라가 망한다. / 마음을 방심하면 나라가 어지럽고 / 마음을 다잡으면 다스려진다. / 새벽부터 저물 때까지 부지런하고 조심해서 외부의 유혹을 물리치고 / 본래의 근원을 함양해야 할 것이다." 『중종실록』 2년 1월 16일

연산군이 저지른 악행을 예로 들면서, 마음을 올바르게 하지 않으면 나라도 망할 수 있다는 경계의 글을 올린 것이다.

후궁으로서 직책도 없이 조정을 마음대로 주무른 비선실세 장녹수, 그 과정과 끝은 나라와 본인의 비극이었다. 도를 넘는 욕망을 가득 싣고 달리는 수레는 보이지 않는 균열이 시나브로 생기고 있음을, 역사는 끊임없이 우리에게 알려주고 있다.

반정으로 쫓겨나다

조선 27명의 왕 중에서 두 명은 반정으로 왕이 된다. 바로 중종과 인조이다. 중종은 연산군을, 인조는 광해군을 권좌에서 쫓아냈다. 반정反正은 잘못된 것을 올바른 상태로 되돌린다는 뜻이다. 두 반정 모두 창덕궁이 주요 무대였고 성공했으나, 그 성격은 조금 다르다. 중종반정은 박원종 등 신하들이 주도해서 연산군을 쫓아내고 배다른 동생 진성대군을 왕으로 올렸다. 반면 인조반정은 인조 자신이 준비하고 주도해서 광해군을 쫓아내고 왕위에 오른 것이다.

: **거사 당일** :

연산군의 폭정이 끝없이 치솟던 연산군12년 9월 2일, 신하들이 거사를 일으켰다. 지중추부사 박원종, 부사용 성희안, 이조판서 유순정, 군자부정 신윤무, 군기시첨정 박영문, 수원부사 장정, 사복시첨정 홍경주 등이 연산군을 몰아내는 데 뜻을 같이 했다. 문관과 무관이 골고루 모였고, 건장한 장수들과 무사들도 호응했기 때문에, 지휘부와 행동대원이 두루 갖추어졌다.

박원종 등은 삼경밤 11시~새벽 1시에 연산군이 있는 창덕궁으로 향해서 하마비동의 어귀에 진을 쳤다. 삽시간에 장안에 소식이 퍼졌고 문무백관과 군민들이 길거리를 가득 메웠다.

영의정 유순, 우의정 김수동, 좌승지 한순 등도 자의반 타의반으로 반정에 합류했다. 한성판윤 구수영, 운산군 이계 등 종친들은 진성대군연산군의 배다른 동생, 중종의 집으로 가서 거사한 사유를 설명하고 군사로 하여금 호위하게 했다. 또한 윤형로를 경복궁으로 보내 성종의 세 번째 왕비 정현왕후 윤씨진성대군의 어머니에게도 거사 사실을 알렸다. 윤형로는 정현왕후의 사촌오빠이다.

신윤무의 책임 아래 이심 등 10여 명의 용감한 장수들은 연산군의 앞잡이로 충견 노릇을 한 임사홍·신수근·신수영의 집으로 가서 임금이 부른다는 핑계로 불러내 쇠몽둥이로 쳐죽였다. 연산군을 떠받치는 기둥 일부가 순식간에 무너진 것이다. 조선 중기 문신 이자의 『음애일기』에 따르면, 이심은 이들을 죽인 공을 자랑으로 여겨서 며칠 동안 피가 묻은 얼굴을 씻지 않고 옷도 갈아입지 않았다고 한다.

연산군의 비호 아래 하늘 높은 줄 모르고 권력을 쥐락펴락했던 장녹수와 일부 후궁들, 장녹수의 형부 김효손 등은 군문 앞에서 참수를 당했다. "한 나라의 고혈이 여기에서 탕진되었다."『연산군일기』 12년 9월 2일 특히 백성들은 장녹수와 전동, 김숙화 등 후궁들의 국부에 기왓장과 돌멩이를 던졌다. 시신 위로 한순간에 백성들이 던지는 원망의 돌무더기가 쌓였다.

∶ 거사 당일의 연산군 ∶

연산군은 어느 왕보다도 궁궐 수비를 엄격하게 했다. 각 궁문을 지키는 수직 군사들에게 창과 칼을 차고 갑옷까지 입게 했고, 궁궐의 문마다 군사를 60명으로 늘렸으며, 수문장은 조심성 있는 자를 임명했고, 군사들의 칼날이나 활시위가 대궐로 향하지 못하게 했다. 단, 왕의 가마를 가장 가까이에서 시위하는 충절위 등은 칼을 차지 못하게 했다. 연산군의 철권통치 이면의 불안한 속내를 엿볼 수 있다.

하지만 군사들의 마음은 이미 왕을 떠나 있었다. 주인의 마음을 떠난 칼과 창은 무용지물이나 다름이 없다.

왕을 호위하는 군사들은 반정이 일어난 결정적 순간에 왕을 나 몰라라 내팽개치고, 담이나 수챗구멍을 통해서 빠져나가 살 길을 찾는 데 여념이 없었다.

왕을 지근거리에서 모시는 승지 윤장 등은 반정 사실을 연산군에게 알렸다. 연산군은 놀라 방에서 뛰어나와서 승지들의 손을 잡고 턱을 덜덜 떠느라 말을 못할 지경이었다.

왕의 곁을 지켜야 하는 승지·내시·시종들도 궁문을 지키는 군사들과 다를 바 없었다. 윤장 등 승지들은 바깥 사정을 살피고 오겠노라고 핑계를 대고 수챗구멍으로 빠져나갔다. 얼마나 다급했던지 실족해서 뒷간에 빠진 자도 있었다고 한다. 연산군은 홀로 덩그러니 남았다. 말 한마디에 산천초목이 벌벌 떨고, 신하들과 백성들의 목숨을 파리 목숨보다 업신여겨 죽이던 철통 같은 권력은 신기루처럼 헛것이 되었다.

: 거사 다음날 :

다음날, 박원종 등은 군사들을 정비해서 궁궐 앞에 진을 쳤다. 경복궁에 머물던 대비 정현왕후 윤씨를 찾아뵙고 거사에 대해 설명한 후 진성대군을 추대하려는 뜻을 밝혔다. 왕대비는 진성대군의 생모였지만 신중했다. 왕대비는 자신의 자식이 변변치 못해서 중임을 맡을 수 없다고 난색을 표하고, 대신 연산군의 장남이자 세자 이황9세은 장성하고 어지므로 대를 이을 만하다고 추천했다. 왕위를 짐짓 거절한 것이다. 영의정 유순 등은 신하들이 중론을 모은 것으로 결정을 바꿀 수 없다 했다.

"나라의 형편이 이 지경에 이르렀으니 사직을 위한 부득이한 계책이다. 경 등의 의견에 따르겠다."『연산군일기』 12년 9월 2일

승지 한순, 내관 서경생 등은 창덕궁으로 가서 예를 갖추고, 연산군에게 말했다.

"옥새를 내놓으시오."

"내 죄가 중대해서 이렇게 될 줄 알았다. 좋을 대로 하라."『연산군일기』 12년 9월 2일

연산군은 시녀에게 옥새를 상서원 관원에게 순순하게 내주게 했다. 연산군의 폭정이 끝나고 박원종 등이 주도한 반정이 마무리되는 순간이었다. 연산군의 충견 노릇을 한 일부 신하들의 피만 흘리고 반정을 성공시킨 것은 불행 중 다행이었다. 연산군은 어좌에서 내려와 궁궐에서 쫓겨나야 했다.

남은 이야기

연산군의 최후와 수구초심

중종1년 9월 2일, 연산군은 옥새를 내놓고 당일 밤 창덕궁을 나와서 강화도 교동으로 유배를 떠나야 했다. 갓을 쓰고 분홍 옷을 입었으나 띠는 두르지 않았다고 한다.

"내가 큰 죄를 지었는데도 임금의 덕으로 무사하게 간다."『중종실록』1년 9월 2일

연산군이 왕이라기보다는 망나니처럼 보낸 궁궐을 뒤로 하고 남긴 말이다. 무인 심순경 등이 연산군을 강화도까지 호송했다. 9월 7일, 심순경이 궁궐로 돌아와서 임금에게 보고를 올렸다.

"강화도로 가는 길목에 백성들이 앞다투어 나와 폐왕을 향해서 손가락질을 하고 기뻐했습니다. 폐왕을 안치한 곳은 가시울타리가 쳐져 있고 몹시 좁아 해를 볼 수 없습니다. 자그마한 문 하나만 있어 음식을 들여보내고 말을 전할 수 있을 뿐입니다. 폐왕이 위리안치한 곳으로 들어가자, 여종들이 모두 목놓아 울부짖었습니다. 폐왕은 하직인사를 하는 저희 일행을 향해서 '나 때문에 멀리 오느라 수고하였다. 고맙고 고맙다'라고 했습니다."『중종실록』1년 9월 7일

"어제 선왕의 이야기를 전해듣고 슬픔을 이기지 못하겠다. 어찌되었던 한때는 군신의 관계였고, 다른 한편으로는 형제이다. 의리와 정이 마음속에서 우러나온다. 지금 날씨가 차가워지니 옷과 물품을 보내는 것이 어떠한가?"

"건어물 2바리와 옷 1바리를 보낼 수 있습니다." 『중종실록』 1년 9월 8일

바리는 말이나 소의 등에 잔뜩 실은 짐의 단위이다. 대신들도 동의했다. 중종은 연산군을 위리안치한 곳의 가시울타리도 처마에서 10자쯤 거리를 두어 치게 했다. 최소한의 예를 갖추고자 했다. 반면 연산군은 임금으로 있을 때, 동생 진성대군을 잘 보살피려고 했을까?

연산군 시절 죽음을 모면했던 중종

김시양의 『부계기문』에 실린 일화를 보자. 어느 날, 연산군이 사냥터에 진성대군중종을 데리고 가서 사냥이 끝난 후 명을 내렸다.

"나는 흥인문으로 들어갈 터이니, 너는 숭례문으로 들어오라. 나보다 궁궐에 늦게 도착하면 반드시 군법으로 다스리겠다."

임금의 말은 준마이고, 숭례문을 통과하려면 돌아가야 하기에, 진성대군이 먼저 도착할 가능성은 거의 없었다. 연산군의 행태를 보건대, '군법으로 다스리겠다'는 것은 합법적으로 죽일 수도 있다는 말이었다. 진성대군은 절체절명의 위기에 몰렸고 두려웠다. 이 위기에서 진성대군을 구한 것은 배다른 동생 영산군 이전성종의 13번째 아들이었다.

"걱정하지 마십시오. 제 말은 임금의 말보다 빠르고, 저만이 다룰 수 있습니다."

이전은 진성대군에게 하인의 옷으로 바꾸어 입게 한 후 말에게 채찍질을 가했고, 진성대군은 연산군보다 약간 앞서 도착할 수 있었다. 연산군은 명분을 만들어 진성대군을 죽이려 했으나, 진성대군은 죽음을 모면할 수 있었던 것이다.

연산군의 죽음

중종은 임금에 오른 후 연산군에게 보복하지 않고, 이후에도 갖옷짐승의 털 가죽으로 안을 댄 방한용 옷과 음식물을 보냈다. 그럼에도 연산군은 유배를 간 지 2개월 후 역질에 걸렸다. 물을 마실 수 없고 눈도 뜨지 못할 지경이라고 했다. 중종은 약과 내의원을 보냈지만, 중종이 보고를 받은 하루 전에 연산군은 이미 역질로 사망했다고 한다.

"신씨가 보고 싶다."『중종실록』 1년 11월 8일

연산군이 남긴 마지막 말이라고 한다. 신씨는 연산군의 조강지처이다. 연산군은 장녹수를 비롯한 여러 후궁, 운평과 흥청의 수백 궁녀들에 둘러싸여 흥청망청 살았지만, 죽음을 앞두고는 단 한 명의 조강지처를 떠올린 것이다. 연산군에게도 귀소본능이라고 할까, 수구초심이라고 할까, 그런 마음이 남아 있었던 것일까? 연산군은 19세에 왕이 되어 31세에 졸했다. 임금으로서 신하들에게 쫓겨난 불명예를 안고, 왕 대신 군으로 불린 조선 최초의 왕이 되었다.

남은 이야기

연산군의 부인과 자식들

연산군은 세자 시절 12세에 신씨와 결혼했다. 둘은 동갑으로 연산군의 생일이 23일 빨랐다. 중전의 아버지 좌참찬정2품 신승선은 젊었을 때 용모가 아름다웠고, 임영대군세종의 넷째아들의 사위가 되어 연산군 때 영의정까지 올랐다. 3남 1녀를 두었는데, 딸은 연산군에게 시집가서 왕비가 되었고, 아들 3명신수근·신수겸·신수영은 연산군 때 활약했으나 중종반정 때 모두 참수되었다.

왕비 신씨는 남편 연산군이 폐위되자, 위호를 낮추어 본관을 따서 거창군부인으로 불렸다. 신씨는 왕비로서 평가가 좋았다. 어질고 화평하고 온순했으며, 아랫사람에게 자애롭고 후궁에게도 후덕했다고 한다. 반면 집안을 엄격하게 다스려 대군과 공주, 유모와 노복들에게 몸가짐이나 언행을 조심하게 했다고 한다. 연산군이 무고한 사람들을 죽이고 음란하고 방탕한 행동을 하자, 밤낮으로 근심하고 때로는 울면서 간곡하게 간언을 올렸다. 연산군은 왕비의 간언을 들어주지 않았지만 화를 내지는 않았다고 한다. 포악한 왕이 왕비는 소중하게 대우한 모양이다.

반정 당일 밤의 일화

윤기헌의 『장빈호찬』은 중종반정 당일 밤의 일화를 소개하고 있다. 연산군이 반정 소식을 듣고 활과 화살을 가지고 오라고 분부했지만, 이미 승지나 내시 등 측근들은 다 도망가고 없었다. 연산군은 왕비에게 허겁지겁 달려가서 반정세력에게 간절히 빌자고 했다.

"지난 시절 여러 번 간언을 올려도 고치지 않다가 이 지경에 이르렀습니다. 이제 와서 빌어본들 아무 소용이 없습니다. 차라리 순순하게 받아들이는 것이 나을 것입니다. 화를 자초한 사람이야 죽어 마땅하겠지만, 불쌍한 두 아이는 어찌될까요?"

왕비 신씨는 통곡하면서도 사태를 냉정하게 보고 있었다. 그러나 왕비이기 이전에 어머니였다. 두 아들의 안위를 우려하는 모정이 그대로 묻어난다.

중종반정 후 연산군과 가족들은 뿔뿔이 흩어졌다. 신씨는 강화도로 유배를 가는 연산군을 따라가려고 울며 요구했지만 허락되지 않았다. 신씨는 궁궐을 나가서 성종의 후궁들이 살던 정청궁으로 보내졌다. 조정대신들은 신씨가 선왕의 후궁들과 같이 사는 것은 옳지 않으므로 다른 거처를 마련하도록 건의했다. 중종은 신씨를 아버지의 집을 수리해서 옮겨 살게 하고, 정1품 빈의 예에 따라서 필요한 물품을 공급했다. 신씨는 연산군 사후 31년을 더 살다가 62세에 졸했다.

연산군의 자식들

연산군은 왕비 신씨와 2남 1녀, 후궁에게 2남 1녀를 두었다. 신씨의 아들은 세자 이황, 창녕대군 이인이고, 후궁의 아들은 양평군 이성과 이돈수이다. 아들 4명은 부모와 헤어져야 했다. 반정 이후 성 밖의 임시거처로 옮겼으나, 곧 세자 이황은 정선, 창녕대군 이인은 수안, 양평군 이성은 제천, 이돈수는 우봉으로 흩어졌다. 거처를 관청 가까이에 두고 담을 높이 쌓고 문은 잠그고 군사가 문을 지켰다. 관청에서 옷과 음식물을 공급하고 음식은 관노비가 만들었다. 수령은 매월 말일 도관찰사에게 보고하도록 했다.

반정 20여 일 후, 영의정 유순 등은 4명의 처리문제를 논의했다.

"폐세자 이황을 비롯한 4명을 그대로 두어서는 안 됩니다. 모름지기 빨리 처단하소서."

"이황 등은 모두가 나이가 어리고 연약하다. 차마 처단하지 못하겠다." 『중종실록』 1년 9월 24일

중종은 받아들이지 않았다. 정승들은 다시 아뢰었다.

"전하께서는 측은지심으로 결단을 내리지 못하시지만 이 형세가 오래 갈 수는 없습니다. 만일 뜻밖의 일이 일어나 재앙이 커질 수도 있으므로 대의로 결단하소서."

"나이가 어리고 고단한 형편에 처해 있는데, 그들이 살아 있더라도 무슨 방해가 되겠는가?"

"이것은 나라의 큰일입니다. 모름지기 대의로서 결단해야 합니다. 신들뿐만 아니라 백성들의 뜻이기도 합니다. 여러 사람의 뜻에 따르십시오." 『중종실록』 1년 9월 24일

중종은 정승들의 세 번째 건의를 마지못해 받아들이고, 세자 이황을 비롯한 4명 모두에게 사약을 내렸다. 세자 이황은 9세, 창녕대군은 6세, 이성과 이돈수의 나이는 알 수 없으나 세자보다 아래였을 것이다. 연산군 딸들에 대한 처리 기록은 없다. 중종은 어린 조카들의 장례를 후하게 치러 주려 했으나, 이마저도 뜻대로 할 수 없었다.

중종은 왕이 된 지 겨우 20여 일이 지났을 뿐이었다. 신하들의 추대로 왕이 되었으므로 조카들을 지켜줄 만큼의 역량이 없었다. 왕이었으나 허수아비로서 옥새를 찍어야 했다. 연산군은 자신뿐만 아니라 자식들의 생명도 지켜주지 못했다. 연산군 본인은 폭정의 대가를 톡톡히 치른 것이지만 그 어린 생명들은 무슨 죄가 있었을까? 거창군부인 신씨의 우려는 현실이 되었다. 폐왕의 핏줄은 연좌제로 잔인한 형벌을 받은 것이다.

4장

중종의 개혁정치,
조광조와 함께 사라지다

중종반정, 누가 왜 했을까?

연산군을 쫓아내고 중종반정이 성공하면서 이조판서 유순정 등은 진성대군을 사저에서 모셔와서 경복궁에서 즉위를 하도록 했다. 1506년 9월 2일, 조선의 제11대 임금 중종이 탄생한 것이다. 중종반정을 일으킨 핵심은 박원종과 성희안이고, 뜻을 같이한 많은 동조자들이 있었다.

: 성종과 연산군의 인척 박원종 :

박원종은 화려한 배경을 가지고 있었다. 누이가 월산대군 이정(성종의 형)의 부인이다. 박원종은 성종에게는 형수의 동생이고, 연산군에게는 큰어머니의 동생이었다. 박원종은 성종 때 낙하산으로 무관이 되어 성종23년 8월 동부승지에 임명되었다. 과거도 거치지 않은 무관이 문관의 승지로 임명되는 것은 매우 이례적이었다. 사헌부와 사간원은 심하게 반발했다. 문과 경험과 학문이 없는 젊은 나이26세에 승지로 임명되는 것은 부당하다는 것이었다.

더구나 박원종은 화려한 배경과 달리 글을 몰랐다. 박원종은 스스로 사직서를 제출했다.

"그대가 조정에 나오고 물러가는 것은 나에게 달렸다."『성종실록』 23년 8월 23일

승지는 많은 문서를 다루어야 하는데 있을 수 없는 인사였다. 성종은 사헌부의 반대를 받아들이지 않았고, 전혀 이해할 수 없는 명을 내렸다. 다른 문과 승지들이 박원종에게 글을 가르쳐 주라는 것이다.

"글을 배우고 벼슬을 하는 것이지, 벼슬을 한 다음에 글을 배우는 것은 듣지 못했다. 박원종이 어찌 글을 배울 자인가?"『성종실록』 23년 8월 28일

사관은 듣도 보도 못한 임금의 명에 자신의 개인 의견을 달았다. 영의정과 우의정이 공론을 모아 반대하고, 대간들이 항의의 표시로 직무에 나오지 않자, 성종은 결국 임명을 철회했다.

성종은 다시 박원종에게 공조참의의 벼슬을 내렸다. 참의는 오늘날 각 부처의 국장급에 해당된다. 사간원과 사헌부는 공조참의도 어울리지 않는다고 비판했으나, 성종은 임명을 철회하지 않았다.

박원종은 연산군 시절에도 잘나갔다. 이조참의, 동부승지, 한성부 우윤, 평안도 병마절도사, 지중추부사, 강원도 관찰사, 경기 관찰사 등 승승장구했다. 사헌부와 사간원은 박원종이 능력이 부족하고 절차도 맞지 않다고 줄곧 비판했으나, 연산군도 박원종을 감쌌다.

특히 사헌부는 박원종이 강원도 감사로 임명되었을 때, 바로 현지로 떠나지 않고 성 밖의 집에서 술에 취해 창녀와 잤다고 혹독하게 비판했다. 그럼에도 연산군은 박원종을 끝까지 비호하고 죄를 주

지 않았다. 박원종은 이처럼 성종과 연산군의 인척으로서 탄탄한 관료 생활을 누렸다.

: 박원종이 돌아선 이유 :

박원종에 대한 연산군의 비호는 매우 단단해서 틈이 보이지 않을 정도였다. 그러나 박원종은 공개적으로 말하기 어려운 가슴앓이를 하고 있었다.

박원종의 누이 박씨는 남편 월산대군성종의 형이 35세로 죽고 일찍 과부가 되었고, 자신의 집에서 연산군의 어린 원자 이황을 키웠다. 원자는 세자가 되어 궁궐로 들어갔다. 연산군은 박씨에게 세자를 돌보는 명목으로 궁궐 출입을 허락하고 매우 후하게 대우했다. 쌀·면포·정포·후추뿐만 아니라 한 번에 쌀 100석, 정포 150필, 노비 50구를 내리기도 했다. 나라의 재산을 아무런 직책이 없는 큰어머니 박씨에게 퍼부어 준 것이다. 원자를 돌보아 준 공로 이상이었다. 뭔가 다른 이유가 있었다.

연산군은 왕으로서도 자격미달이었지만 인륜을 어긴 인간 말종이었다. 큰어머니 박씨를 궁중에 며칠씩 머무르게 하고 간통을 저질렀다. 어느 날 밤, 박씨와 동침했는데 꿈에 박씨의 남편이자 큰아버지 월산군이 나타났다. 이에 연산군은 내시를 시켜 큰아버지의 무덤에 한 길이나 되는 쇠막대기를 꽂게 했는데, 무덤에서 우레와 같은 소리가 났다고 한다. 도저히 믿을 수 없는 이야기지만, 『연산군일기』 12년 6월 9일에 기록된 내용이다.

아무리 구중궁궐이라고 하지만 비밀은 없다. 왕의 행동거지를 하나하나 돌봐주고 지켜보는 내시와 궁녀들이 있었다. 결국 박씨와의 간통 이야기는 조정에 소리 소문 없이 퍼졌고 박원종의 귀에도 들어갔다.

"왜 참고 사느냐? 차라리 약을 마시고 죽어라."『중종실록』 5년 4월 17일

박원종은 분하게 여기며 누이에게 다그쳤다고 한다. 누이 박씨는 연산군과의 관계로 아이를 배자 결국 약을 먹고 자결했고, 죽음을 앞두고 동생 박원종에게 원수를 갚아달라는 유언을 남겼다고 한다 박동량의 『기재잡기』.

박원종은 누이 덕에 성종과 연산군의 비호 아래 승승장구했지만, 또한 그 누이로 인해 인륜이 무너지는 것을 보았고 모욕감도 느꼈을 것이다. 박원종이 이로 인해 반정을 결심했다는 직접적 증거는 없다. 그러나 연산군 아래 탄탄한 관료 생활을 한 그가 반정을 한 다른 이유는 설명하기 어렵다. 연산군의 폭정, 무너지는 인륜, 누이의 원한과 복수, 그리고 개인적 모욕감이 겹쳐져 반정을 일으킨 것으로 추정할 수 있을 것이다.

: 성희안은 왜 참여했을까? :

중종반정의 또 다른 축인 성희안은 『성종실록』 17년에 처음으로 등장한다. 문과에 급제해서 교서관 정자종9품를 거쳐서 홍문관에 근무하고 교리정5품까지 올랐다. 홍문관에서 7~8년 동안 근무했다. 장래가 촉망되는 똘똘한 인재였음을 추측할 수 있다.

성희안도 연산군 때 잘나갔다. 시강관과 시독관이 되어 연산군을 가르치고 간언을 올리기도 했고, 연산군 4년 김종직의 「조의제문」이 발단이 되어 일어난 무오사화도 피해갔다. 무오사화 때는 죄인을 추국하는 추관으로 왕의 편에 섰고 그 공으로 품계가 한 급 더 올랐다.

후에 동지중추부사로 명나라에 사신으로 파견되었고 예조참의·형조참판을 거쳐 43세에 이조참판에 올랐다. 참판은 종2품으로 판서의 바로 아래 벼슬인데, 특히 이조참판은 인사를 다루는 핵심부서로서 임금의 두터운 신임을 받아야 한다.

그런데 성희안은 이조참판으로 있으면서 연산군과 틈이 벌어졌다. 업무가 아니라 시 짓기 때문이었다. 한번은 연산군이 한성의 서쪽 들판에서 백성의 농사를 구경하고 망원정에서 종친과 신하들이 참석한 가운데 술자리를 베풀었다. 연산군은 신하들에게 시를 지어 올리라며 시제를 내렸다.

"화선은 벌써 가고, 어주만 남아 있네畵船旣去 有漁舟."

화선은 궁중의 연회용 배이고, 어주는 고기잡이배라는 뜻으로 임금이 내리는 어주御酒와 발음이 같다. 즉, '이미 떠난 배에 임금이 내리는 술로 즐기자'는 이중의 뜻이 담겨 있다. 성희안이 지은 시를 보자.

"임금은 본래 청류淸流를 좋아하지 않는다."•『음애일기』,『동각잡기』

청류는 '맑게 흐르는 물'이라는 뜻으로 명분과 절의를 지키는 사람을 비유한다. 성희안은 시를 통해서 임금이 주변에 올바른 선비를 두지 않음을 은근히 비꼬았다. 연산군은 시제에 합당치 않고 자신을 비난하는 글이라며 매우 화를 내고, 궁궐에 들어가서 다시 시를 지어 바치라고 명했다.

성희안은 두 달 후 또 곤혹을 치렀다. 연산군이 아차산으로 사냥을 나갔는데, 성희안은 이조참판으로서 우상대장을 맡았다. 그런데 군사를 잘 통제하지 못했다는 이유로 의금부에서 국문을 받고 장 100대를 맞았다. 연산군은 성희안이 시를 지을 줄 모른다면서 좌천

• 이날 성희안이 쓴 시는 중종 대의 문신 이자가 쓴 『음애일기』, 명종·선조 때의 문신 이정형이 고려 후기부터 조선 선조 때까지의 정치와 명신에 대해 쓴 역사서 『동각잡기』에 실려 있다.

시켰다. 성희안이 지은 시에 대해 앙금을 가지고 있었던 것이다.

1년 후, 성희안은 연산군의 부름을 받고 다시 조정에 나갔다.

"홍문관을 없애라는 주제로 글을 지어 바쳐라." 『연산군일기』 11년 7월 7일

성희안에게는 충격 그 자체였을 것이다. 홍문관은 부왕 성종이 인재를 배출하고 임금에게 자문하도록 만든 곳이고, 성희안도 젊은 시절 7~8년 간 청운의 꿈을 품고 몸담았던 곳인데, 홍문관을 없애라는 글을 짓게 하다니…. 성희안이 실제로 글을 지어 바쳤는지에 대한 기록은 없다. 아마도 글을 지었더라도 연산군이 원하는 방향이 아니었을 것으로 추측된다. 이후 성희안은 중종반정이 일어나기 전 1년 2개월 동안 실록에 등장하지 않는다. 종9품 부사용으로 강등되었기 때문이다.

사관은 실록에서 성희안의 졸기에 이렇게 평판을 전하고 있다.

"성희안은 젊었을 때 호방하고 의협심이 강했다. 천성적으로 어진 이를 좋아하고 착한 일을 즐겨했다. 벼슬에서 올곧았고 시국에 대해서도 비분강개했다. 그가 반정을 주도하고 계획했을 때 우러러보며 성공을 기대했다." 『중종실록』 8년 7월 27일

박원종과 성희안, 두 사람 모두 연산군 시절 잘나가는 관료였다. 동시에 연산군에게 개인감정을 가질 수 있는 사건이 일어난 것도 사실이다. 이러한 감정이 반정의 진짜 동기일까?

: 반정의 진짜 동기 :

박원종과 성희안은 한 마을에 살았고 자주 만날 수 있었다. 둘이 반정을 계획하면서 나눈 대화이다. 반정의 명분을 명확히 하고 있다.

"정치가 혼란스럽고 가혹해서 백성은 도탄에 빠지고 종묘와 사직

은 무너질 것이다. 대신들은 임금의 명을 따를 뿐이고, 어느 누구 하나 나라를 안정시킬 걱정을 하지 않는다. 우리들은 성종의 두터운 은혜를 입었다. 어찌 차마 앉아서 지켜만 볼 것인가? 하늘과 백성은 새로운 인물을 바라고 있다. 사직을 바로잡아야 한다."『음애일기』,『동각잡기』

당시 연산군의 폭정을 잘 설명해 주는 또 다른 무리가 있었다. 박원종·성희안 등과 사전 교감 없이, 반정을 준비하던 사람들이었다. 바로 유빈·이과·김준손·조숙기이다. 유빈·이과·김준손은 전라도에서, 조숙기는 경상도에서 유배 중이었다. 궁궐 후원에서 활쏘기를 하고 내시가 말을 타는 것에 대해 간언을 했다는 이유로, 법적 근거도 없는 죄로 귀양살이를 하게 된 사람들이었다. 이들은 유배지에서 민심이 연산군을 떠났음을 알고 거병을 하기로 했다. 전라도에서 유배 중인 유빈 등은 격문을 써서 옥과현감 김개에게 한성에 올라가 돌리도록 시켰다. 그러나 김개가 한성에 도착하기 전에 이미 반정이 성공해서 거사를 할 필요가 없었다.

후일 유빈 등이 반정을 위해서 지은 격문이 조정에 알려졌다. 이 격문은 『중종실록』 1년 12월 1일에 기록되어 있는데, 당시 연산군의 폭정과 민심을 잘 보여주고 있다. 유빈 등이 지은 격문을 요약했다.

"중략 연산군은 즉위해서 선왕의 법을 없애고 포악하고 무도함이 날로 심했습니다. 부왕의 후궁을 때려죽였고, 왕자와 옹주를 유배 보내서 죽였으며, 대간도 귀양 보내거나 죽였습니다. 조정대신들을 욕보이고 충성스럽고 어진 선비를 해치면서 연좌제까지 적용했습니다. 폐비 윤씨의 죽음에 관여했던 대신들의 무덤을 부관참시까지 해서 해골을 거리에 매달거나 시체를 시장에 버렸습니다. 또한 죽은 사람의 뼈를 부수어 바람에 날리는 행위까지 자행했으니, 이것이 형벌이라고 할 수 있습니까?

남의 처첩을 궁중에 불러들여 음욕을 자행했습니다. 이뿐만이 아닙니다. 종실 형제의 첩을 핍박해서 간통하니 인륜이 땅에 떨어졌습니다. 공자의 위패를 모시는 대성전은 곰과 호랑이 우리로 바꾸었습니다. 백성의 집을 헐어 사냥터로 사용했습니다. 정치는 문란하고 사치는 극에 이르러 나라와 개인의 재물이 탕진되었습니다. 세금과 노역이 더욱 가혹하니, 백성들은 의지해서 살 길이 없어 떠돌이 생활을 하고 있습니다.

아, 슬픈 일입니다! 하늘에 계신 선왕의 영혼인들 편하겠습니까? 이런 말과 생각을 해야 하니 정말로 통곡을 금할 수 없습니다.

예로부터 나라를 망친 임금 중에 연산군처럼 심한 자는 없었습니다. 이에 성종의 친아들로서 어질고 덕이 있는 진성대군을 추대하는 의병을 일으키고자 합니다."『중종실록』1년 12월 1일

박원종·성희안, 그리고 유빈·이과·김준손·조숙기 등은 한성부, 전라도, 경상도에 흩어져 있었지만 마음은 서로 통했다. 그들은 각자의 위치에서 연산군의 폭정을 경험했고 백성들의 민심을 보았다. 폭정을 방관하고 눈감을 때 인륜이 무너지고 백성들의 삶이 더욱 피폐해지는 것을 보았다. 연산군의 폭정, 백성들의 민심, 그리고 개인의 감정 등이 촉매제로 작용해서 중종반정을 일으켰고 성공한 것이다.

역사를 되돌아보면 '타락의 시기'가 있다. 또한 그 속에는 정화를 하는 반작용도 작동되고 있다. 작용과 반작용, 정화와 타락의 반복 속에서 인간의 삶은 그래도 미래로 나아가는 것 아닐까? 다만, 되도록 '타락의 시기'를 겪지 않도록 자주 역사를 반면교사 삼아서 마음을 다잡아야 할 것이다. 연산군의 폭정을 통해서 충분히 알 수 있는 것처럼, '타락의 시기'를 살아야 하는 민초들의 삶은 너무나 고통스럽고 비참하기 때문이다.

첫 정사, 조강지처를 버리다

조선의 11대 중종은 자고 일어나니 왕이 되었고, 부인 신씨도 덩달아 왕비가 되었다. 신씨는 왕비가 되었으나 신비愼妃로 불렸고, 왕후의 이름은 사후 182년이 지나서 얻었다. 영조 15년, 신씨를 복위하고 시호를 단경이라 하여 단경왕후가 되었고, 능호는 온릉이라고 했다. 신씨는 왕비로서 7일밖에 재위하지 않았다. 조선에서 가장 짧은 기간의 왕비이다. KBS에서 단경왕후를 소재로 한 드라마 〈7일의 왕비〉가 방송되기도 했다. 남편이 하루아침에 왕이 되자, 신씨의 시련이 시작되었다. 왜 그랬을까?

: **7일의 왕비** :

중종반정 1506년 9월 2일 바로 다음날, 조정은 모든 법제를 성종 대의 예에 따르기로 했다.

"중전의 책봉에 관한 일은 아직 대비의 분부가 없으시니 어떻게 하는 것이 좋겠습니까?"

"속히 마련하라."『중종실록』1년 9월 3일

지금은 부부 중 한 명이 대통령이 되면 그 배우자는 별도의 의식이나 절차 없이 영부인이나 부군이 되지만, 조선은 왕의 즉위와 별도로 왕비가 되는 의식과 절차가 있다. 왕비에게 책册*과 보寶*를 주는 의식이다. 왕비는 내명부와 외명부를 다스리는 공식적 권한을 가지고 있다. 왕비 신씨는 중전으로서 책과 보를 받았을까?

중종이 왕으로 추대된 7일 후, 9월 9일 박원종 등 반정세력들은 임금을 압박했다.

"지금 신수근의 딸이 궁궐에 있습니다. 만약 중전으로 삼는다면 인심이 불안해지고 종사에 영향을 미칩니다. 사랑하는 마음을 끊고 밖으로 내치소서."

"아뢰는 것은 매우 마땅하다. 그러나 조강지처를 어떻게 내칠 수 있겠느냐?"

"신 등도 그 점을 헤아렸지만, 종묘와 사직의 대계를 위해서 어찌하겠습니까? 빨리 결단하소서."

"종묘와 사직이 지극히 중하니 어찌 사사로운 정을 생각하겠는가. 여러 사람의 의논을 좇아 밖으로 내치겠다."『중종실록』1년 9월 9일

중종은 왕의 자리와 조강지처를 맞바꾼 것이다. 신씨는 왕비 책봉식을 받지 못하고 7일 만에 궁궐에서 쫓겨났다. 경복궁 동쪽 건춘문으로 교자를 타고 나왔으며, 두 번 다시 궁궐로 들어오지 못하고 중종 승하 후 13년을 더 살다가 71세로 졸했다.

● 책(册)은 왕비의 덕을 기리는 글로서 옥에 새겨서 '옥책'이라고도 한다. 보(寶)는 국가적 문서에 사용하는 인장으로 금으로 만들기 때문에 '금보'라고도 한다.

: 반정세력들은 왜 신씨를 내쫓았을까? :

박원종, 성희안 등은 반정 전에 신씨의 아버지 신수근에게 반정에 합류해 달라고 손을 내민 바 있다. 『현종실록』에 기록된 박원종과 신수근의 대화를 보자. 박원종이 말했다.

"매부 연산군를 폐하고, 사위 중종를 세우는 것이 옳지 않겠는가."

"상연산군이 바야흐로 피똥을 누는 병환을 앓고 있으니 어찌 오래 갈 수 있겠는가." 『현종실록』 10년 1월 5일

신수근은 연산군의 병을 핑계로 반정에 합류할 수 없다고 거절했다. 반정세력은 반정에 반대한 신수근을 참수하고, 신수근의 딸이 왕비로 있는 것에 불안감을 느껴 임금을 압박해 쫓아낸 것이다. 또한 신수근의 아들과 족친으로서 같은 성은 4~5촌, 다른 성은 3~4촌도 귀양을 보냈다. 신수근의 족친들이 한성에 모여 사는 것에 불안감을 느꼈던 것이다. 중종은 왕이 되었으나 조강지처와 처가를 지킬 역량이 없었다. 반정세력의 압박에 그저 승인하는 꼭두각시에 불과했다.

중종은 신씨를 쫓아낸 바로 다음날, 처녀를 간택해서 중전 책봉을 준비해야 한다는 예조판서의 건의를 받아들였다. 조강지처를 내친 바로 다음날 새로운 배필을 맞을 준비를 한 것이다.

: 중종은 정말로 그랬어야 했을까? :

시간을 반정 당일, 즉 7일 앞으로 돌려보자. 반정세력은 구수영, 운산군 이계, 덕진군 이예를 진성대군의 집으로 보내 군사로 호위하고 반정의 사유를 아뢰게 했다.

반정세력과 진성대군은 사전 교감이 전혀 없었다. 군사들이 집을 둘러싸자, 진성대군은 밖의 사정을 전혀 몰랐기 때문에 불안했다. 연산군이 수많은 사람들을 죽이는 것을 보았기에 생명의 위협을 느꼈고, 순간 놀라서 자결하려고 했다. 위기의 순간, 기지를 발휘한 것은 부인 신씨였다.

"군사의 말 머리가 우리집을 향해 있다면 부부가 함께 바로 자결을 하고, 말 머리가 밖을 향해 있다면 우리를 호위하려는 뜻입니다. 이 사실을 파악한 연후에 자결해도 늦지 않습니다." 『국조기사』

신씨는 남편의 행동을 말리고, 아랫사람을 보내 밖을 살피게 했다. 확인 결과, 말 머리가 밖을 향해 있었다. 부인 신씨가 발휘한 기지대로 자결할 이유가 없어졌다. 둘은 애정도 두터웠다고 한다. 중종은 지혜로운 아내 덕에 위기를 잘 넘기고 왕이 되었지만, 신하들의 압박을 견디지 못해서 아내를 내치고, 바로 다음날 새로운 배필을 구하라고 동의한 것이다. 당시 18세로서 세상 경험이 많은 것은 아니었지만 아쉬움이 남는다. 같은 예는 아니지만 세종은 달랐다. 세종은 장인 심온이 모반 혐의로 처벌을 받자, 그 딸 왕비 심씨를 버리라는 신하들의 압박에도 버티며 소헌왕후를 지켜냈다.

중종은 39년 동안 재위했다. 즉위 초기처럼 반정세력의 꼭두각시로 재위 내내 보낸 것은 아니다. 초기는 반정세력의 뜻대로 움직였지만 차츰 왕으로서 권위를 회복했다. 신씨의 복위를 주장하는 신하들도 있었기에 복위시킬 수도 있었지만 끝내 외면했다.

신씨 사후 182년이 지난 영조15년, 임금은 신씨의 이야기를 듣고 사당에 가서 '폐비신씨'라고 쓴 신주의 '폐' 자를 만지면서 미안한 마음에 물로 씻어 없애려고 했다고 한다.

"신씨가 복위해서 신주를 고쳐 쓰면, 옛 신주는 자연히 땅에 묻어 모시게 될 것이므로, '폐' 자를 씻어 없앨 필요가 없습니다."『영조실록』
15년 3월 27일

　신하들은 신주를 새로 만들어 올려 임금의 마음을 달랬다. 영조는 신씨를 복위시키고 '단경'이라는 시호를 내렸으며, 아버지 신수근을 영의정 익창 부원군으로 추증했다. 이후에도 사당에 들려 친히 잔을 올리는 작헌례를 행해서 단경왕후의 넋을 위로했다고 한다.

　중종은 신씨를 내쫓은 이후 장경왕후 윤씨, 그다음 문정왕후 윤씨를 왕비로 맞이했다. 사후 두 왕비와 연결된 세력, 대윤윤임 등과 소윤윤원로, 윤원형 등이라는 불씨를 남겨서 아들 인종12대과 명종13대에게 커다란 짐을 지게 했다.

속내를 감추고
조광조를 죽이려 하다

: 경복궁의 소란한 밤 :

중종14년 11월 15일, 강원도 강릉에 동백꽃이 피었다. 그동안 장마가 계속되었지만, 초겨울임에도 날씨가 따뜻했기 때문이다. 반면 경복궁의 밤은 소란스러웠다.

승정원에서 숙직하던 승지 윤자임 등이 나가보니, 경복궁의 서문 연추문이 활짝 열려 있고 푸른색 옷을 입은 군사들이 근정전 섬돌 아래에 좌우로 서 있었다. 윤자임이 군사들을 밀어제치고 안으로 들어가 경연청으로 가니, 문 안팎에 등불이 환히 켜져 있고, 문 밖에 병조판서 이장곤, 병조참지 성운, 호조판서 고형산 등이 앉아 있었다.

"공들은 어찌해서 여기에 오셨습니까?"

"대내에서 표신으로 부르셨기 때문에 왔소." 『중종실록』 14년 11월 15일 임금이 외부에 있는 신하를 부를 때는 승정원을 거쳐서 표신을 내리는데, 당직 승지도 모르게 누군가가 표신을 전달했다니 심상찮은 일이 벌어지고 있었다.

"임금이 편전에서 홍경주·남곤·김전·정광필을 비밀리에 부르고, 이장곤과 안당은 뒤에 서 있고, 조광조 등을 조옥의금부 감옥에 내릴 것을 의논했다."『중종실록』14년 11월 15일

중종은 한밤중에 당직 승지에게 알리지 않고 몇몇 신하를 몰래 불러서 조광조 등을 의금부에 가두어 심문할 것을 논의했던 것이다. 얼마 후 내시 신순강이 나와 문 밖에서 기다리던 병조참지 성운에게 임금의 뜻을 전했다.

"당신이 승지가 되었으니, 안으로 들어가서 전교를 들으시오."『중종실록』14년 11월 15일

조선에서 관리 임명은 문서로 하는 것이 일반적이다. 내시를 통해서 한밤중에 구두로 임명을 전달하다니 이례적인 일이었다. 성운은 임금의 명을 받고 나와서 문서를 펼쳤다.

"이 사람들을 모두 의금부에 가두라."『중종실록』14년 11월 15일

문서에는 당직 승지 윤자임, 대사헌 조광조, 대사성 김식, 도승지 유인숙 등 15명의 이름이 있었다. 최근까지 중종과 밀접하게 국정을 논하던 젊은 신하들이었다.

: 추국 :

이날 당직 승지였던 윤자임은 현장에서 체포되어 바로 옥에 갇혔고, 조광조 등은 잡혀왔다. 중종은 의금부에 전지를 내려서 추고하는 대강을 밝혔다. 우두머리는 조광조라고 했다.

"대사헌 조광조, 대사성 김식, 형조판서 김정 등은 붕당을 맺고, 자신들에게 붙은 자는 요직에 천거하고 뜻이 다른 자는 배척했다. 후진을 사주해서 조정에서 강하게 비판하게 했으며 국정을 잘못 운영하고 있다. 그 세력이 두려워서 아무도 입을 열지 못한다."『중종실록』 14년 11월 15일

영의정 정광필은 반드시 누군가의 헐뜯는 밀고가 있었을 것이라고 짐작하고, 우의정 안당에게 말을 건넸다.

"임금이 평상시와 달리 왜 이런 꼬투리를 잡는지 모르겠소."

우참찬을 지낸 홍숙도 공감을 표했다.

"이 일은 밝은 세상의 일 같지 않습니다."『중종실록』 14년 11월 16일

이윽고 영의정 정광필과 우의정 안당 등은 임금에게 의금부의 추고를 완곡하게 반대하는 뜻을 아뢰었다.

"조광조 등의 평소 발언을 제지하지 않은 것은 언로를 트이게 하려는 뜻입니다. 그들의 말이 과격하고 그르게 여길 수 있으나, 그 말이 조정의 정사를 어지럽혔다고 죄를 주면 모두가 합당한 처분이라고 생각하지 않을 것입니다."

"언로를 막으려는 것이 아니다. 조정의 잘못된 것을 바로잡으려는 것이다. 의금부에서 추고하면 그 죄가 저절로 드러날 것이다."『중종실록』 14년 11월 16일

중종이 조광조 등으로부터 밝혀내고자 한 것은 두 가지였다. 하나는 붕당을 만들었는지 여부이고, 다른 하나는 '발언이 과격하고 사리에 맞지 않는 것이 조정을 어지럽히려고 한 것인가'였다.

의금부에서 1차로 심문받은 사람은 대사성 김식 39세, 대사헌 조광조 38세, 형조판서 김정 34세, 홍문관 부제학 김구 32세, 홍문관 응교 기준 28세, 동부승지 박훈 36세, 승지 윤자임 32세, 좌부승지 박세희 29세 등

이었다. 모두가 중종 때 들어온 신진 사림이었다. 이들은 자신들의 말이 과격할 수 있으나, 오로지 나라를 위해서 조금이라도 보탬이 되고자 했으며 붕당을 만들지는 않았다고 진술했다.

"임금께서 이들을 주요한 직책에 임명하고 주장을 들어주셨는데, 하루아침에 죄주면 함정에 빠뜨리는 것과 같습니다." 『중종실록』 14년 11월 16일

영의정 정광필과 우의정 안당의 변호에도 중종은 들어주지 않았다. 추고를 받는 이들은 조광조를 비롯, 임금이 믿고 거의 매일 만나던 신하들이었다. 30대에서 20대까지 젊다는 것도 특징이었다. 이들은 당을 만들거나 집단적 행동을 하지 않았다고 주장했지만, 중종은 하룻밤 사이에 이들을 불신해서 죄를 밝히려 추국한 것이다. 감추어진 뭔가가 있지 않고서는 도저히 설명할 수가 없었다.

사관 역할을 하는 기사관 채세영과 이공인이 말했다.

"오늘의 일은 핵심을 모르기 때문에 기록하기 매우 어렵습니다. 이 일이 일어난 근본 원인을 들려주소서. 근본을 모르고 어떻게 일을 기록할 수 있겠습니까? 조광조 등의 과격한 말은 자신을 위한 것이 아니라 나라를 위한 것입니다." 『중종실록』 14년 11월 16일

하지만 중종은 답하지 않았다. 와중에 조광조 등을 추국한 심문 결과가 나왔다. 추관을 맡았던 판중추부사 김전, 병조판서 이장곤, 형조판서 홍숙은 심문 결과를 보고했다.

"조광조·김정·김식·김구 등은 붕당을 맺어 붙은 자는 천거하고, 뜻이 다른 자는 배척했습니다. 서로의 위세와 명성으로 주요한 자리를 차지하고, 후진들에게 과격한 말을 해도 된다는 나쁜 버릇을 들여 조정이 잘못 굴러가게 했습니다. 그들이 두려워서 아무도 입을 열지 못하도록 했으니 참수하고, 처자는 종으로 삼고 재산은 몰수해야 합니다. 윤자임 등 추종자는 장 100대, 유배 3천 리와 고신을 박

탈해야 합니다."『중종실록』 14년 11월 16일

조광조 등이 모두 붕당을 맺은 일이 없다고 부인했고, 추관이 구체적 증거를 제시하지 못했음에도 불구하고, 거의 역모 수준의 죄를 주문한 것이다. 중종이 원하는 답은 이미 정해져 있었던 것이다.

: 하루만에 돌변한 왕 :

조광조는 옥중에서 글을 올렸다.

"어리석은 자질로 경연관이 되어 어질고 덕이 높은 임금을 가까이 모시게 되었습니다. 주변의 시기를 헤아리지 않고, 임금의 밝은 지혜를 믿고 배운 학문을 다 말했습니다. 오로지 우리 임금이 요·순 같은 임금이 되기를 바랐습니다. 이것이 어찌 저 자신을 위해서 도모한 것입니까? 밝은 하늘 아래 간사스러운 마음은 없었습니다. 저는 천만 번 죽어도 상관없으나, 만일 사화가 시작되면 나라의 명맥이 염려되지 않겠습니까? 임금과 거리가 멀어 아뢸 길이 없고, 아무 말도 하지 않고 죽는 것도 견딜 수 없습니다. 다행히 친히 국문을 하셔서 뵐 기회를 주시면 만 번 죽더라도 여한이 없겠습니다. 뜻은 넘치고 말은 막혀서 아뢸 바를 모르겠습니다."『중종실록』 14년 11월 16일

조광조는 임금과 거의 매일 만나 정사와 학문을 논했는데, 하룻밤 사이에 임금이 돌변하고 마음과 귀를 닫았다. 조광조는 그런 임금을 향해서 절규했다. 연산군 때의 '사화'를 끄집어내어 무오사화와 갑자사화로 많은 인재들이 뚜렷한 이유 없이 죽거나 유배로 사라졌음을 상기시켰다.

의정부·육조·한성부 등 중추부서들도 함께 글을 올렸다.

"조광조 등이 붕당을 맺었다는 진술과 증거가 없음에도 사형죄를

적용하면 임금의 덕에 누가 될 것입니다. 신들이 직접 뵙고 아뢰게 하여 주소서."『중종실록』 14년 11월 16일

하지만 중종은 만나주지 않았다. 중종은 바로 조광조와 김정에게 사약을 내리고, 김식 등 나머지는 섬으로 유배를 보내도록 판부를 내리려고 했다. 판부는 임금의 뜻을 정리한 안을 올리면 임금이 허가하는 일을 말한다.

그러나 기사관 채세영과 이공인은 임금의 판부를 기록하지 않았다. 임금의 명을 거부한 불경죄로 사형을 받을 수도 있는 일이었다. 그러자 하룻밤 사이에 병조참의에서 승지가 된 김근사가 채세영의 붓을 빼앗아 임금의 판부를 기록하려고 했다. 채세영은 붓을 빼앗기지 않으려고 멀리 물러서서 외쳤다.

"이것은 사관의 붓이다. 다른 사람이 쓸 수 없다."

"임금의 명은 한번 내리면 고치기도 어렵습니다. 대신을 만나서 다시 판부하는 것이 어떠합니까?"『중종실록』 14년 11월 16일

채세영의 완강한 태도에 김근사가 중재안을 냈다. 채세영은 죽음을 불사하고 용기를 내어 시간을 벌었고, 대신들이 직접 말할 기회를 주고자 했다. 그러나 중종은 채세영을 바로 교체했다. 미운털이 박힌 채세영은 오랫동안 등용되지 못했다. 후에 채세영이 다시 등용되어 길을 걸어가면, 사람들이 칭찬의 별명을 붙여주었다고 한다.

"이분은 임금 앞에서 붓을 뺏은 공이시다."『성호전집』

인생은 잃은 것이 있으면 또 다른 것을 얻는 것인가 보다.

: **중종의 속내** :

중종은 영의정 정광필, 우의정 안당 등을 만나 의견을 들었다. 모두

조광조의 극형을 반대했다. 형조판서로서 추관을 맡은 홍숙도 오히려 이들의 말에 감동되었다며 조광조를 변호했다. 검사가 변호사 역할까지 한 것이다. 중종은 다시 숙고하겠다면서 대신들을 물러가게 한 후, 이윽고 결심을 했다.

"조광조 등의 죄는 사약을 내려야 마땅하나, 대신 등의 청을 받아들여서 고신을 추탈하고 장 100대를 때리고 멀리 유배를 보내라." 『중종실록』 14년 11월 16일

채세영의 용기 있는 행동과 대신들의 간언으로 조광조 등은 사약을 면하고 유배로 바뀌었다. 그러나 임금이 비록 유배를 보내지만, 사약을 내리겠다는 원래의 마음은 그대로 남아 있음을 알 수 있다. 고작 이틀 사이에 벌어진 일이다. 조광조 등의 죄목이 무엇인지, 왜 유배를 가는지, 진상을 정확하게 아는 사람은 없었다.

새로 동부승지로 임명된 김희수가 중종에게 여론을 전달했다.

"조광조 등을 가두라는 명령이 도대체 어디에서 나왔는지 매우 답답해 합니다. 누군가 중간에서 일을 꾸민 것이라고 의심하는 말들이 떠들썩하고 진정되지 않고 있습니다." 『중종실록』 14년 11월 17일

사관 이구도 임금에게 설명을 청했다.

"신이 사필을 잡았으므로 사건의 전말을 기록하고자 합니다. 그러나 조광조 등이 관련된 일의 근본적인 이유를 알지 못하므로 참으로 답답합니다." 『중종실록』 14년 11월 17일

사관을 비롯한 조정의 신하들은 중종이 왜 조광조를 갑자기 죽이려고 했는지에 대한 정확한 진상을 몰랐다. 임금이 속시원하게 설명하지 않고 무엇인가를 감추고 있었다.

주초위왕,
대학자 조광조를 잃다

주초위왕走肖爲王, 즉 주走와 초肖를 더한 조趙 씨가 왕이 된다는 것이다. 여기서 조씨는 중종 대의 문신 조광조를 가리킨다. 주초위왕, 이 네 글자는 중종14년 기묘년에 일어난 기묘사화의 도화선이 되었고, 조광조를 비롯한 신진사림들은 죽음을 당하고 귀양을 가야 했다.

조선왕조실록에서 '주초위왕'이 기록된 것은 『선조실록』1년 9월 21일이다. "이 일은 『중종실록』에 누락되어 있기 때문에 여기에 대략을 기록한다"면서 사건의 전말을 쓰고 있다. 기묘사화가 일어난 지 무려 49년 후의 일이다. 역사의 한 부분이라도 놓치지 않으려는 조선의 기록정신을 엿볼 수 있다.

중종은 당시 조광조를 죄인으로 삼는 증거로 '주초위왕'을 제시하지 않았기 때문에, 신하들은 임금이 왜 조광조를 죽이려는지 정확한 이유를 알 수 없었다. 중종이 감춘 속내는 무엇일까? 어떤 정보를 근거로 해서 조광조 등을 느닷없이 가두고 죽이고자 했을까?

: 중종이 증거를 밝히지 않은 이유 :

중종14년, 기묘사화를 주도한 사람은 중종과 더불어 남곤·홍경주·심정 등이다. 남곤은 '주초위왕'을 만든 장본인이다. 나뭇잎에 꿀로 '주초위왕' 네 글자를 써서 벌레로 하여금 갉아먹게 해서 경복궁의 개천으로 흘러보내고, 궁녀를 통해서 임금에게 전달하게 했다. 남곤의 집은 경복궁 바로 뒤 백악산 기슭의 대은암 아래 있었다.

홍경주는 자신의 딸인 희빈 홍씨를 이용했다. 홍씨는 중종에게 베갯머리송사를 했다.

"온 나라의 인심이 조광조에게로 돌아갔습니다. 지금 조광조를 제거하지 않으면 나중에 어찌할 수 없을 것입니다."

심정은 중종의 사랑을 받고 있던 경빈 박씨의 문안노비를 활용해서 궁중에 말을 퍼트렸다.

"조씨조광조가 나라를 마음대로 하고 모두가 그를 칭찬합니다."

중종으로서는 두렵고 위태롭게 여길 만한 글이나 말이었다.• 조선은 여알女謁을 경계했다. 여알은 임금의 총애를 받는 후궁이나 궁녀가 사사로이 임금을 뵙고 아뢰는 것이다. 중종은 여알로부터 얻은 정보를 조정대신들에게 털어놓지 않았다. 여알로부터 얻은 정보라고 밝히는 순간, 조정대신들로부터 극심한 반대에 부딪히고 정보로서 활용하기 어렵기 때문이다. 속내를 시원스럽게 대신들에게 밝히지 않은 이유이다. 승지들조차도 조광조의 편으로 여겼기에 승지나 사관에게도 말하지 않았다.

중종은 주초위왕과 여알의 정보를 감춘 채 조광조 등이 붕당을

• 『중종실록』으로는 진상을 파악하는 데 한계가 있기 때문에, 기묘사화 때 우의정이었던 안당의 손자 안로가 기묘사화에 관련해 쓴 『기묘당적보』를 참고했다.

맺어서 권력을 농단하므로 죄를 주겠다고 하니, 영의정 정광필, 우의정 안당 등 조정대신 대부분이 임금의 설명에 납득하지 못했던 것이다. 이후에도 영의정 정광필 등은 임금에게 거듭 설명을 요청했다. 중종은 조광조 등을 참소한 신하의 명단 일부를 털어놓았다. 홍경주와 남곤의 이름이 나왔다.

"조광조는 사건의 전말을 알지 못하고 유배를 갔으니 설명해 주어야겠다." 『중종실록』 14년 11월 18일

예조판서 신상과 사헌부 대사헌 유운은 상의를 하고, 유생으로 하여금 유배 가는 조광조를 쫓아가서 설명을 하게 했다.

"남곤·홍경주·심정 등이 남곤의 집에 모여서 모의를 했다. 그들은 신무문으로 들어가서 임금에게 그대들을 헐뜯는 참소를 올렸다. 임금은 대신을 불러 마치 조정에서 죄를 청해서 준 것처럼 했다."

"임금께서 어찌 그렇게 하려고 했겠는가. 조금도 의심할 것이 없다." 『중종실록』 14년 11월 18일

조광조는 그 설명을 듣고 오히려 믿지 않았다. 임금의 마음이 이미 떠났는데, 조광조는 여전히 임금을 신뢰하고 있었다.

: 사약 :

조광조를 유배 보낸 지 한 달 후인 중종14년 12월, 임금은 마음을 다시 바꾸어 조광조에게 사약을 내리고자 했다. 여전히 주초위왕이나 여알은 감추고 있었다.

"붕당을 만들고 중요한 자리를 차지해서 조정이 잘못 굴러가게 했다."

중종은 조광조를 죄주는 것에 계속 반대한 영의정 정광필을 내치

고 남곤으로 교체하려고 했다. 남곤은 영의정 정광필이 국사에 힘을 다했고 허물이 없으므로 바꿀 이유가 없다면서, 조광조에게 사약을 내리는 것에도 반대했다.

"조광조는 율문에 따라서 죄를 다스려야 하겠다."

"즉위하신 이래로 미천한 사람일지라도 처형된 자가 없었습니다. 조광조는 임금을 곁에서 오랫동안 모시는 반열에 있었습니다. 율문대로 다스려서는 안 됩니다."

"조광조가 오랫동안 시종했으므로 나도 그를 안다. 죽어도 아까울 것이 없다."

"사람의 생사는 중대하게 살펴야 합니다. 외딴 섬에 안치하소서." 『중종실록』 14년 12월 16일

남곤은 '주초위왕'을 만든 장본인이다. 조광조의 죽음까지 바라지는 않았을지 모르지만, 임금의 뜻에 맞추어 자신이 만든 '주초위왕'으로 결국 조광조를 죽게 만들었다.

조광조는 조선의 대유학자 퇴계 이황과도 비교될 정도로 뛰어난 대학자였다. 사관은 『선조수정실록』에 남긴 이황의 졸기에서 "이황은 큰 학자로서 조광조 이후 그와 겨룰 자가 없다. 이황이 재주나 기량에서는 조광조에 미치지 못하지만, 의리를 깊이 파고들어 정미한 경지까지 이른 것은 조광조가 미치지 못한다"고 했다. 조광조의 학문적 깊이와 도량이 어느 정도인지를 짐작할 수 있다. 조광조는 38세, 이황은 70세에 죽었다. 주초위왕으로 조선의 대학자 조광조를 일찌감치 잃게 된 것이다.

조광조를 죽이는 밀지

: 안달복달하는 임금 :

앞에서 말했듯, 기묘사화의 도화선이 된 중종14년 11월 15일, 임금은 조정대신 몇을 밤에 비밀리에 편전으로 불러 조광조 등을 의금부에 내리는 것을 논의하게 했다. 신하들 몇 명이 밤새워서 머리를 맞대었으나, 임금의 의지대로 일이 착착 진행되지 않았다. 임금은 다시 승지를 불러 안달복달했다.

"조정의 큰일은 이미 정해졌다. 중간에 일이 지체되어 어린아이 장난처럼 되어서는 안 된다. 빨리 전지왕의 명령서를 만들어 들여보내라."『중종실록』14년 11월 15일

세 번째 재촉이었고, 거의 날 샐 무렵이었다. 임금의 명으로 비밀리에 참석한 사람은 남곤·홍경주·김전·이장곤·정광필·안당이었다.

이들의 논의가 길어진 것은 남곤과 홍경주 등은 임금의 뜻에 따라 조광조 등에게 죄를 주자고 한 반면, 영의정 정광필과 우의정 안당은 죄를 줄 수 없다고 버텼기 때문이다.

중종은 빨리 죄목을 만들라고 다그치고, 남곤에게 그 죄안을 쓰도록 했다. 남곤이 붓을 잡고 죄안을 써 내려가자, 영의정 정광필이 문안 가운데 한 글자를 가리키며 말했다.

"조광조 등이 임금을 속이고 사사로운 일私情을 행했다는 것은 사실과 맞지 않습니다."『중종실록』 14년 11월 15일

갑론을박이 계속되었다. 다른 대신들도 영의정 정광필의 생각과 비슷했다. 한밤중에 구두로 예조판서에 임명된 신상도 달려와서 조광조를 죄주는 것에 반대했다.

"조광조 등은 옛 경전을 통해서 정치를 잘하고자 했습니다. 젊은 나이에 갑자기 승진하고 경력이 부족해서 주변과 화합하지 못한 것은 사실입니다. 그러나 이러한 것 때문에 죄를 줄 수 있겠습니까?"『중종실록』 14년 11월 15일

대사간 윤희인도 역시 반대를 했다.

"조광조 등은 임금을 믿고 자신들이 아는 것을 다 말했습니다. 그 말이 과격하더라도 죄를 주어서는 안 됩니다."『중종실록』 14년 11월 16일

파릉군 이경도 궁궐로 달려와서 임금에게 답답한 심정을 내비쳤다.

"조광조 등이 의금부에 갇혔다고 하니, 무슨 일로 이렇게 되었는지 그 까닭을 모르겠습니다."『중종실록』 14년 11월 16일

그러나 임금은 이들의 말을 모두 받아들이지 않고, 죄를 주는 주체로 조정을 내세웠다.

"조광조 등이 국사를 그르쳐서 조정대신들이 죄주기를 청하는 것

이므로 죄주는 것이다."『중종실록』 14년 11월 16일

　조정은 넓은 의미로는 임금이 신하들과 정사를 논의하고 집행하는 집단을 포괄하고, 좁은 의미로는 삼정승이 포함된 의정부와 육조의 대신들이 참여하는 논의기구를 말한다. '조정이 죄주기를 청했다'는 의미가 성립하려면 최소한 삼정승이 동의해야 한다. 그런데 영의정 정광필과 우의정 안당은 조광조에게 죄주는 것을 일관되게 반대했다 좌의정은 공석이었다. 대부분의 대신들도 마찬가지였다. 중종이 주장한 '조정이 죄주기를 청했다'는 자체가 성립될 수 없었다.

　또 다른 모순이 있었다. 영의정 정광필이 궁궐에 도착했을 때 이미 '청죄단자'가 만들어져 있었고, 남곤과 홍경주가 말했었다.

　"임금의 뜻이다. 임금께서 죄를 청하라고 시키셨다."『중종실록』 14년 11월 16일

　영의정 정광필과 우의정 안당은 청죄단자를 이미 만들어 놓고, '조정이 죄주기를 청했다'는 것은 말 자체가 성립할 수 없다고 지적했다. 그럼에도 중종은 계속 '조정'을 내세워서 죄를 주어야 한다고 압박했다. 이튿날 의금부 추고에서 조광조는 혐의를 부인했다.

　"선비가 세상에 태어나서 믿을 수 있는 것은 임금의 마음입니다. 나라의 병폐는 사적 이익을 취하려는 것에 그 뿌리가 있습니다. 이러한 것을 일신해서 나라의 맥을 무궁하게 하려고 했을 뿐입니다."『중종실록』 14년 11월 16일

　김식 등 심문에 끌려온 다른 이들도 '붕당을 맺고 조정을 어지럽혔다'는 것을 모두 부인했다. 임금은 의금부의 추고에서 얻고자 하는 답을 얻지 못했다. 그럼에도 실체가 모호한 '조정'을 계속 내세우며 죄를 주어야 한다고 우겼다. 그 이유가 무엇일까?

: 홍경주에게 내린 언문 밀지 :

선조 때 안로가 기묘사화에서 화를 당한 이들의 전기를 보완해 편찬한 『기묘당적보』를 보면 실마리를 찾을 수 있다. 여기에 실린 홍경주에게 언문으로 내린 중종의 밀지를 요약해 보았다.

"조광조 등이 위훈삭제를 주장해서 반정공신을 쫓아내면, 경홍경주 등은 어육이 될 것이고 그다음 나에게 화가 미칠 것이다. 조광조 무리는 간사하고 한나라의 역적 왕망이나 동탁과 같아서 백성들이 우러러보게 되었다. 송나라 태조가 어느 날 갑자기 황제가 된 것처럼, 조광조도 자신의 의지에 상관없이 보위에 오를 수 있지 않겠는가.

조광조가 현량과를 설치한 것을 처음에는 인재를 얻기 위한 것이라고 생각했으나, 이제 보니 자기 세력을 심으려던 것이다. 조광조 무리를 잘라내야 한다. 내가 이들을 잘라내려 하니, 남곤과 심정에게 물어보는 것이 어떠한가. 조정이 조광조 무리를 제거한다면 저녁에 죽더라도 근심이 없겠다.중략

내가 겉으로는 임금이지만 그 실상은 아무것도 알지 못한다. 경들홍경주, 남곤, 심정은 먼저 조광조를 없앤 뒤에 보고하라."

중종은 홍경주에게 내린 밀지에서 조광조를 극도로 의심하면서 죽여야 하는 이유를 밝히고 있다. 위훈삭제로 왕의 세력이 잘려나가면 조광조가 백성의 민심을 얻어 임금이 될 수 있고, 현량과 설치로 조광조가 조정을 장악할 수 있다고 보았다. 이런 사태가 오면 너희들에게도 화가 미칠 수 있고 그다음으로 자신에게 화가 미칠 거라는 극도의 두려움과 증오심을 나타내고 있다.

중종의 밀지가 있었다는 자체는 『중종실록』14년 11월 18일에서도

일부 파악할 수 있다. 대사헌 유운은 임금이 홍경주에게 밀지를 내렸다는 소문이 이미 조정에 퍼졌다며, 임금에게 따져 물었다.

"신하에게 죄주는 것이 무엇이 어려워서 밤에 밀지를 내려서 비밀스럽게 하십니까? 신하를 신임하면 정성으로 대해서 의심하지 말아야 합니다. 죄가 있다면 분명하고 바르게 죄주면 될 것입니다. 임금이 겉으로는 신하에게 친근하고 신임하는 듯 보이고, 속으로는 신하를 제거하려는 마음을 품고 있으니 나라가 망할 조짐입니다."

"밀지가 있었다는 것은 그대가 잘못 들었다. 현량과는 조종조로부터 시행한 일이 아니기 때문에 반드시 실시할 필요가 없을 뿐이라고 한 것이다. 어찌 모두 제거한다고 했겠는가? 이것은 잘못 전해진 것이다."『중종실록』 14년 11월 18일

중종은 속으로는 뜨끔했을지 모르나 밀지를 내린 사실을 딱 잡아뗐다. 이 밀지를 통해서 조광조를 제거하려고 기획한 것은 중종이고, 남곤·홍경주·심정 등은 임금의 뜻을 파악해서 행동으로 옮긴 것임을 알 수 있다. 남곤은 주초위왕을, 홍경주와 심정은 여알을 만들어낸 것으로 추정된다. 중종이 이를 직접 지시한 증거는 없다. '주초위왕'과 '여알'은 중종이 조광조를 죽이는 속내였고, 그것을 '조정이 원한다'는 명분으로 포장한 것이다. 중종이 실체가 애매모호한 '조정'을 계속 내세운 이유이다. 이러한 중종의 속내를 모르는 영의정과 우의정 등 진짜 조정은 계속 헛바퀴만 돌았다. 조광조를 죽이려 한 조정은 중종의 밀지였던 것이다.

중종의 개혁정치 진심이었나? ①
— 소격서 폐지와 부활

중종은 조광조 등 신진사림을 등용해서 소격서 폐지, 현량과 설치, 위훈삭제 등의 개혁정치를 단행했다. 이러한 개혁정치는 동시에 조광조를 비롯한 신진사림을 죽음으로 몰아넣는 결정적 계기가 되었다. 양날의 칼이 숨어 있었던 것이다.

: **소격서 폐지** :

소격서는 하늘과 땅, 별에 제사를 지내는 관아로서 도교에 그 연원을 두고 있다. 조선은 태조5년 경기도민 400명을 징발해서 북부 진장방, 현재의 경복궁 옆 삼청동에 소격전을 짓고 그 제단을 '삼청전'이라고 했다. 삼청은 도교의 옥청·상청·태청을 말한다. 소격서는 기우제를 지내거나 왕실의 쾌유를 기원하는 순기능도 있어서 성종 중기까지 유지했으나, 조선은 성리학을 숭상했기에 소격서를 좌도左道

道, 유교의 종지에 어긋나는 사교라고 해서 혁파 논란이 끊이지 않았다. 성종 후기부터 소격서 혁파 주장이 조금씩 나오기 시작했고, 중종으로 이어졌다.

중종13년 6월, 대간이 소격서 혁파를 또 들고 나왔다.

"소격서는 좌도로서 조정의 여론이 모두 혁파해야 한다고 합니다. 그러나 임금께서만 홀로 안 된다고 고집하시니 신들이 민망합니다."『중종실록』13년 6월 21일

중종은 소격서가 조종조부터 내려왔고 『경국대전』에도 실려 있기 때문에 가볍게 고칠 수 없다고 거절했다. 조광조가 실질적 책임자로 있는 홍문관에서도 소격서 폐지를 주장했다.

"소격서의 근원인 도교는 백성들에게 올바르지 못한 도리를 가르치는 것입니다. 정치 교화가 잡스러워지는 원인입니다. 임금의 정치로서 행할 것이 못 됩니다."『중종실록』13년 8월 1일

소격서 폐지의 소용돌이에 조광조도 발을 담근 것이다.

"소격서는 조종조에서도 진심으로 받든 것은 아니었다. 단지 유래가 오래되어 갑자기 폐지할 수 없다."『중종실록』13년 8월 2일

그럼에도 신하들의 주장은 그치지 않았다. 대간은 20여 일 동안 거의 매일 상소를 올렸다. 중종도 비슷한 답변을 되풀이했다. 대간들은 주장이 받아들여지지 않자 결국 사직을 했고, 다시 조광조의 홍문관이 그 역할을 이어받았다.

"소격서 문제 때문에 경연까지 하지 않으시니, 전하에 대한 믿음도 의심이 들 수 있습니다."

"조종조에서 혁파하지 못한 것을 내가 잘난 체해서 없애는 것은 진실로 불가하다."『중종실록』13년 8월 23일

조광조는 임금의 신뢰까지 언급했고, 중종도 감정 섞인 답변을

내놓았다. 이후 홍문관은 15, 16차례 더 소격서 폐지를 아뢰었으나 임금이 받아들이지 않았다. 경연에서도 소격서 문제를 거론했으나 쳇바퀴를 돌았다.

홍문관이 나서자 삼정승을 포함한 조정대신들, 종친, 성균관 유생들까지 가세했다. 임금의 편을 들어준 신하는 아무도 없었다. 조정의 거의 모든 신하가 소격서 폐지를 주장하고 임금이 홀로 방어하는 모양새가 되었다. 중종도 끝까지 할 말은 있었다.

"우리 왕조의 태평한 정치를 펼친 세종과 성종께서도 혁파하지 않은 것을 내가 없애는 것은 마땅하지 않다." 『중종실록』 13년 8월 28일

그럼에도 홍문관뿐만 아니라 조정대신들, 심지어 종친까지 나서서 소격서 혁파를 주장했다. 중종13년 9월, 결국 임금은 한발 물러섰다.

"소격서가 좌도인 것은 알고 있다. 그 유래가 오래되었으므로 혁파할 수 없다고 여겼다. 지금 모두 혁파하고자 하니 그 여론을 따르겠다." 『중종실록』 13년 9월 3일

하지만 소격서 혁파가 임금의 뜻이 아니라 조정의 여론에 따른 것임을 분명히 했다. 또한 단서를 달았다. 소격서에서 제사는 올리지 않겠지만, 소격서의 사우祠宇, 사당를 헐지 말고 위판位版, 위패도 땅에 묻지 말라고 했다.

소격서 폐지를 둘러싼 임금과 조광조의 대립은 끈질겼다. 대간이 소격서 폐지를 처음으로 주장한 6월부터 임금이 폐지 결정을 내린 9월까지 거의 매일 논란을 벌였다. 중종은 소격서를 폐지할 수 없다는 자신의 의견을 수십 번 반복해서 설명했으나, 조광조는 한치도 물러서지 않았다. 때로는 임금이 맞대응하기가 피곤해서 용상이 삐걱거리는 소리가 나도, 조광조는 그칠 줄을 몰랐다고 한다.

: 중종의 응어리 :

 중종은 소격서 폐지 논란에서 무엇을 느꼈을까? 중종은 조선에서 처음으로 임금연산군을 폐하고 왕좌에 앉았다. 신하들이 힘을 합치면 임금도 쫓아내는 선례가 되었으니, 자신도 무력화될 수 있다는 두려움을 느끼지 않았을까? 중종은 비록 임금이지만 신하들과 1 대 99가 되어 자신의 의견을 철회해야 하는 무력감을 느꼈을지도 모른다. 직접적인 언급은 없지만, 자신의 세력이 필요하다는 것을 절감했을 수도 있다. 이것을 반면교사로 삼았을까? 중종은 기묘사화에서 남곤·홍경주·심정 등을 자신의 세력으로 만들고, 실체 없는 '조정'을 내세워서 조광조와 그 세력을 제거한 것이다.
 나비효과라는 말이 있다. 브라질에서 작은 나비 한 마리의 날갯짓이 미국 텍사스에 토네이도를 발생시킬 수 있다는 말이다. 마찬가지로 언뜻 겉보기에는 아무 관련이 없어 보이는 일도 그 근원에는 어떤 흐름이 있을 수 있다. 소격서 폐지와 기묘사화는 직접적 연관성은 없지만 나비효과 이론을 떠올리게 한다. 소격서 폐지 1년 후 기묘사화가 일어났다. 조광조는 사라졌고, 중종은 소격서를 바로 복원한다. 소격서 사우사당를 헐지 않고 위판을 땅에 묻지 않은 이유가 있었던 것이다. 중종은 신하들의 압박에 못 이겨서 폐지한 소격서를 응어리로 담고 있었을지도 모르겠다.

중종의 개혁정치 진심이었나? ②
— 현량과 설치와 폐지

조광조는 스스로 붕당을 만들지는 않았으나 따르는 무리가 자연적으로 생겼다. 깊은 학문과 올곧은 자세 등이 빛을 발해서 일어난 자연스러운 현상이라고 볼 수 있다. 한편, 조광조가 존경하는 또래 인물이 있었다. 바로 김식이다. 김식은 조광조와 함께 김굉필에게 배웠고, 성균관의 추천으로 관리가 되었다. 그의 추천사유는 명경행수, 즉 경서에 밝고 행실과 수양이 잘된 인물이라는 것이었다.

: 과거시험 기피 현상 :

김식의 첫 관직은 종8품 광흥창 주부였다. 광흥창은 호조 소속으로 백관의 녹봉, 수입·지출을 관장하는 곳이다. 김식은 추천으로 관리가 되어 나라의 예산을 관리하는 실무 책임자가 된 것이다.

조선의 녹봉은 쌀·면포 등 실물로 지급했다. 광흥창은 '견물생

심'의 유혹이 생길 수 있는 자리였다. 그동안 부패로 얼룩진 관리들이 더러 있었는데, 김식은 나쁜 폐단을 개혁했다. 나라 예산을 정확하게 집행하고 일체의 오해를 살 수 있는 불법을 못하게 했다. 그의 학문과 명성에 어울리는 합당한 조치였으나 동료들로부터 미움을 샀다. 조광조도 김식이 사심이 없는 인물이라고 평가했다.

김식은 관직에 진출했으나 질병으로 자주 자리를 비웠고, 조광조와 달리 과거에는 뜻을 두지 않았다. 그럼에도 그의 학문은 널리 알려졌다. 성리학뿐만 아니라 음양, 이수理數: 사물의 생성과 소멸의 기본 원리, 문장 등에도 조예가 깊고 넓었다. 홍문관은 김식을 임금의 경연관으로 추천했고, 중종도 임명하고 싶어했으나, 신하들이 과거시험에 합격한 바 없다는 이유로 반대해서 임명할 수 없었다. 시강관 신광한은 안타까움에 그를 과거시험장에 강제로 끌고가고 싶어했지만, 그래도 붓을 놀리지 않을 것이 너무나 뻔했기에 행동으로 옮기지 못했다고 한다.

: 조선에서 딱 한번 치러진 현량과 :

중종13년 3월, 왕세자 교육문제와 더불어 인재등용에 대한 논의가 있었다. 승지이자 경연관 이자는 과거제도 외의 인재를 등용하는 방법을 제안했다.

"과거제도로만 인재를 등용하는 것은 너무 협소하므로, 재주와 행실이 쓸 만한 사람을 천거나 별시를 통해서 뽑을 수 없겠습니까?" 『중종실록』 13년 3월 11일

연산군 때 무오사화와 갑자사화로 많은 선비들이 참화를 당하자, 사림의 일부는 "자라 보고 놀란 가슴 솥뚜껑 보고 놀란다"는 속담처

럼 과거에 적극적으로 진출하지 않으려는 분위기가 있었다. 이런 분위기 속에서 특별 채용의 방법을 제안한 것이다.

조광조도 특별 채용에 찬성하며 구체적 제안을 했다. 한나라에서 실시한 현량과와 방정과를 예로 들었다. 이는 여러 사람의 천거를 통해서 과거시험을 치르게 하는 것인데, 추천을 받은 사람만 과거시험을 치르기에 기회균등에 어긋난다는 단점이 있었다.

중종은 예조에 구체적 제도를 마련하게 한다. 예조는 한성과 지방에서 천거하는 구체적 부서를 정하고, 각 부서는 추천된 사람의 이름과 구체적 행실을 적어 의정부를 통해서 임금에게 보고하게 했다. 추천자의 이름도 기록해서 책임 소재를 명확히 했다. 김식처럼 과거를 거치지 않았으나 학문과 덕행을 겸비한 사람에게 별도의 시험을 통해 관리의 길을 열어주는 제도를 마련한 것이다. 이렇게 선발된 사람은 임금이 참석하는 궁궐 뜰에서 친시를 치렀다.

중종14년 4월, 조선에서 딱 한번 현량과가 실시되었다. 중종은 특히 김식이 과거시험을 치르지 않을까 염려했다. 김식이 과거에 합격하면 경연관으로 삼을 생각이었다. 현량과로 28명이 뽑혔고, 김식은 장원을 했다.

"이번에 인재가 많이 배출되었다. 내가 더욱 기쁜 것은 김식이 장원을 한 것이다."『중종실록』14년 4월 17일

장원을 한 김식은 광흥창 주부를 거쳐서 성균관 사성으로 발탁되었고, 약 2개월 후 성균관 대사성에 올랐다. 김식이 대사성에 오르자 성균관으로 많은 학생들이 모여들었다. 중종은 덕분에 현량과를 통해 뽑은 인재들을 다른 자리에도 배치할 수 있었다.

"널리 인재를 뽑아서 조정에 배치하는 것이 나의 소망이다. 더구나 내가 목마른 듯이 어진 자를 구할 때 훌륭한 선비를 많이 얻었다.

나라의 복이다."『중종실록』 14년 4월 15일

중종은 현량과로 인재를 선발한 후 매우 기뻐했고, 심지어 낙방한 사람도 그 재주와 경험에 따라서 서용하라고 할 정도였다.

: **현량과의 비극** :

그런데 약 7개월 후, 중종은 기묘사화를 일으키면서 표변했다. 현량과로 뽑은 인물들을 나라의 인재로 여겼는데, 이제 보니 조광조의 세력이 되었다면서 제거해야 한다고 했다. 현량과는 조광조가 아이디어를 냈으나, 중종의 명으로 예조가 제도를 만들어 실시했는데도 말이다.

숨은 인재를 발탁해서 나라의 동량으로 키우고자 한 현량과는 조광조에게도 독이 되었다. 또한 현량과에서 장원급제를 해서 중종이 기뻐했던 김식도 기묘사화로 유배를 가서 결국 자결한다. 이외에 현량과로 뽑힌 대부분의 관리들도 유배를 갔고 죽음에 이르렀다. 마침내 현량과도 폐지되었다.

중종의 개혁정치 진심이었나? ③
— 위훈삭제와 부활

: 세종은 왜 공신을 한 명도 임명하지 않았을까? :

중종 이전까지 대표적으로 8공신이 있었는데, 태조의 개국을 도운 개국공신44명, 1차 왕자의 난을 평정한 정사공신29명, 2차 왕자의 난을 진압한 좌명공신46명, 단종 때 김종서 세력을 제거한 정난공신43명, 세조 즉위를 도운 좌익공신44명, 세조 때 이시애의 난을 평정한 적개공신45명, 예종 때 남이의 반역을 진압한 익대공신40명, 성종을 잘 보필한 좌리공신75명 등이다.

조선은 핏줄로 왕위가 이어지는 왕조국가임에도, 왕의 즉위를 돕거나 왕권 안정에 기여했다고 해서 공신을 주었다. 공신 잔치를 벌였다고 해도 지나치지 않다.

그러나 세종은 달랐다. 국경의 4군6진을 개척한 최윤덕·이천·김종서뿐만 아니라 영의정으로 20여 년 동안 자신을 보필한 황희, 맹사성 등도 공신에 오르지 못했다. 세종은 상벌을 엄격하게 해서 재위 32년 동안 한 명의 공신도 임명하지 않았다. 공신이 많은 만큼 임금에게는 좋을 수 있으나 나라와 백성에게는 부담이 되기 때문이다. 세종은 어느 곳에서도 흠잡을 데가 없는 성군이었다.

: 중종반정의 공신 수는 왜 많았을까? :

중종은 반정으로 권좌에 오른 후 반정을 도운 신하들을 정국공신으로 삼았다. 그런데 그 숫자가 다른 왕들에 비해 월등하게 많았다. 정국공신은 처음에는 101명이었으나 계속 추가되어 무려 130여 명까지 이르렀다. 정국공신은 임명될 때부터 문제가 많았다. 중종1년 9월, 공신 발표를 한 바로 다음날 대사간 안당과 사간 박호겸은 공신을 다시 고칠 것을 건의했다.

"아버지나 형 때문에 덩달아 공신이 되고, 반정의 수소문을 듣거나 해가 저문 후 하례식에 참여하는 등 아무런 공도 없는 자를 공신록에 기록하는 것은 온당하지 못합니다." 『중종실록』 1년 9월 9일

중종반정의 공신록을 보면 납득되지 않는 공신이 부지기수였다. 연산군 폭정을 도운 유자광이 공신록 작성을 주도하면서 자신도 공신에 올렸고, 신은윤은 연산군의 폭정을 도와서 통정대부에 올랐고 궁녀와 결탁해서 남의 집까지 빼앗았음에도 공신에 올랐으며, 반정 당일 연산군의 승지였던 윤장이나 주서 이희옹은 반정 소식을 듣고 수챗구멍으로 빠져나갔으나 반정에 가담한 것처럼 행동해서 공신에 올랐다. 내시 6명도 이례적으로 공신에 올랐다. 일반적으로 내시는 공이 있으면 상을 주었다.

정국공신은 누가 보아도 기준이 모호하고, 공신을 남발했다는 것

을 알 수 있다. 연산군을 쫓아내서 폭정을 바로잡는 공이 기준이 아니라, 자신들의 잇속을 챙기는 나눠먹기였다. 여원 부원군 송일과 파성군 윤금손 같은 이는 자신들은 아무런 공이 없다고 스스로 공신을 반납하고자 했다. 양심의 가책을 느낀 소수의 공신도 있었던 것이다.

: 공신 남발 :

중종2년 또 다른 공신이 탄생한다. 정국공신에 오른 이과 등이 자신들의 공적에 대해 불만을 터뜨렸고, 노영손은 이과의 불만을 빌미로 이들이 역모를 꾸미고 있다고 고변했다. 중종은 역모 혐의를 고변한 노영손, 추국한 대신, 임금의 말씀을 전한 내시 등 21명에게 정난공신을 주었다. 또 공신 잔치를 벌인 것이다. 바로 이튿날부터 사헌부와 사간원은 공신 남발의 부당함을 지적했으나, 중종은 이를 받아들이지 않았다.

조선에서 공신은 어마어마한 혜택이 주어진다. 공신전이라고 해서 토지와 노비가 주어지고, 자손에게 세습할 수 있으며 음서의 길도 열어 주었다. 세금도 기본적으로 내지 않는다. 공신전으로는 경기도 지역의 토지를 주었으나, 공신전이 늘어나면서 나누어 줄 토지가 모자라서 다른 지역으로까지 확대했다.

"경기도에 사는 백성들의 재산 10분의 3, 4는 공신들에게 바쳐집니다." 『중종실록』 2년 9월 9일

공신들이 늘어나는 숫자만큼 임금에게는 충성할 신하가 많다는 의미가 될 수 있지만, 이와 반대로 나라와 백성은 상당한 부담과 고통을 떠안게 되는 것이다.

: 정국공신 개정 :

조광조가 조정에 들어올 무렵부터 정난공신의 문제점이 불거지기 시작했다. 영의정 정광필이 가세했다. 정광필은 정난공신을 정할 때 실무책임자인 예조참판이었는데, 10년 후 영의정이 되어 당시 대신의 꾸지람을 받고 공신의 수를 늘렸다고 고백하고, 정난공신을 개정하려 했다. 하지만 중종은 받아들이지 않았다.

이후 대간과 경연관, 대신들이 정난공신 개정을 약 4개월 동안 줄기차게 요구하자, 그제야 임금은 이들의 요구를 받아들이고 공신록에서 삭제하거나 일부 혜택을 없앴다. 공신은 쉽게 결정했으나, 그 잘못된 결정을 바로잡는 데는 상당한 시간과 노력이 필요했다.

정난공신이 어느 정도 개정되자, 차츰 중종반정을 도운 정국공신의 문제로 옮겨갔다. 그동안 터무니없는 정국공신은 이미 삭제했으나, 초기의 숫자가 너무 많았기에 아직도 바로잡아야 할 여지가 많았다.

중종13년, 조광조는 경연관으로서 정국공신의 문제를 처음으로 꺼냈지만 별로 부각되지 않았다. 임금도 별다른 대응을 하지 않은 채 넘어갔다. 이후로도 문제를 한두 번 더 제기했지만 주목받지 못했다. 중종14년 10월, 조광조는 사헌부의 수장 대사헌이 되어 정국공신 문제를 본격적으로 꺼냈다. 대사간 이성동과 함께 합동상소를 올렸다. 기묘사화가 일어나기 약 20일 전이었다.

"정국공신은 거짓의 공이 많습니다. 대체로 이익을 탐내어 공신에 올랐습니다. 마땅히 개정해야 합니다." 『중종실록』 14년 10월 25일

다음날부터 대간이 7번 상소를 올리고, 홍문관, 승정원 등에서도 상소를 올리는 등 조정의 논의가 들불처럼 번졌으나, 임금은 처음부

터 개정할 수 없다는 뜻이 확고했다. 대간들은 뜻이 받아들여지지 않자 사직을 청하고, 임금은 다시 새 인물을 임명하는 일이 반복되었다. 조정대신, 대간, 홍문관, 성균관의 상소가 계속되었다. 중종14년 11월, 성균관 대사성 김식이 아뢰었다.

"정국공신의 개정은 갑작스럽게 발의된 것이 아닙니다. 폐단을 알고 있었으나 이제 기회를 얻었습니다. 정국공신을 개정해서 이익을 탐내는 근원을 막아야 나라가 오랫동안 보존될 수 있습니다."『중종실록』14년 11월 1일

조광조는 자신의 뜻을 더욱 강조하기 위해서 불길한 말까지 했다.

"신은 귀양가거나 죽더라도 참으로 달게 여기겠습니다. 빨리 개정하소서."『중종실록』14년 11월 1일

이 말은 결과적으로 보름 후 현실이 되었다. "말이 씨가 된다"는 속담이 있다. 자신의 의지를 강조하는 것은 좋으나 극단적으로 표현하는 것은 삼가야 할 일이다.

결국 중종은 부분 개정을 하겠다고 물러섰다. 중종14년 11월, 드디어 임금이 정국공신의 개정을 발표했다.

"공신록을 맑게 하라."『중종실록』14년 11월 11일

해당자는 76명이었다. 처음의 130여 명 중에서 절반 이상이 개정 대상이 된 것이다. 그동안 터무니없는 공신은 이미 삭제했기 때문에 상당한 성과를 이룬 것이다. 공신을 줄이는 것은 그만큼 나라의 세금이 늘어나고 백성들의 부담을 줄이는 것이다. 기묘사화가 일어나기 4일 전의 일이었다.

: 정국공신 개정 10일 만에 철회 :

중종은 정국공신 개정 발표 후 일상적 업무를 처리했다. 대구와 경산 등에서 지진이 있었다는 보고를 들었고, 현지로 부임하는 충청도 수군절도사 한충의 하직인사를 받았다. 일부 인사도 단행했다. 이장곤을 병조판서, 이자를 의정부 우참찬, 윤자임을 승정원 좌승지로 임명했다. 경복궁 근정전에서 정국공신 개정 문제로 미루어 왔던 별시 문과와 무과의 합격자도 발표했다. 조정은 평온한 일상으로 되돌아온 듯했다.

그런데 며칠 후 중종은 도저히 이해할 수 없는 조치를 내렸다. 공훈이 박탈된 공신들에게 이미 내려준 집이나 잡물 등을 거두어들이지 말라는 명을 내렸다. 정국공신 개정을 철회하는 조치였다. 또한 겨우 3일 전에 임명한 의정부 우참찬 이자, 승정원 좌승지 윤자임 등을 의금부에 가두고 조광조도 체포했다. 기묘사화의 시작이었다. 중종은 정국공신 개정문제와 맞물려서 이미 마음속에는 기묘사화를 기획하고 있었는지도 모른다.

그리고 중종은 위훈삭제를 발표한 10일 후 이를 철회했다. 영의정 정광필은 정국공신 개정은 당연하고 정당한 절차라고 다시 강조했으나, 이조판서 남곤이 의외의 발언을 했다.

"공신의 공훈이 분수에 맞지 않더라도 이미 삽혈동맹*까지 맺었습니다. 처음부터 개정하지 말았어야 했습니다." 『중종실록』 14년 11월 21일

조광조를 유배 보낸 다음날, 중종은 위훈삭제는 사리에 맞지 않고, 조종조에서도 개정한 일이 없었다고 슬그머니 말을 바꾸었다.

● 삽혈동맹: 돼지 등 동물을 희생시켜서 그 피를 마시거나 입술에 발라서 굳은 맹세를 하는 일

예조판서 신상이 말했다.

"조광조를 유배 보낸 후 공신 개정을 철회한 것은 시기가 옳지 않습니다."

"공신 개정 때문에 조광조 등을 죄주었겠는가? 공신기록의 잘못이 뚜렷이 드러났더라도 고칠 수 없다."『중종실록』14년 11월 21일

조정을 떠들썩하게 한 위훈삭제는 다시 물거품이 되었고, 조광조 등 많은 젊은 인재들만 죽거나 유배를 당한 상처만 남겼다.

기묘사화 이후 중종은 무척 총애했던 김안로를 비롯한 일부 신하들을 또 국정농단을 했다고 죽이거나 유배를 보냈다. 나중에 중종은 인재의 고갈을 절감하고 다시 인재를 찾으려고 했다. 중종32년, 영의정 윤은보는 기묘사화 이후의 실태를 솔직하게 아뢴 바 있다.

"기묘년에 국사를 어지럽혔다고 사형시키거나 유배를 보냈습니다. 당시의 인재 중에 살아남은 자가 거의 없습니다. 두세 명이 있기는 하지만 지엽적인 사람들입니다."『중종실록』32년 12월 13일

중종은 조광조와 더불어 현량과를 통해 젊은 인재들의 등용문을 마련하고, 그들이 개혁정책을 펼치도록 지원하고 맡겼으나, 결국 조광조 등을 의심해 유배를 보내고 죽였다. 그리고 세월이 흐른 후 다시 인재를 구하려고 했으나, 이미 인재들은 땅 속에 있었다. 중종은 조광조 사후 모든 것을 되돌려 놓았다. 소격서를 부활하고 현량과를 폐지하고 위훈삭제는 없던 일로 했다. 조광조가 있고 없음에 따라 자신이 결정한 정책을 이랬다저랬다 한 것이다.

중종은 기묘사화 이후 25년간 왕좌에 있었다. 결코 짧지 않은 기간이다. 조광조와 젊은 인재들을 죽이고 훈구파와 더불어 나라와 백성을 위해 어떤 정책을 폈을까? 임금으로서 줏대를 가지고 정책을 폈는지, 기준은 무엇인지, 이후 역사에 무엇을 남겼는지 묻고 싶다.

조광조에 대한
사랑이 증오로 바뀌다

중종에게는 두 명의 조광조가 있었다. 사랑의 눈으로는 조광조의 장점을 살려서 곁에 두고 가르침을 받고자 했고, 조광조가 사직서를 여러 번 내도 받아주지 않았고, 오히려 초특급으로 승진을 시켰다. 반대로 조광조가 개혁정책을 추진하자 증오의 눈으로 바뀌어 단점을 들추고 배척하고 죽였다. 조광조의 실체는 변함이 없었으나, 조광조를 바라보는 눈이 바뀐 것이다. 조광조가 조정에 들어오는 과정부터 보자.

: **성균관과 조광조** :

조선은 선비들의 교육기관으로 성균관을 두었다. 성균관은 유학교육을 담당한 기구로서 유학을 강론하는 명륜당과 공자를 모시는 문묘, 유생을 위한 기숙사인 동재와 서재가 있다. 태조1년, 문무백관의 관제를 정해서 성균관을 두고 뛰어난 유생의 교육을 관장시켰다. 이후 『경국대전』은 성균관에 관한 규정을 두는데, 지사정2품 1명, 동지사종2품 2명은 겸직이며, 실질적 책임자는 대사성정3품이고, 그 아래 종3품에서 정9품까지 34명의 관원을 두고 유생을 가르쳤다.

연산군 때 성균관은 수모를 당했다. 연산군은 문묘의 하마비와 대성전, 명륜당의 편액을 다른 곳으로 옮기게 하고, 군사들을 강원도 등으로 보내 생포한 호랑이나 멧돼지 등을 대성전에 가두고, 벽에 구멍을 뚫어 활을 쏘는 유희를 즐겼다. 중종반정과 더불어 성균관도 제 모습을 찾아갔다. 중종은 성균관을 수리하고 연산군 때 옮긴 위판을 다시 봉안해서 배움의 터로 복원했다.

조광조는 중종5년 29세 때 생원시에 합격해서 성균관에 들어왔다. 학문을 배우는 자세로서 하루종일 홀로 의관을 반듯하게 갖추고 단정하게 앉아 있었다고 한다. 처음에는 다른 유생들의 웃음거리가 되었으나, 이에 아랑곳하지 않고 곧은 자세를 유지하자 차츰 따라하는 유생들이 생겼다고 한다.

중종은 성균관 유생들을 상대로 전강을 치렀다. 전강殿講은 성균관 유생들을 대궐로 불러 임금이 친히 행하는 시험이다. 사서와 오경 중에서 찌를 뽑아 외게 하는데, 좋은 성적을 올리면 과거에서 혜택을 받는다. 조광조는 전강에서 『중용』을 강론해서 통通, 약略, 조粗, 불不 중에서 두 번째로 좋은 성적인 약을 받았다. 조광조는 이보다 앞서 치러진 진사시험에서는 장원을 했다.

중종6년, 성균관과 예조에서 각각 성균관 유생을 천거했는데, 두 곳에서 모두 조광조를 천거했다.

"조광조는 마음과 행실이 뛰어나며 사람들의 신임을 얻고 있어 천거합니다." 『중종실록』 6년 4월 18일그러나 조광조를 더 큰 인물로 키우고자 한 대간과 승지들은 반대했다.

"조광조는 학문에 큰 뜻을 두고 있습니다. 학문에 좀더 정진하게 한 후 발탁해도 늦지 않을 것입니다." 『중종실록』 6년 4월 11일

"조광조를 지금 서용하지 말자는 것은 덕을 더 쌓아 큰 인물로 삼으려는 것입니다." 『중종실록』 6년 4월 18일

4년 후, 조광조는 다시 성균관의 천거를 받아 조지서 사지종6품로 발탁되어 벼슬길에 나아가게 된다. 종6품으로 장원급제의 대우를 받았다. 이후 조광조는 문과전시에 합격하고 성균관 전적을 거쳐서 사간원 정언에 임명된다.

: 조정에 파란을 일으킨 첫 상소 :

조광조는 사간원에 임명된 이틀 후, 상관들이 언로를 막고 있다고 질책하는 상소를 올리고 사직을 청했다. 조정에 큰 파문을 일으킨 상소였다.

중종10년, 조정은 뜨거운 감자로 시끌벅적했다. 중종의 두 번째 왕비 장경왕후 윤씨인종의 어머니가 승하한 후 왕비의 자리가 비어 있었는데, 임금에 오르자마자 쫓아낸 조강지처 신씨의 복위문제가 수면 위로 떠올랐던 것이다. 신씨를 쫓아내는 데 앞장선 핵심 3명박원종, 성희안, 유순정도 이미 죽었기에, 임금의 의지만 있다면 신씨의 복위는 쉬운 듯 보였다.

담양부사 박상과 순창군수 김정이 함께 글을 올려 신씨의 복위를 주장했지만, 반대하는 주장도 만만치 않았다. 두 번째 왕비 장경왕후는 승하했지만 원자를 낳았고, 원자는 장차 세자가 되고 임금이

될 가능성이 높았다. 그런데 신씨가 복위해서 아들을 낳으면, 원자와 정쟁이 생겨 상당한 후폭풍이 일어날 수도 있었다. 복위 반대자들은 이런 점을 우려했다.

중종은 반대파의 손을 들어주었고, 신씨의 복위 상소로 논란에 불을 붙였던 박상과 김정을 장 100대, 노역 3년에 처하고 고신을 빼앗았다. 상소를 올린 신하에게 무거운 벌을 준 것이다. 그런데 박상과 김정은 애초에 중종10년 8월 임금의 구언으로 상소를 올린 것이었다.

"말이 맞지 않더라도 죄를 주지 않겠다." 『중종실록』 10년 8월 12일

구언求言이란 재해 등이 있을 때, 임금이 신하에게 바른 말을 널리 구하는 것을 말한다. 구언에는 아무리 심한 말을 하더라도 죄를 묻지 않는 것이 원칙이다. 구언으로 죄를 주면 언로가 막히기 때문이다. 그럼에도 사간원과 사헌부는 이들에게 죄를 주라고 청했고, 임금은 애초의 약속을 어기고 벌을 내린 것이다. 조정은 또 찬반이 엇갈렸다.

이런 분위기에서 사간원 정언에 임명된 조광조는 중종10년 11월, 상소에서 신씨 복위의 찬반보다 이 과정에서 드러난 언로를 문제삼았다.

"언로가 통하고 막히는 것은 나라의 중요한 관건입니다. 언로가 통하면 나라가 잘 다스려지고 평안해지며, 언로가 막히면 나라가 어지럽고 망합니다. 임금의 언로를 넓히기 위해서 간관을 두는 것이고, 간관은 언로를 잘 열어놓아야 그 직분을 다했다고 할 수 있습니다. 재상들이 박상과 김정을 죄주라 하더라도 간관들이 막아야 하는데, 오히려 간관들이 죄를 주라고 언로를 훼손했습니다. 간관의 직분을 잃은 사헌부와 사간원을 모두 파직시키십시오. 저도 어찌 그들과 같이 일을 할 수 있겠습니까?" 『중종실록』 10년 11월 22일

조광조는 사간원의 막내로서 들어간 지 이틀 만에 사간원의 최고

수장과 상관들까지 파직하라고 당차게 요구하고, 그들과 같이 일할 수 없다며 사직을 청한 것이다. 중종은 조광조를 설득했다.

"다른 간관들은 이해를 했는데, 어찌 그대만은 용납하지 못하는가?"

"신은 다른 뜻이 없습니다. 사람마다 소견이 같지 않습니다. 신은 오직 언로를 위해 아뢴 것입니다. 어찌 그들과 함께 구차하게 일을 하겠습니까?"『중종실록』 10년 11월 22일

영의정 유순은 조광조의 말에 힘을 실어주었고, 좌의정 정광필과 우의정 김응기도 같은 의견이었다.

"언로는 나라의 존망과 깊이 관련이 있습니다. 새로 제수된 간원 조광조이 기존의 간관들이 언로를 막는다고 논박했으므로 바꾸어야 합니다."『중종실록』 10년 11월 23일

중종은 다음날 대사헌과 대사간을 비롯해서 사간원 전원을 교체했다. 조광조도 같이 교체되었고 직책을 내려놓아야 했다. 조광조의 첫 상소는 조정에 큰 파문과 함께 강력한 인상을 남겼다. 언로를 중시하고 불의에 타협하지 않는 조광조의 강직한 자세를 엿볼 수 있다.

: 왕의 신뢰, 파격 승진 :

조광조는 사간원 정언에서 물러난 지 약 3개월 후 홍문관 부수찬종 6품으로 복귀하고, 20여 일 후 다시 홍문관 수찬정6품으로 승진했다. 이로부터 파격 승진은 계속되었다. 임금을 자주 볼 수 있는 경연관도 겸직했다.

조광조는 특히 『소학』을 강조했다. 인륜의 근본을 갖추는 데는 이보다 나은 책이 없으며, 어린이뿐 아니라 어른도 계속 배워야 할 책이라 하고, 성균관에 있을 때도 몰래 볼 정도로 애착을 가졌다. 임금

에게 『소학』을 교재로 진강을 했고, 중종도 이에 따랐다. 중종은 이런 말을 하기도 했다.

"『소학』은 어린이가 배우는 글이라고 하지만, 어른도 마음을 기울여서 평생 동안 배워야 한다."『중종실록』 12년 윤12월 21일

중종도 『소학』 예찬론자가 되어 언문으로 번역하여 1,300부를 찍어 신하들과 종친에게 나누어 주었다. 조광조가 사약을 받은 후 백성들 사이에 "조광조가 너무 『소학』을 강조해서 죽음에 이르렀다"『중종실록』 14년 12월 16일는 말이 돌기도 했다고 한다.

중종은 하루에 3번 하는 경연뿐만 아니라, 때로는 야대 및 불시소대*까지 했다. 임금이 경연을 열심히 하는 것은 신하와 백성의 복이지만, 오히려 조광조가 임금의 건강을 우려할 정도였다.

"내가 무슨 병이 있는가? 기쁜 마음으로 경연을 하는 것이다."『중종실록』 13년 1월 18일

중종은 오히려 조광조의 우려를 불식시켰다. 조광조는 임금에게 『중용』, 『대학』, 『성리대전』, 『근사록』 등 사물의 이치와 마음의 수양을 중시하는 책들도 권했다. 중종 11년 12월, 조광조는 중국의 태평성대로 잘 알려진 이제요·순와 삼왕우왕·탕왕·문왕 및 무왕을 임금이 도달할 이상적 목표로 제시했다.

"요·순 임금은 천성대로 하고, 탕왕과 무왕은 천성으로 되돌아왔습니다."『중종실록』 11년 12월 12일

조광조는 요·순 임금의 '천성'으로 가는 길은 오로지 학문을 통해서 가능하다고 생각하고, 임금이 그 길을 가기를 바랐다. 조광조가 임금에게 추천하고 강론한 책을 보면, 그가 도학사상에 근거를 둔

● 불시소대(不時召對): 왕이 갑자기 신하를 불러 하는 경연으로 조광조의 건의로 이루어졌다. 중종 때 유일하게 실시했다.

이상정치를 실현하려 했다는 역사의 평가에 수긍이 간다. 중종뿐만 아니라 조선 대부분 왕의 경연교재는 주로 정신적 수양과 도덕을 강조하는 책들이었고, 백성의 삶이나 국방과 연결되는 경세치용이나 부국강병의 실용적 학문은 거의 다루지 않았다. 임금의 경연에서 양쪽이 조화롭게 다루어지지 않은 것은 참으로 아쉽게 생각한다.

중종은 홍문관에 마음의 경계를 삼을 만한 좋은 글귀, 즉 계심잠을 지어 올리도록 했다. 조광조의 계심잠이 장원을 했는데 개인 문집에 일부 남아 있다. "의가 드러난 뒤에 인이 두루 미친다."* 조광조는 의와 인, 하늘의 이치와 사람의 도리를 마음의 경계로 삼도록 하고, 성리학의 중요성을 누누이 강조했다.

"임금은 도덕을 기초로 여겨야 합니다. 성리학은 시나 문장과 다릅니다. 따라서 임금은 가까이하고 받드는 것을 조심스럽게 해야 합니다."

"아랫사람들은 임금이 가까이하고 꺼리는 대로 따르는 법이다. 성리학은 임금만이 아니라 신하, 백성도 모두 당연히 따라야 하는데, 요즘 성리학에 매진하는 사람이 없다."

"성리학은 나를 위한 학문입니다. 그런데 요즘 사람들은 타인을 위한 학문만 하고 있습니다. 만일 임금이 가까이하고 받드는 것을 보여주면 신하와 백성들도 기꺼워할 것입니다. 어찌 성리학에 매진할 사람이 없겠습니까?"

"성리학을 법으로 부추길 수 없다. 임금이 성리학을 받드는 뜻을 보이면, 성리학에 매진하는 사람이 생길 것이다."『중종실록』 11년 10월 19일

중종과 조광조는 각자의 위치에서 성리학을 바라보고 실천하고자 했다. 임금은 조광조의 말에 따르지 않는 것이 없다고 할 정도로

- 義形於事 仁溥於物. 숙종 때의 문인 임영이 『창계집』에서 조광조의 계심잠 중에서 이 구절이 매우 좋다고 하면서 주해를 해 두었다.

신뢰했다. 조광조의 승진 속도를 보면 임금의 신뢰를 엿볼 수 있다. 조광조는 중종10년 종6품 조지서 사지로 발탁되었고, 과거에 합격한 후 중종13년 홍문관 부제학 정3품 당상관이 되었다. 조선에서 당상관에 오르기 위해서는 과거 합격 후 20년 정도 걸렸으나, 조광조는 3년 만에 오른 것이다. 7개월 후 성균관 동지사도 겸하는데, 성균관 동지사는 가선대부로서 종2품이며, 이틀에 한 번꼴로 임금을 만나서 가르치는 직책이다.

조광조는 너무나 급격한 승진을 오히려 불안하게 여기고, 중종13년 7월, 동지사 자리의 사직을 청했다.

"신은 과거에 합격한 지 40개월이 못 됩니다. 벼슬이 너무 빨리 뛰어올랐습니다. 이로 인해 친척과 고향사람들이 '화가 바로 가까운 앞날에 있다'고 우려하고 있습니다. 감히 사직을 청합니다."『중종실록』13년 7월 11일

하지만 중종은 받아들이지 않았다. 조광조는 불길한 말까지 하며 다시 간절한 사직의 심정을 아뢰었다.

"만약 신이 이 직임을 받아서 분수가 지나치면, 조물주도 시기해서 반드시 천벌을 내리고 신의 몸을 보전하지 못할 것입니다."『중종실록』13년 7월 11일

조광조는 7번이나 더 사직을 청했으나 임금이 받아들이지 않았다. 조광조의 가르침을 계속 받으려는 임금의 신뢰를 가늠할 수 있다.

: 중종에 대한 평가 :

조광조가 조정에 들어온 지 4년여, 중종과 조광조는 끈끈한 신뢰관계로 이어졌고 찰떡궁합으로 여길 만했다. 그러나 앞서 설명한 소격

서 폐지, 현량과 설치, 위훈삭제 등으로 서서히 틈이 벌어지게 되고, 결국 중종은 조광조를 유배 보내고 죽였던 것이다.

『중종실록』 14년, 사관은 조광조를 죽인 중종에 대해 개인 의견을 첨부해 평했다.

"임금은 즉위한 이래로 대간이 가혹한 벌을 청해도 선뜻 결정하지 않고 되풀이해서 묻고 공평하게 처리하려고 했다. 임금의 뜻으로 사람을 죽이지 않았다. 그러나 대간이 조광조의 죄를 더 주자는 청을 올리지 않았음에도, 갑자기 임금의 결단으로 조광조를 죽이는 분부를 내렸으니, 지난날 조광조를 도탑게 총애하는 것과 비교하면 마치 두 임금을 보는 것 같다." 『중종실록』 14년 12월 16일

조광조는 생전에 시를 짓는 것을 낮게 평가했으나 죽음을 앞두고 시를 남겼다. 사약을 마시기 전에 가족에게 보내는 편지와 함께 남긴 시이다.

"임금을 어버이처럼 사랑하였고 / 나라를 내 집처럼 근심하였네. / 밝은 해가 아래 세상을 굽어보니 / 충심을 환하게 비추리라." 『중종실록』 14년 12월 16일

조광조는 목욕하고 조용히 죽음을 맞이하면서 누구에게도 원망을 하지 않았다고 한다.

조선 중기의 문신 권별은 인물열전을 기록한 『해동잡록』에서 조광조의 3가지 불행을 이야기하고 있다. 첫째, 과거에 급제해서 너무 빨리 벼슬이 오른 것이고, 둘째, 벼슬에서 물러나기 위해서 사직서를 올렸으나 임금이 받아들이지 않은 것이고, 셋째, 귀양을 간 곳에서 최후를 맞이한 것이다.

중종33년 2월, 우찬성 소세양은 중종의 치적 30년을 되돌아보면서 이 시기만 잘 살펴도 귀감을 찾을 수 있다고 간언을 올렸다.

"기묘사화 이전은 모두 안심하고 서로를 의심하지 않았습니다. 그러나 기묘사화 이후로 선비들은 서로 군자와 소인을 나누는 의심이 생겼습니다. 또한 임금은 한쪽을 너무 편애했습니다. 기묘인 기묘사화로 희생당한 조광조 등을 잘못 처우했고, 경빈 박씨를 지나치게 총애했으며 김안로를 너무 후대했습니다. 그리고 모두 죽음에 이르게 했습니다. 인재를 분발하게 하는 것은 임금에게 달렸고, 성심으로 대해야 인재를 얻을 수 있습니다." 『중종실록』 33년 2월 29일

기묘사화를 통해서 임금이 신하를 의심하고 참소를 듣고 정보를 공개하지 않은 채 판단을 내리는 것이 얼마나 위험한 것인지 알 수 있다. 그것이 은밀한 참소일수록 더욱 그렇다. 조광조의 학문적 역량이나 개혁정책, 조정대신들의 공개 토론이나 합리적 의견도 모두 은밀한 참소를 이기지 못했다.

『중종실록』 39년, 사관은 중종에 대해 이렇게 평했다.

"천성은 인자하고 공손하고 검소했다. 그러나 우유부단하여 아랫사람들에게 끌려다녔다. 배다른 동생 견성군 이돈을 죽여 형제간의 우애가 이지러졌고, 조강지처 단경왕후를 내치고 경빈 박씨를 죽여서 부부의 정이 없어졌으며, 아들 복성군과 사위 홍여를 죽여 부자간의 은의가 어그러졌다. 또한 많은 신하를 죽여서 군신의 은의가 야박해졌다. 애석하도다." 『중종실록』 39년 11월 15일

기묘사화는 무오사화와 갑자사화에 이어서 조선의 인재들을 또 한 번 고갈시켰다. 인재는 나라의 기둥이다. 중종은 39년간 재위했으나 뚜렷한 업적이 떠오르지 않는다. 이는 인재의 도움을 받지 못했기 때문이 아닐까? 인생의 교훈은 역사나 경전을 통해서 배울 수 있으나, 인재는 다른 세대에서 빌려올 수 없다.

작서의 변,
의심만으로 죄를 주다

SBS 드라마 〈여인천하〉에서 배우 도지원 씨가 연기했던 명대사 "뭬 야?"로 잘 알려진 경빈 박씨는 중종과 20여 년을 함께했다. 그녀가 중종에게 마지막으로 한 행동은 왕의 세숫물을 받쳐주는 다정한 모 습이었다. 그 모습을 끝으로 해서 중종과 멀어지고, 아무런 법적 근 거 없이 남편의 명으로 죽어야 했다.

: 경빈 박씨 :

경빈 박씨는 경상도 상주의 미인으로 아름다운 자태가 다른 후궁들 을 압도했다고 한다. 그녀의 미모는 어떻게 궁궐까지 알려졌을까? 연산군12년, 연산군은 채청사참판급를 전국에 파견해 17세에서 30세 까지의 고운 여인들을 뽑아오게 했는데 중종반정으로 중단되었다. 박씨의 아름다운 자태는 이때 궁궐에 알려졌다고 한다.

중종이 조강지처 신씨단경왕후를 쫓아낸 바로 다음날, 예조는 후궁을 간택해서 새로운 중전을 세우려는 계획을 하고 임금의 허락을 받았다. 이렇게 해서 4명의 처녀가 후궁으로 간택되어 궁궐로 들어왔고, 박씨도 이때 궁궐에 들어와 후궁이 되었다. 중종2년 3월, 중종이 왕위에 오른 지 약 1년 6개월 후 좌의정 박원종 등이 건의했다.

"숙의 홍씨와 윤씨의 부친은 이미 벼슬을 높여주었습니다. 그러나 나씨와 박씨의 부친은 아직 은혜를 입지 못했습니다. 나씨의 부친은 문관, 박씨의 부친은 무관의 직책을 올려주시고 봉록도 넉넉하게 주소서."『중종실록』2년 3월 18일

숙의 홍씨는 빈이 되고, 숙의 윤씨는 중종의 두 번째 왕비로서 장경왕후가 되었다. 나씨는 숙의에 올랐지만 임신 중에 죽었고, 박씨는 후일 빈에 올라 경빈이 되었다. 박씨의 아버지 박수림은 선비 집안이었지만 상주의 집이 매우 가난한 정병*이었는데, 박원종의 건의로 무관의 참상6품 이상 종3품 당하관까지의 벼슬이 되었다. 아름다운 딸 덕으로 평범한 농민에서 한 고을을 다스리는 목민관의 지위까지 오른 것이다. 박씨가 궁궐에 들어와서 중종의 사랑을 받고 있음을 알 수 있다.

중종4년, 박씨는 중종의 첫아들 복성군을 낳았다. 대단히 축복받을 일이었으나 후일 불행의 씨앗이 된다. 왕비의 아들보다 세상에 먼저 나온 것이 이유였다. 장경왕후 윤씨는 복성군이 태어난 지 6년 후 아들인종을 낳았다. 중종은 3명의 왕비에게서 2남 5녀, 7명의 후궁에게서 7남 6녀를 낳아 총 20명의 자녀를 두었다. 중종은 이 중에서 경빈 박씨와 첫아들 복성군을 왕으로서 죽인 첫 사례가 되었다.

● 정병: 군적에 들어 있는 장정으로 평소에는 농사를 짓다가 나라가 필요할 때 동원되는 병사이다.

: 작서의 변 :

중종22년 3월, 좌의정 이유청과 우의정 심정은 자신들이 들은 이야기를 임금에게 보고하고 범인을 색출해야 한다고 건의했다. 모두 세자인종의 장인 윤여필에게 들은 것이었다. '작서의 변'이라고 부르는 사건은 이렇게 시작되었다.

"세자궁에 요괴스러운 일이 있었다고 들었습니다. 만일 이것이 사실이라면 매우 경악스러운 일입니다."

"신도 세자궁에 요괴스러운 일이 있었다고 들었습니다. 추국해서 범인을 색출해야 합니다."

"그것이 무슨 소리인가?" 『중종실록』 22년 3월 22일

우의정 심정은 자신이 들은 이야기를 상세히 아뢰었다.

"세자의 생신날에 침실 창문 밖에 사지가 찢기고 불에 지져 죽은 쥐가 매달려 있었다고 합니다. 이달 초하룻날에도 그런 일이 일어났다고 합니다."

"해괴한 일이 궁궐 밖으로 퍼졌는데도 나는 전혀 몰랐다. 세자의 측근에게 물어 사실을 밝히겠다." 『중종실록』 22년 3월 22일

중종은 세자궁 사람들을 추문했으나 모른다는 답변뿐이었다. 중종은 이런 일은 익명서와 같고 어떠한 술법인지 알 수 없으니, 어떻게 조처를 해야 할지 난감하게 여겼다. 중종의 어머니 정현왕후 윤씨도 이 사건을 알고 있었으나 사안을 무겁게 보지는 않았다. 세자의 어머니는 이미 승하했기에, 할머니이자 중종의 어머니 정현왕후의 말은 궁궐의 어른으로서 권위가 있었.

"나도 그런 일을 들었다. 그러나 증거가 없고, 궁궐에서 큰 옥사를 일으킬 수 없으므로, 사실을 따지지 않았고 임금에게 아뢰지 않

왔다. 조정대신들은 이런 뜻을 알아주기를 바란다."

왕과 정현왕후의 발언을 보면 사건은 흐지부지될 듯했다. 하지만 대신들은 세자를 위해하는 매우 중대한 사건으로 보고 있었다.

"죽은 쥐를 매단 것은 요술을 부려서 세자를 해치려는 것입니다. 임금께서 추국해서 죄를 내리소서." 『중종실록』 22년 3월 23일

중종도 진상을 밝히고 싶었으나 마땅한 방법이 없었다. 죽은 쥐가 최초로 발견된 곳은 세자궁과 연결된 동산이었다. 당시 경복궁은 지금과 달랐다. 세자궁은 경복궁의 오른쪽에 있었고 자그마한 산과 연결되어 있었는데 이를 '동산'이라 했다. 동산은 궁궐 하인들이 지나다니는 길이 있었고, 나무가 많고 숲이 우거져 궁녀들이 그곳에 들어가 소변을 보기도 했다.

"세자궁 담장 밖에 있는 동산에 가서 소변을 보았습니다. 올려다 보니 죽은 쥐가 나뭇가지에 걸려 있었습니다. 그러나 누가 쥐를 매달았는지는 보지 못했습니다." 『중종실록』 22년 3월 24일

계집종 내은덕을 비롯한 궁녀들은 소변을 보러 갔다가 죽은 쥐를 발견했지만, 누구 짓인지 알지 못한다고 했다.

이후 죽은 쥐는 두 번 더 발견되었다. 한 번은 세자의 침실 밖 창문에 죽은 쥐를 매달아 놓았고, 또 한 번은 임금의 침전 강녕전 뜰에 죽은 쥐가 버려져 있었다. 누군가 더욱 담대하게 세자궁과 강녕전까지 죽은 쥐를 가져다 놓은 것이다.

특히 강녕전에서 죽은 쥐를 처음으로 본 것은 중종이었다. 임금이 침실에서 나오자 경빈 박씨가 세숫물을 떠다 올렸다. 임금이 세수를 마치고 보니, 남쪽 난간에 죽은 쥐가 엎드려 있었다.

당시 강녕전에는 경빈 박씨 외에도 창빈 안씨, 후궁 김씨와 다수의 궁녀들이 있었다. 의금부는 동산에서 죽은 쥐를 최초로 목격한

계집종 내은덕을 비롯한 세자궁의 궁녀들을 추국했으나 진상을 밝혀내지 못했다. 중종의 목격담, 후궁과 궁녀들의 진술은 거의 일치했다. 의정부, 홍문관, 세자 시강원, 예문관 등에서 상소가 빗발쳤다. 조정대신들이 끝까지 범인을 밝혀야 한다고 주장한 이유가 있었다.

중종의 왕세자 호인종는 당시 12세로 을해乙亥생이다. 죽은 쥐를 매단 날도 세자의 생일이었고, 죽은 쥐를 매단 방향도 해방亥方, 북쪽이었다. 이것은 단순히 궁녀들의 저주를 넘어 요괴스러운 술책으로 세자를 해하려는 의도가 있다고 보았던 것이다.

조정대신들은 이제 자신들이 직접 추국하겠다면서 국문할 명단을 요구했다. 중종은 경빈 박씨의 계집종 범덕을 비롯한 다른 후궁의 시녀들 명단을 넘겨주었다. 대신들은 이들을 고문하며 추국했으나 결과는 마찬가지였다.

"죽은 쥐를 갖다놓은 사람은 보지 못했습니다."

특히 경빈 박씨의 계집종 범덕에게는 두 번 더 형신을 가해서 추궁했으나 같은 대답이었다. 중종은 심문할 대상을 더 넓혔다. 방자들도 조사했다. 그녀들은 잔심부름이나 빈 그릇을 치우기 위해서 여러 곳을 이동할 수 있다.

"너의 주인후궁 혹은 궁녀이 쥐를 가지고 다닐 때 보았느냐? 너의 주인이 하지 않았다면, 궁궐에 의심이 가는 사람은 누구냐? 너는 어디에 있었느냐?"『중종실록』 22년 4월 7일

하지만 죽은 쥐가 발견된 후 20여 일이 지났으나 진상 규명은 지지부진했다. 그런데 분위기를 확 바꾸는 일이 일어났다. 바로 대왕대비 윤씨가 조정에 내린 언문 편지였다.

대왕대비 윤씨는 죽은 쥐가 발견될 때부터 사건의 전말을 보고받았고, 조정에서 진상을 밝힐 것으로 기대하고 기다렸으나, 진상이

밝혀지지 않자 자신의 생각을 조정에 밝힌다고 했다. 그리고 세자궁에서 발견된 죽은 쥐에 대해서는 세자궁 시녀들의 진술을 받아들여 의심할 만한 사람이 없으나, 강녕전의 죽은 쥐에 대해서는 경빈 박씨에게 의심할 만한 단서가 있다고 주장했다.

"경빈 박씨가 강녕전에 오랫동안 혼자 앉아 있었고, 경빈의 계집종 범덕이 뜰을 두 번이나 왕래했다. 강녕전의 죽은 쥐를 처음 본 것도 그 계집종이었다. 만일 다른 사람이 강녕전에 죽은 쥐를 버렸다면 왜 그녀가 몰랐을까?" 『중종실록』 22년 4월 14일

대왕대비는 증거를 제시하지는 않았다. 경빈 박씨는 결코 자신은 죽은 쥐를 버리지 않았다고 주장했다. 하지만 조정대신들은 가뭄에 단비를 만난 것처럼 대왕대비의 말을 받아들였다.

"대왕대비의 전교는 종묘사직을 보전하기 위해서 지시한 것입니다. 신 등은 감동스럽기 그지없습니다." 『중종실록』 22년 4월 14일

좌의정 이유청 등은 경빈 박씨를 아예 범인으로 지목하고 궁궐에서 내쳐야 한다고 주장했다. 당시 세자인종의 어머니 장경왕후는 승하했고, 경빈이 임금의 총애를 받고 있었다. 이유청 등은 경빈이 자신의 아들 복성군으로 세자 자리를 엿보고 있다고 보고, 경빈을 내쳐야 세자가 나라의 국본으로 흔들리지 않는다고 여겼다.

중종은 이유청 등의 건의에 바로 반응했다. 경빈의 계집종 3명을 동문 밖으로 내쳐서 추궁하고, 경빈도 죄인으로 의심해서 바로 궁궐 밖으로 내보냈다. 20여 년을 함께한 경빈을 증거도 없이 죄인으로 의심하고 변호할 충분한 기회도 주지 않았다.

경빈의 계집종들에게 다시 모진 형신이 시작되었다. 특히 강녕전 뜰을 2번이나 오간 범덕은 12차례나 형신을 받았고, 다른 계집종들도 4, 5차례 형신을 더 받았다. 이들은 모두 죽은 쥐를 버린 사람을

보지 못했다고 진술했다. 영중추부사 정광필, 좌의정 이유청을 비롯한 조정대신들은 임금의 말씀, 그리고 죄를 추궁한 추관의 말을 종합해서 결론을 내렸다. 그런데 이상한 논리를 폈다.

"진상은 알 수 없습니다. 그러나 의죄해야 합니다." 『중종실록』 22년 4월 21일

사건의 진상은 알 수 없지만 의심만으로도 죄주어야 한다며, 세자를 보호하기 위해서 불가피한 조치라고 했다. 중종은 조정대신들의 '의죄' 요구를 받아들였다.

"세자궁에 쥐를 지져 죽여서 저주한 일은 궁녀들이 많아서 범인을 밝힐 수 없었다. 그러나 강녕전의 죽은 쥐에 대해서는 경빈이 침실에 있었으므로 사람들이 모두 의심했다. 조정과 의논해서 경빈을 의죄한다." 『중종실록』 22년 4월 21일

중종은 경빈 박씨를 폐하고, 서인으로 삼아서 궁궐에서 내쫓고 복성군의 작호도 빼앗았다. 조정대신들은 주범(?) 경빈이 처벌을 받았기에 나머지 수종자들도 처벌을 받아야 한다고 주장했다. 죄를 인정하지 않았고 증거도 없었음에도, 일부 궁녀들을 참하고 나머지는 장을 치고 유배를 보냈다. 궁궐의 여인들은 영문도 모른 채 죽거나 유배를 갔다. 중종 때는 이미 조선의 법전 『경국대전』이 있었다. 『경국대전』의 형전에 '의죄' 조항은 없다. 전혀 법적 근거가 없는 것이다. 더구나 중종 때는 선왕 연산군의 폭정을 경험했기 때문에 가능한 선정을 베풀어야 한다는 분위기도 있었다. 그럼에도 '의죄'로 죄를 주는 이상한 논리를 갖다붙인 것이다.

경빈 박씨와 첫아들을 죽이다

작서의 변은 법률적 근거도 없이 '의죄'로 죄를 주었다. 그 절박한 사정은 무엇일까?

작서의 변이 일어났을 때 경빈 박씨의 아들 복성군은 18세, 세자 호岵, 인종는 12세였다. 호는 6세에 왕세자로 책봉되어 6년째였다. 경빈을 궁궐에서 내쫓은 후, 중종22년 4월 대간은 한 발 더 나아가 이들이 역심을 품고 세자를 위해하려 했다며 사약을 내리라고 청했다.

"그 실정을 알아내지 못하고 사약을 내리는 것은 고금에 듣지 못한 것이다." 『중종실록』 22년 4월 22일

중종은 받아들이지 않았지만, 사헌부와 사간원은 합동으로 무려 30번이나 더 박씨의 목숨을 빼앗아야 한다고 요구했다. 그 근거는 대비가 이전에 내린 언문 편지였다. 중종22년 4월, 대왕대비는 다시 의지를 내렸다.

"내가 경빈 박씨를 의심한 것은 이것을 근거로 해서 조정에서 범

인을 밝혀주기를 바랐기 때문이다. 그러나 조정에서는 실정을 알아
내지 못했고 경빈에게 '의죄'로 죄를 주었다. 나는 경빈 박씨가 범인
이라고 확정하지 않았다. 나의 뜻을 임금과 대간에게 분명하게 전달
하라." 『중종실록』 22년 4월 23일

대왕대비는 자신의 의도가 잘못 전달되었고 자신은 경빈을 범인
으로 지목하지 않았다고 강조했으나, 조정대신들은 귀담아듣지 않
았다. 대왕대비의 첫 편지 때는 벌떼처럼 일어나 경빈의 처벌을 요
구했으나, 경빈을 범인으로 볼 수 없다는 두 번째 편지에는 거의 관
심을 기울이지 않았다. 듣고 싶은 말만 들은 것이다. 대간은 이후에
도 계속 경빈 박씨를 율에 의거해 죄를 줄 것을 요구했다. 경빈의 아
버지 박수림과 두 오빠는 파직되었고, 두 딸의 사돈 집안사람들도
자리에서 교체되었다.

이제 경빈 박씨는 다시 아들과 함께 고향 상주로 쫓겨갔다. 사실
상 유배를 보낸 것이다. 세자를 위해했다는 구체적 증거가 없었지
만, 후궁의 아들로서 세자보다 먼저 태어난 것이 죄라면 죄였다.

: 경빈 박씨와 복성군의 죽음 :

작서의 변이 일어난 지 6년 후, 경빈 박씨와 복성군은 자신들과 전혀
관계없는 사건으로 생명을 단축하게 된다. 엎친 데 덮친 격, 설상가
상이었다. 중종28년 5월, 세자궁의 남쪽 울타리 위에 사람 머리 모양
의 목패가 달려 있었다. 목패는 종이에 쌓여 있었으나 머리카락·눈·
귀·코·입 모양이 선명했다. 목패의 양쪽 면에는 끔찍한 내용의 글자
가 새겨져 있었다.

"앞면 임금을 교살하고, 중전을 참하고, 세자를 능지할 것"

"뒷면 5월 16일 병조 서리 한충보 등 15인이 행함" 『중종실록』 28년 5월 17일

병조 서리 한충보를 잡아와서 조사했으나 사건과 관련이 없었다. 한충보에게 원한을 품은 자, 그의 자리를 노리는 자, 목판의 글씨와 나무의 재질 등을 중심으로 조사했으나, 뚜렷한 단서가 없었고 범인이 좁혀지지 않았다. 그러나 대간은 이미 답을 정해놓고 있었다.

"흉악한 모의와 사특한 술수가 항상 세자궁에서 생기고 있습니다. 그 뿌리의 출처를 알기는 어렵지 않습니다. 화근을 제거하소서." 『중종실록』 28년 5월 18일

경빈 박씨와 복성군을 배후로 단정짓고 죽이라고 요구한 것이다.

"이 사건을 작서의 변과 연관시키지 마라. 아직 아무런 연관관계가 밝혀지지 않았는데 죄를 줄 수 있겠는가. 성급하게 죄를 주는 것을 바람직한 형벌이고 정치라고 할 수 있겠는가." 『중종실록』 28년 5월 19일

중종은 처음에는 신중을 기하고 조사 범위를 더 확대했다. 호조판서 겸 의금부지사 김안로가 추관으로서 한충보가 의심스럽다고 지목한 사람들을 심문했다. 김안로는 목패 사건의 배후를 경빈 박씨의 딸 혜정옹주의 남편 홍여로 몰아갔다. 별감 이은석이 홍여 집안의 종 수견과 강손에게 물었다.

"너희들은 무슨 일을 했으며, 명을 내린 사람은 누구냐?"

"상전의 명에 따라서 사람 머리 모양의 목패를 세자궁에 걸기 위해서 갔습니다."

"무슨 뜻인가?"

"꾀를 써서 세자를 해치기 위한 것입니다." 『중종실록』 28년 5월 21일

수견과 강손은 목패를 가져다 놓으라고 시킨 상전을 밝히지 않았으나, 김안로는 경빈 박씨의 사위 홍여를 지목했다. 당시 시묘살이 중이던 홍여는 잡혀와서 자신의 배후설을 부인했으나 형신을 당하

고 이틀 만에 맞아 죽었다. 정확한 나이는 기록에 없지만, 젊은 나이의 홍여를 가혹하게 고문하여 고의로 죽였음을 의심할 수 있다. 하지만 중종은 고문으로 사위가 죽었음에도 원인을 알아보려고 하지도 않고, 홍여를 주모자(?)로 결론을 내렸다. 경빈 박씨와 공모한 단서도 없었다.

중종은 의녀 2명을 상주로 보내 경빈 박씨에게 사약을 내렸다. 경빈 박씨는 아무런 법적 근거 없이 억울한 죽음을 당한 것이다. 사건은 이것으로 끝나지 않았다.

중종28년 5월, 조정은 다시 화의 근원을 복성군에게 돌렸다. 대간이 임금에게 고했다.

"이런 변고는 모두 복성군과 관계되어 뒷날 부귀를 누리는 발판을 마련하기 위한 것입니다. 화근이 되는 복성군을 속히 결단하소서."

"복성군의 어미가 죽었다. 이제 하찮은 사람이다. 죄가 없는 사람을 왜 죽여야 하나?" 『중종실록』 28년 5월 25일

영의정 정광필은 복성군의 생명을 보전하는 대신 유배를 보내자고 했고, 임금은 영의정의 중재안을 받아들이는 듯했으나, 좌의정 등 다른 대신들이 다시 강경한 주장을 펴자 태도를 바꾸었다. 강경한 주장을 편 좌의정 장순손을 영의정에 임명하고 복성군에게 사약을 내렸다. 복성군의 두 누이도 폐서인이 되었다.

"제왕이 아들을 죽였다." 『중종실록』 28년 5월 23일

중종이 가장 듣기 싫어했던 말이었다. 그러나 중종은 자신의 손으로 20여 년을 함께한 경빈 박씨와 첫아들 복성군을 죽였다. 자업자득이었다. 작서의 변과 세자궁 목패 사건의 처리과정에서 부왕 성종 때 완성한 『경국대전』의 법리는 작동하지 않았다. 후일 김안로의 농간이라는 것이 밝혀졌으나 이미 떠나간 생명은 다시 돌아올 수 없었다.

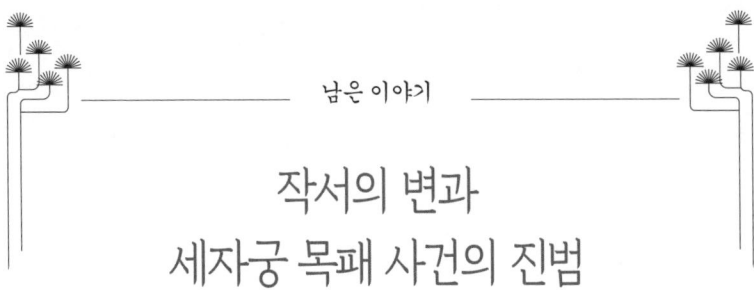

남은 이야기

작서의 변과
세자궁 목패 사건의 진범

경빈 박씨를 유배 보낸 지 5년 후, 중종27년 3월 임금은 작서의 변을 다시 들여다보고 진상을 밝힐 기회가 있었다. 생원 이종익이 옥중상소를 올려 진범은 따로 있다고 주장했기 때문이다.

"전하와 조정은 작서의 변의 범인을 추궁했으나 밝혀내지 못했고, 궁궐의 많은 사람들이 원통하게 죽어갔습니다. 작서의 변은 김희가 사심으로 일으킨 요망하고 간사한 행위에 불과합니다."『중종실록』 27년 3월 20일

이종익은 구체적 증거를 제시하지 않았으나, 김안로의 아들 김희를 범인으로 지목했다. 김희는 세자인종의 누이 효혜공주의 남편으로, 세자와 처남 매부 사이다. 만일 세자가 변고를 당해서 왕위가 복성군에게 넘어가면 그들의 처지가 불안할 수 있었다.

작서의 변이 일어났을 때, 김안로는 유배 중이었음에도 조용히 지내지 않았다. 아들 김희를 통해 임금에게 억울함을 호소하고, 그를 유배 보낸 남은을 비롯한 정적을 제거하고자 했다. 작서의 변을 꾸며 경빈 박씨를 궁궐 밖으로 내치고, 남은을 비롯한 정적들을 다른 구실을 만들어 죽였다.

김안로는 유배에서 풀려난 후 조정에 복귀해서 세자궁 목패 사건의 진범으로 홍여를 지목하고, 그 배후로 경빈 박씨와 복성군을 엮어 죽게 만들었다. 이것도 조작이었다. 세자궁 목패 사건의 진짜 범인은 사헌부 서리 김형경이었고 증언자와 증거물도 있었다.

"홍여를 대역죄인으로 몰아갔으니, 이렇게 억울한 옥사가 있을 수 있단 말인가. 경들은 당시 그 사실을 알고 있으면서 아무도 진실을 이야기하지 않았다." 『중종실록』 32년 11월 26일

중종은 후일 김안로가 이 모든 사건을 조작했음을 알았다. 그리고 진실을 이야기하지 않은 대신들에게 화살을 돌렸으나, 이미 때늦은 후회였다. 중종은 자신의 곁을 20여 년 동안 지킨 경빈 박씨, 첫아들 복성군, 사위 홍여를 뚜렷한 법적 근거 없이 자신의 손으로 죽인 것이다. 임금으로서 백성의 생명을 빼앗을 권한을 갖고 있었으나 전혀 법률에 근거하지 않은 오판이었다. 오판의 책임은 신하의 농간을 파악하지 못한 중종에게 있었다.

왕이란 무엇일까?

성종은 13세에 세자를 거치지 않고 하루 만에 왕이 되었으나, 정희왕후와 원상들의 보필을 받으면서 김종직 등 사림을 등용하고, 홍문관을 운영해서 인재를 기르고, 『경국대전』을 보완해서 반포하는 등 조선 초기의 제도를 안착시켰다는 평가를 받는다. 그리고 두 아들이 왕이 된다. 연산군과 중종이다. 연산군은 12년간 어좌에 있었으나 조선 최악의 폭군으로 쫓겨났고, 중종은 39년간 왕위를 누렸다.

성종의 첫 왕비 공혜왕후 한씨는 후사를 두지 못한 채 일찍 병으로 승하했고, 두 번째 왕비 신씨는 폐비로 강등되어 쫓겨났으나 연산군을 낳았고, 세 번째 왕비 정현왕후 윤씨는 중종을 낳았다. 중종은 쫓겨난 형 연산군의 자리에 앉아, 세자를 거치지 않은 채 하루 만에 왕이 되었다.

중종은 왕이 된 후 바로 조강지처 신씨를 쫓아내고 끝내 부르지 않았다. 또한 연산군의 맏아들 세자 이황9세을 비롯한 4명의 어린 조카도 죽였다. 임금의 자리에 앉았으나 반정을 일으킨 공신들의 주장에 옴짝달싹할 수 없었다.

: **왕으로서의 무력감** :

중종은 반정공신 박원종과 성희안 등이 죽은 후, 조광조 등 새로운 사림들을 등용하고 현량과도 실시해서 젊은 인재들을 발탁하고 자신의 세력으로 삼고자 했다. 특히 조광조의 학문을 높이 사서 경연관으로 삼았으며, 3년여 만에 당상관으로 올려주는 초특급 승진을 시켰다. 중종 주변에는 젊은 인재들이 모여들었고, 그들의 주장에 귀를 기울여 소격서를 폐지하고, 지방자치제의 일종인 향약을 시행하고, 거짓 공훈으로 얼룩진 위훈삭제 등 개혁조치를 단행했다. 중종의 치적으로 평가받을 수 있는 조치들이다.

그러나 중종은 조광조 등 신진사림들을 왕권을 위협하는 세력으로 보고 기묘사화를 일으켜 죽이거나 유배를 보냈고, 현량과를 폐지했으며, 위훈삭제는 없었던 것으로 되돌렸고, 폐지한 소격서도 부활시켰다. 임금으로서 펼친 나라의 정책을 손바닥 뒤집듯이 바꾸어 버린 것이다. 왕으로서 줏대를 가지고 나라의 정책을 펼쳤다고 할 수 있을까?

중종은 조광조와 경빈 박씨를 죽인 것처럼, 한때 극도로 신뢰하다가 뚜렷한 법적 근거 없이 측근들을 죽이곤 했다. 좌의정 심정과 김안로도 마찬가지였다. 심정은 남은과 더불어 기묘사화를 일으켜 조광조를 몰아내는 데 앞장섰고, 임금의 신임 아래 좌의정까지 올랐으나 경빈 박씨로부터 뇌물을 받았다는 죄로 사사되었다. 심정이 자신을 유배를 보내는 데 앞장선 데 대한 김안로의 복수심도 작용했다. 김안로의 농간에 놀아난 것이다.

　중종은 심정을 죽인 후 김안로를 측근으로 두고 총애하여 이조판서·우의정·좌의정까지 올려주었다. 그러나 결국 김안로도 사사했다. 세자의 보호막을 자처한 김안로가 세 번째 왕비 문정왕후를 폐위시키고, 왕비의 일족 윤원로 등에게 죄를 씌우려고 하자, 임금은 기미를 눈치채고 대사헌 양연에게 밀지를 내려 김안로를 탄핵해서 사사했다. 김안로도 중종에게 극도로 총애를 받다가 한순간에 버림받은 것이다.

　중종은 초기에 연산군의 폭정에 대한 반작용으로 선정을 베풀어야 한다는 압박감을 가졌기에 언로를 막지 않고 충언을 들으려고 노력했다. 그런데 어느 순간부터 신하를 극단적으로 총애하다가 한순간에 버리는 태도를 취했다. 조광조, 경빈 박씨, 심정, 김안로는 모두 한때 중종에게 엄청 총애를 받았고, 느닷없이 사약으로 죽음을 맞이한 공통점을 가지고 있다. 임금의 이성적 판단보다 감정적 기복에 좌우되는 결정이었다. 중종에게 사랑과 증오는 동시에 일어난 것이었다.

: 비전, 지혜, 안목을 갖춰야 :

왕의 자리는 핏줄로 주어졌지만, 왕의 역할은 그것만으로 되는 것이 아니다. 국가를 이끌어가는 비전, 좋은 신하를 알아보는 지혜, 충성을 가장해서 간신 노릇을 하는 신하를 가려내는 안목도 갖추어야 한다. 감정 기복에 흔들리지 않는 이성적 판단력과 사람을 부리는 지도력도 갖추어야 한다. 중종은 왕조국가의 선택된 핏줄로 왕위에 올랐으나 왕의 역할이 쉽지 않음을 절감했을까?

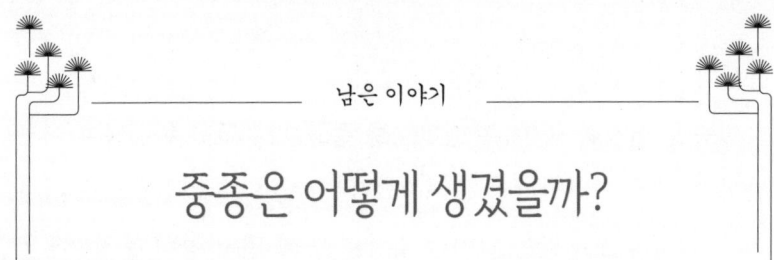

남은 이야기

중종은 어떻게 생겼을까?

왕의 얼굴을 그린 초상화를 '어진'이라고 한다. 조선은 어진을 보관하는 별도의 전각을 둘 만큼 소중하게 여겼다. 그럼에도 현재 남아 있는 어진은 태조, 영조, 불에 탄 철종 어진 정도이고, 세조는 원본의 초상을 베낀 이모본이 남아 있다. 지폐 만원의 세종 얼굴은 어진에서 본뜬 것이 아니고 국가 표준 영정으로 현대에 그린 얼굴이다. 순종과 고종은 사진으로 남아 있다.

어진

어진은 도화서 화원이 생생하게 그렸기에 실물에 매우 근접하다. 태조의 어진은 얼굴의 점까지 묘사하고 있다. 조선은 어진을 살아있는 임금을 대하는 듯 소중하게 모셨다. 어진을 모시는 전각을 '어용전'이라고 했다가 '진전'으로 고치고 분산 배치했다. 태조의 어진은 전주 경기전에 있던 것이 남은 것이다. 다른 어진들은 전쟁의 참화를 피할 수 없었다. 임진왜란으로 경복궁과 창덕궁, 창경궁이 불탈 때, 그리고 한국전쟁에서 부산의 한 창고에 보관된 궁중유물이 불탈 때 어진도 역사의 저편으로 사라졌다.

중종의 시신 확인

그런데 11대 중종의 외모를 추정할 수 있는 근거가 있다. 선조26년 임진왜란이 발발한 1년 후, 경기좌도 관찰사 성영은 선릉성종의 능과 정릉중종의 능이 파헤쳐졌다고 보고했다. 성종 능에는 시신이 없어지고 불에 탄 재만 남아 있었고, 중종 능에는 불에 탄 재와 함께 형체가 완전한 시신 한 구가 남아 있었다. 선조는 그 시신이 중종의 실제와 맞는지 확인해야 했다.

중종이 승하한 지 49년이 지났지만, 다행히도 중종을 섬긴 몇몇이 살아 있었다. 며느리 덕양군 부인 권씨, 상궁 김씨, 서릉군 이섬의 모친, 종친으로 궁궐 출입이 잦았던 부안도정 이석수와 영원수 이덕수, 중종 때 홍문관 정자로 시작해서 네 임금중종·인종·명종·선조을 모신 84세의 송찬이었다. 이들의 증언을 종합하면, 중종은 키가 훤칠하고 얼굴이 갸름하며, 얼굴에 얽은 흔적과 사마귀의 흔적이 있으며, 콧등이 높은 매부리코이고, 턱은 약간 굽고 모났으며, 수염이 많지 않고 길지 않았으며 황자색이었다.

모두 현장에 가서 시신을 확인했으나 그들의 기억과 많이 달랐다. 시신은 비대한 편이었고, 왼쪽 가슴에 칼로 세 곳이나 찔린 흔적이 있었다. 중종의 시신으로 단정지을 수 없었다.

우변포도대장 이일은 선릉과 정릉을 훼손한 범인으로 풍저창의 종 팽석을 지목했다. 왜적과 결탁해서 능을 훼손했다며 의금부로 넘겨 추국했다. 팽석이 어떤 인물인지, 왜 왜적과 결탁해서 능을 훼손했는지, 시신은 어떻게 처리했는지 등에 대한 의문이 떠오르지만, 안타깝게도 『선조실록』에는 추국한 기록이 없다.

선조가 의주로 피난갔다가 돌아왔지만, 아직도 전쟁 중이어서 어수선한 상황이었다. 성종과 중종의 무덤에는 전쟁의 참화와 더불어 풀어야 할 숙제가 남아 있다. 중종의 어진은 남아 있지 않지만 외모는 어느 정도 상상이 간다. 늘씬한 키와 갸름한 얼굴의 매부리코, 그리고 황자색의 수염은 요즈음 기준으로 미남형이라고 할 수 있지 않을까?

종계변무를 고치고자 하다

중종13년 4월, 중국의 사신으로 간 정조사 이지방은 『대명회전』이라는 책을 사왔다. 명나라의 법령과 제도를 편찬한 공식 법전으로 황제의 서문도 있었다. 그런데 그 책에 조선의 역사와 전혀 다른 내용이 실려 있었다.

"태조 이성계는 이인임의 후예로서 (고려) 왕씨의 네 왕을 시해하고 왕위에 올랐다." 『중종실록』 13년 4월 26일

이인임은 고려 말 문신으로 친원정책을 폈고 이성계와 정치적으로 대척점에 있었는데, 태조 이성계가 그런 이인임의 자손이고, 고려의 왕 네 명을 살해했다니…. 조선 역사에 부합하지 않고, 태조 이성계를 폄하하는 왜곡된 역사가 왜 명나라의 공식 법전에 기록되어 있을까? 왜곡된 역사를 바로잡을 수 있을까?

: 왜곡된 역사 :

그런데 조선 초기부터 『대명회전』에 기록된 내용을 알고 있었다. 태조3년 중국의 흠차내사 황영기가 해악산천 등의 신령에 고하는 축문을 가져왔는데, 아래와 같이 쓰여 있었다.

"고려 신하 이인임의 후사 이성계가 공공연하게, 또는 비밀리에 사람을 보내서 명나라를 정탐하고, 명나라의 변방 장수를 유인하고, 바닷가 백성들을 죽이거나 약탈하는 나쁜 일을 한다." 『태조실록』 3년 6월 16일

조선으로서는 얼토당토않은 이야기였다. 그런데 그런 내용을 명나라에 제공한 인물이 있었다. 고려 말 이성계의 반대편에 선 윤이와 이초는 이성계를 제거하고자 명나라에 힘을 빌리러 갔다. 이들은 명나라에 왜곡된 내용을 증언했고, 그 증언이 「조훈조장」에 실리고 이후 『대명회전』에까지 기록된 것이다. 조선은 종계의 무고함을 따져서 명백하게 바로잡아야 했는데, 이를 '종계변무宗系辨誣'라고 한다.

태조3년, 잘못된 내용을 수정하고자 바로 황제에게 외교문서를 보냈으나 반응이 없었다. 두 번째로 북경에 사신을 보내서 설명했고, 태종4년 명나라에 사은사로 간 이빈, 민무휼이 잘못된 기록을 수정하겠다는 명나라의 외교문서를 받아왔다. 조선은 잘못된 종계가 고쳐졌다고 생각하고, 태종은 북경으로 사신을 보내 종계를 고쳐준 것에 대한 사례도 했다.

: 중종의 노력 :

그런데 이로부터 114년이 지난 후 중종 때, 태조 이성계의 잘못된 종

계가 『대명회전』에서 수정되지 않은 것을 발견한 것이다. 중종은 조선 건국자이자 조상의 뿌리 태조 이성계의 잘못된 기록을 바로잡아야 하는 중대한 외교적 현안을 떠안게 되었다.

중종14년, 임금은 주청사(청원을 아뢰는 사신)를 보내기로 결정했다. 예조판서 남곤이 정사로 결정되었다. 주청문에서 『대명회전』에 실린 내용은 윤이와 이초가 날조한 것이고, 태조의 가계도와 이인임의 행적으로 태조가 이인임의 자식이 아님을 밝히고, 태조가 고려의 네 왕을 죽인 바 없으며, 조선의 신하와 백성들이 왕으로 추대했다고 설명했다. 그동안 조선과 명나라가 주고받은 황제의 외교문서 등 관련 문서도 첨부했다.

중종14년 3월, 남곤 일행의 업무는 성공적이었다.

"조선의 종계를 고쳐라. 이미 태종 문황제가 종계 개정을 허락했다. 또한 조선에서 주본을 갖추어 올렸으므로 곧 조칙을 등사해서 내리겠다." 『중종실록』 14년 3월 15일

남곤은 황제의 칙지가 내렸음에도 개정되지 않은 과거의 사례를 상기하고, 가능한 빠른 시일에 개정해 달라고 다시 한 번 청했다.

"지금 즉시 개정하지 않으면 예전처럼 그대로 둘 우려가 있습니다."

명나라의 외교 책임자 예부상서는 남곤을 안심시켰다.

"『대명회전』은 수시로 개찬합니다. 이제 황제의 칙지가 내렸으므로 이에 근거해서 개정할 것입니다. 더 이상 근심할 것이 있겠습니까? 더 이상 의심하지 마십시오." 『중종실록』 14년 3월 15일

중종14년 4월, 임금은 귀국한 남곤 일행의 보고를 받고, 종계 수정에 감사한 마음을 전하기 위해 공조판서 김극핍을 사은사로 보내기로 한다. 사은표는 영의정 정광필 등이 가장 적임자로 추천한 최

숙생이 지었다.

"총명한 황제께서 (윤이와 이초가) 참소한 무고의 말을 처음에는 받아들였으나 그 사리를 밝혀 한 나라의 수치를 씻었습니다. 또한 돌아가신 조종의 억울함을 풀었습니다. 산과 언덕처럼 오래 사시라는 주아의 축수를 드립니다." 『중종실록』 14년 4월 11일

그러나 또 약속은 지켜지지 않았다. 명나라의 황제가 바뀐 것이다. 조선의 그동안 노력이 모두 헛수고로 돌아갔다. 중종16년 7월, 새로운 명나라 황제의 외교문서를 받았다.

"우리의 태감 김의와 진호를 빨리 귀국시키도록 하라. 조선은 예의의 나라인데 뇌물을 주어 『대명회전』의 개정을 요구하고 있다. 우리 조훈의 옛법을 어찌 가볍게 바꿀 수 있겠는가?" 『중종실록』 16년 7월 15일

김의와 진호는 조선의 화자*로서 명나라 태감이 된 자들이었다. 그들은 조선에 사신으로 파견되어 활동 중이었는데, 새 황제의 편이 아니었으므로 빨리 귀국하라는 소환을 받은 것이다. 명나라 예부의 태도는 그동안과 완전히 달라졌다. 『대명회전』을 수정해줄 마음이 조금도 없음을 보여준 것이다.

중종은 조정대신들과 대책을 강구했으나 뾰족한 방법이 없었다. 개정 시기에 맞추어 주청사를 다시 보내거나, 명나라로 가는 사신마다 '종계 개정'을 확인하게 했으나 성과 없이 15,16년을 더 보내야 했다.

: 뜻밖의 희소식과 굴욕 :

그런데 뜻밖의 희소식이 명나라로부터 전해져 왔다. 중종32년, 명나

● 화자(火者): 12세에서 18세의 남자로서 거세해서 명나라 내시 후보로 보내진 사람

라 황태자의 탄생을 주변국에 알리는 사신 공용경정사, 37세과 오희맹 부사, 20세이 오는데, 이들은 한림원 수찬으로『대명회전』을 고치는 직함을 겸하고 있다는 것이다.

중종은 천재일우의 기회라고 판단하고, 서둘러 임필형을 문례관으로 파견했다. 문례관은 명나라 사신이 국경을 넘어오면 맞이해서 한성까지 안내하는 임시벼슬이다. 사신의 질문이나 응급상황에 대처할 수 있도록 보통 벼슬이 높고 숙련된 4품의 관원을 선발했다. 문례관의 또 다른 역할은 사신 접대에 참고할 수 있게 사신들의 특징이나 관심사 등을 조정에 보고하고, 임금과의 만남 등 의례절차를 사전에 조율하는 것이다.

명나라 사신들은 황제가 손수 쓴 조서를 가져오므로 황제를 대하는 예인 오배삼고두5번 엎드려 절하고 3번 이마를 땅에 대고 절하는 것를 요구했다. 신하들은 모두 반대했으나 중종은 사신의 요구를 받아들였다.『대명회전』을 개정하겠다는 절박함이 엿보인다.

조선왕조실록에는 오배삼고두가 여러 차례 나오는데, 태종6년 명나라 사신 황엄이 오배삼고두를 요청하자, 태종은 "나를 어찌 이렇게 욕보이게 하는가?"『태종실록』6년 7월 16일라고 화를 내며 거절하고 병을 핑계로 신하들만 내보냈다. 반면 명종·선조·인조는 오배삼고두를 했으며, 특히 인조는 병자호란의 패전으로 삼전도에서 삼배구고두까지 했다.

: **모화관과 태평관에서** :

중국 사신이 오면 관련된 곳이 세 군데 있다. 홍제원, 모화관모화루,

태평관이다.* 홍제원은 중국 사신이 한성에 들어오면 첫 번째 머무는 곳으로 휴식을 취하거나 옷을 갈아입는 곳이다. 세종 때 북방정벌을 위해서 떠나는 최윤덕을 보내거나 맞이하는 장소로도 활용되었고, 인조반정이 시작된 곳이기도 하다. 현재 모래내의 북쪽, 서대문구 홍제동에 있었다.

모화관은 중국 사신을 공식적으로 맞이하는 곳으로, 태종 때 처음 지어서 '모화루'라고 했으나 세종 때 '모화관'으로 이름을 바꾸었고, 중종 때 모화관 문의 이름을 영조문에서 영은문으로 바꾸었다. 서대문 밖에 있었다. 태평관은 중국 사신이 머무는 숙소로, 태조4년 인부 천 명을 동원해서 지었다. 임금이 직접 태평관으로 가서 사신을 위해서 잔치를 베풀기도 했다. 숭례문남대문 안 태평로에 있었다.

명나라 사신이 모화관에 도착한다는 소식이 왔다. 중종은 우비를 갖추고 사신을 맞이하러 모화관으로 갔으나, 사신은 비 때문에 오지 않았다. 중종은 다음날 모화관으로 또 가서 사신을 맞이했다. 중종은 사전에 조율된 의례대로 황제의 조서에 오배삼고두를 했다. 세자 이하 신하들도 마찬가지였다. 임금은 사신을 근정전으로 초대하고 궁궐로 돌아왔다.

3월 10일, 중종은 다시 사신이 머물고 있는 태평관으로 갔다. 태평관의 술자리에서 『시경』의 시구로 사신들과 대귀를 하면서 잔치의 분위기를 돋우었다.

"흐뭇한 술자리가 야밤에 벌어졌으니 취하지 않고는 돌아가지 못

• 조선 초기 홍제원, 모화관(루), 태평관, 동평관, 서평관, 북평관들은 특정한 국가를 위한 외교 목적으로 만들었다. 이에 비해 경회루는 특정의 나라와 관계없이 외국 사신의 면담이나 연회용으로 활용했다. 동평관과 서평관은 태종9년 일본과 유구국 사신을 접대하기 위해 지었다. 태종의 처남 민무구와 민무질의 집을 헐어 재목과 기와를 이용했다. 세종20년 동평관1소, 동평관2소로 이름을 바꾸었다. 서울 중구 예관동에 있었다. 북평관은 세종20년 여진족을 위해서 동부학당을 이용해서 만들었다. 흥인문 옆에 있었다.

하리라."

정사와 부사, 그리고 중종이 연이어 대귀를 했다.

"군자를 만났으니 어찌 즐겁지 않겠는가."

"흠뻑 취해서 나가면 모두 복을 받으리라. 세 잔이면 곤드레 취하는 걸, 하물며 더 마시라 권하겠나."

"나에게 맛있는 술이 있어 좋은 손님 잔치하며 즐기네."『중종실록』32년 3월 10일

중종은 잔치를 마치고 4경 3점새벽 2시쯤 궁궐로 돌아왔다. 임금으로서는 매우 이례적인 잔치와 예를 베푼 것이다.

중종은 다음날에도 태평관에 가서 잔치를 베풀었다. 그들에게 예물을 주었으나 의외로 받지 않았다. 임금이 재차 성의를 거절하지 말라고 청하자, 사신은 종이를 자르는 작은 칼 하나, 그리고 명나라의 것과 모양이 다른 신발 한 켤레만 받겠다고 했다.

중종은 드디어 속내를 꺼냈다. '대명회전 수찬'이라는 직함을 보고 매우 기뻤다면서 『대명회전』의 개정에 관해 설명했다. 그런데 그들은 전혀 모르고 있었다.

"이것은 예부명나라 외교 담당의 소관이기 때문에 제가 알 수 있는 것이 아닙니다."『중종실록』32년 3월 11일

중종은 새로운 방안을 강구해야 했다.

경회루 외교,
역사를 바로잡다

중종32년 3월, 승지 박홍린은 종계 개정에 관한 설명을 한번으로 그칠 수는 없다며 다시 논의해야 한다고 아뢰었다. 임금도 같은 생각이었다. 영의정 김근사와 우의정 윤은보도 의견을 냈다.

"『대명회전』을 편찬하는 관리가 온 것은 우리에게 행운입니다. 그간의 사정을 자세하게 문서로 만들고, 사신들이 명나라 조정으로 돌아가서 동료들과 논의하게 해야 합니다."『중종실록』 32년 3월 13일

: 경회루에서 :

중종은 사신들을 경복궁 경회루로 초대하기로 한다. 이미 도승지와 동부승지가 각각 비공식적으로 권했지만, 임금은 사신을 담당하는 좌승지 황헌을 통해 정식으로 초대의 말을 전했다. 사신들은 임금의 초대를 받아들였다.

중종은 경회루 초청에 세심하게 준비를 했다. 사신들이 바람이 부는 경회루 2층의 누각에 올라갈 것을 대비해서 두꺼운 옷을 입게 하고, 경회루뿐 아니라 산보를 대비해 후원 정자에도 깔개를 준비시켰다. 기녀와 악공은 병풍 뒤에 대기하도록 하고 동선까지 세세하게 확인했으며, 사신이 좋아하는 투호놀이를 대비해서 궁방의 투호를 점검하고 투호를 잘하는 종친과 신하 7, 8명도 대기시켰다.

또한 사신이 사전에 요구한 등과록도 준비시켰다. 등과록은 과거 급제자의 이름과 글을 기록한 것이다. 사신은 조선에 대한 자신의 견문을 기록하기 위한 자료로 활용하고 싶다고 했다. 그러나 조선은 장원급제자의 글만 기록하기에 명나라 식의 등과록이 없었다. 임금이 이미 사신에게 등과록이 있다고 대답했기에, 좌의정 김안로는 고육지책으로 각 문장에서 두서너 수를 베끼고 비슷한 종류를 모아 등과록을 만들어야 했다.

조선은 사신 수행자들의 무역도 전면적으로 허락했다. 처음에는 허락하지 않았으나, 불평의 조짐이 있자 절반을 허락했고, 그럼에도 사신들이 또다시 다른 일로 책을 잡자 전면 허락으로 방향을 바꾸었다. 사신 수행자들이 하는 무역이지만, 실질적 수혜자는 사신이기 때문에 요구를 다 받아준 것이다.

사신 일행은 미시오후 1시~3시에 경회루 남문에 도착했다. 임금은 섬돌 아래까지 마중을 나가 서로가 절을 하자고 청했으나, 사신의 만류로 읍으로 인사를 대신했다.

임금은 종계 개정의 본론으로 바로 들어갔다. 그동안 종계 개정에 관해서 황제가 보낸 문서를 보여주고, 이번에야말로 조선의 잘못된 기록을 바로잡아 조상의 원통함을 깨끗이 씻어주기를 바라는 마음을 전했다.

명나라 정사 공용경은 자신은 『대명회전』의 감수자인 각로의 낭관이자 수찬자로서, 본국으로 돌아가서 예부상서와 각로에게 자세하게 설명하고 종계를 개정해 전하의 간절한 소망에 부응하겠다고 대답했다. 다음 사신이 책을 가져와서 오늘의 말을 증명할 것이라고 덧붙였고, 부사에게도 종계 개정의 단자를 한 부 더 작성해서 주라고 하는 등 시원시원한 답변을 내놓았다. 부사 오희맹도 나중에 단자를 받고 각로 선생에게 말하겠다고 약속했다. 종계를 바로잡지 못한 것을 나라의 수치와 모욕으로 여겼던 임금에게 일이 너무나 쉽게 풀리는 듯했다.

중종은 사신과 같이 다례를 하고 점심식사도 했다. 사신들이 준비해 온 음식도 맛보고 칭찬을 아끼지 않았다. 그리고 경회루 연못의 물고기를 잡거나 경복궁 후원을 산책하라고 권했다. 이제 마음의 여유를 부릴 수 있었던 것이다.

⋮ 곤룡포를 질질 끌며 ⋮

중종은 사신과 함께 경회루의 2층 누각에 올랐다. 이곳에서는 경복궁을 둘러싸고 있는 두 산이 한눈에 들어온다. 사신이 산들의 이름을 묻자, 북쪽은 백악산이고 서쪽은 인왕산이라고 하면서 이름을 고쳐 달라고 청했다. 정사 공용경은 북악산을 '공극'이라고 하고 '북쪽에 있다'라고 해석했다. 공극은 북극성의 의미도 있어서 임금을 뜻하기도 한다. 부사 오희맹은 인왕산을 '필운'이라고 하고 '우필운룡'에서 따왔다고 했다. '오른쪽에서 임금을 보필한다'는 뜻으로 인왕산이 경복궁의 오른쪽에서 임금을 보필한다는 의미이다. 북악산을 공극산, 인왕산을 필운산이라고 한 연유이다.

또한 임금의 권유로 경복궁 후원을 함께 산책하기로 했다. 사신들은 공식적 절차가 끝났기에 산책하기 편한 편복으로 갈아입었다. 임금에게도 편복을 권했으나, 임금은 그럴 수 없다며 계속 곤룡포를 입고 있었다. 후원에서 옥매화, 출단화를 감상하고, 홍도화를 꺾어 모자의 좌우에 꽂기도 했다. 연리지 소나무를 구경하고 정자에 올라서 술도 한잔 했다. 사신은 무논을 보고 농사의 어려움을 체험하는 임금의 덕을 칭송했다. 외교가 잘 진행된 후 자연을 산책하면서 즐기는 평화로운 모습이다.

그러나 우리 신하들과 군사들은 분을 삭이고 있었다. 곤룡포는 산책에 어울리는 옷이 아니다. 임금이 곤룡포를 땅에 질질 끌며 울퉁불퉁한 후원길을 뒤뚱거리며 걸으면서도 참고 있는 것을 신하들과 군사들은 눈치채고 있었기 때문이다.

: 경복궁 잔치와 양화도 유람 :

저녁의 잔치는 불꽃놀이*부터 시작했다. 신하들은 불꽃놀이를 반대했다. 화약을 만드는 군사기밀이 포함되기 때문이다. 사헌부는 명나라 시신들에게 불꽃놀이를 보여준 전례가 없다면서, 화력이 좋은 화포는 쏘지 말고 대단찮은 화포만 쏘자고 했다. 그러나 임금은 이미 사신에게 불꽃놀이를 약속했다며 준비를 시켰다. 이날 쏜 불꽃은 광대화와 포도화였다. 이름을 보면 넓게 퍼져 포도송이처럼 터지는 매우 화려한 불꽃으로 추측된다. 사신은 불꽃이 터질 때마다 임금 덕

● 불꽃놀이: 두꺼운 종이로 포통을 단단히 싸고 그 속에 유황, 염초, 반묘, 유탄 등 재료를 쟁여 봉한 다음 그 끝에 불을 붙이면, 잠깐 사이에 연기가 나면서 불이 번지고, 포통과 종이가 모두 폭파되고 굉음이 천지를 진동한다. 또한 땅 속에 미리 묻어둔 불화살에 불을 붙이면, 불화살이 수없이 뽑혀 공중으로 날아가서 굉음을 내면서 폭파된다. 그 모양이 허공에 가득 찬 유성과도 같다.(이규경의 『오주연문장전산고』)

택에 아름답고 성대한 불꽃을 보았다고 감탄하며 술을 마셨다.

불꽃놀이가 끝나자, 다시 경회루 누각으로 올라가서 술자리를 가졌다. 사신은 큰 글씨를 써서 답례를 드리고 싶다고 했다. 탁자와 지필묵이 준비되었는데, 한순간에 중종과 신하들을 당황하게 하는 사건이 벌어졌다.

사신은 기녀들에게 촛불을 들고 춤을 추게 했다. 정사 공용경은 기녀의 얼굴을 자세히 보려고 머리 장식꽃을 '촛불이 붙을 것 같다'며 떼도록 하고, 큰 붓에 먹물을 적셔 기녀의 옷과 얼굴에 튕기며 희롱했다. 분위기가 갑자기 소란스러워졌다. 그럼에도 정사는 기녀를 탁자 머리맡에 서 있게 하고, 붓을 헛갈겨 글 쓰는 시늉을 하고 농담을 했다. 중종과 좌우의 신하들은 놀라며 어찌할 바를 몰랐다.

자리에 참석한 신하들은 분기탱천했다. 대사헌 권예는 격분을 쏟아냈다.

"예를 차리는 잔치에서 외설한 짓을 했습니다. 앞으로도 무례한 짓을 할까 두렵습니다. 예의를 잃은 사신은 미치광이와 같습니다."『중종실록』32년 3월 14일

영의정 등도 입을 열었다.

"기녀와 악공은 주악을 위한 것입니다. 촛불을 들고 춤추게 한 것은 예삿일이 아닙니다. 이처럼 경솔하고 방자하게 구는 것은 조선에 사람이 없는 것으로 여긴 것입니다. 내일 예정된 근정전 행사는 취소해야 합니다."『중종실록』32년 3월 14일

임금도 신하들의 말에 공감했다.

"너희들의 말이 옳다. 기녀에게 촛불을 들게 한 것은 온당하지 못하다. 나도 예상치 못한 일이 벌어져서 조처하기가 곤란했다. 내일 근정전 행사는 취소하자."『중종실록』32년 3월 14일

중종은 사신들에게 더 이상 술잔을 돌리지 않겠다고 했다. 임금과 신하들 사이에서 오간 말은 통역하지 않았지만, 그들도 분위기를 눈치챌 수 있는 상황이었다. 명나라 사신 일행 중에 요동에서 온 수행원은 조선어를 할 수 있었기 때문이다.

그런데도 정사 공용경은 이번에는 부사 오희맹도 글 쓰기를 해야 한다면서 기녀들에게 또다시 촛불을 들고 춤을 추라고 했다. 기녀들이 멈칫 하자, 요동 통사 강진이 앞으로 나아가 춤을 강요했다. 부사 오희맹이 글 쓰기를 마치자 임금이 마지막 술잔을 돌렸다. 삼경이 되어서야 잔치가 끝났다.

영의정이 아뢰었다.

"사신들이 체모를 잃은 짓을 해서 분하기 짝이 없습니다. 그러나 지금까지 한 일을 허사로 돌릴 수 없기에 내일 근정전 행사를 해야 합니다. 임금께서는 병을 핑계로 행사에 참석하지 마시고, 대신 종친과 신하들만 참석해서 사신들의 반응을 보는 것이 합당할 듯합니다." 『중종실록』 32년 3월 14일

중종은 조상의 종계를 고쳐야 하는 간절함이 있었기에, 숙고 끝에 남은 일정을 정상적으로 진행하도록 했다.

사신들의 마지막 일정에는 양화도 유람이 포함되어 있었다. 양화도양화나루는 한강의 서쪽 용산포, 마포와 더불어 보통 '서호서쪽의 호수'라고 불렀다. 8도에서 운반되는 곡식이 모이고 물산이 번성해서 나라의 금령襟領, 옷의 옷깃이 되는 중요한 부분이라고도 했다. 명나라 사신들에게도 명승지로 알려져 공식일정이 끝나면 으레 뱃놀이를 하면서 업무의 긴장을 푸는 곳이었다. 명나라 사신들의 양화도 유람에는

보통 여악*이 포함되어 있다.

그런데 사신들은 양화도 유람에는 한 항아리의 술만 가져가서 서너 명의 재상과 함께 마시겠다면서 기녀와 악공은 안 와도 좋다고 했다. 임금은 경회루 잔치 때 우리 분위기를 명나라 통역관들이 전달했을 것이라고 우려했다. 어쨌든 경복궁 잔치와 양화도 유람이 끝났다. 사신들의 모든 일정이 끝난 것이다.

3월 17일, 중종은 끝까지 사신들의 기분을 맞추고 싶어 동부승지 박수량을 태평관으로 보내서 좀더 머무르기를 청했다.

"매우 기쁜 말씀입니다. 그러나 비가 올 듯하고, 내일 모레도 길하지 못하기 때문에 떠나야 합니다. 국왕을 다시 뵙고 사례를 하겠습니다." 『중종실록』 32년 3월 17일

중종은 경회루 행사에서 명나라 사신들이 우리의 격분을 알아차리고, 겉으로는 감사하는 체하지만, 속의 불만이 『대명회전』의 수찬에 영향을 미치지 않을까 불안했다. 임금은 사신이 떠나는 날 태평관으로 가서 전별연을 열고 덕담을 건넸다.

"천작天爵을 닦으면 인작人爵은 따라오게 되는 것입니다."

천작은 하늘에서 받은 벼슬이라는 뜻으로 남에게 존경을 받을 만한 선천적 덕행을 말하며, 인작은 사람이 주는 벼슬이란 뜻이다. 사신들도 국왕에게 답례를 올렸다.

"국가를 보존하면서 장수를 누리소서." 『중종실록』 32년 3월 17일

중종은 사신이 떠나는 날에도 황제가 종계 개정을 약속한 칙서를 주면서 다시 한번 부탁했다. 임금으로서 자세를 낮추어 가면서 최선을 다했다. 이제 화살은 중종의 손을 떠났다.

- 여악: 궁궐에서 춤을 추거나 노래를 부르는 여자로 구성되어 있다. 남자로 구성된 것은 남악이다. 여악은 주로 잔치에서, 남악은 제향 등 행사에서 사용되고 모두 전악서 소속이다.

: 190년 후에야 바로잡힌 역사 왜곡 :

약 1년 후, 명나라의 황태자 책봉을 알리는 사신 2명이 조선에 왔다. 정사 화찰은 잘못된 종계를 수정한 주본을 만들었다고 알려주었다. 다만, 황제가 지방 순행 중이어서 개정된 주본을 보지 못했기에 아직 수정이 완료되지 않았다며, 황제가 돌아온 후 조선이 다시 주문한다면 자신도 도와주겠다고 약속했다.

중종은 종계주청사 권벌을 명나라에 보내 개정된 주본을 받아왔다. "윤이와 이초는 태조 이성계에 대해 허위의 내용을 날조했다. 이성계와 이인임의 가계는 서로 관계가 없다. 태조가 고려의 네 왕을 살해했다는 것도 역사에 부합하지 않는다."『중종실록』35년 1월 5일

수정된 주본에는 중종이 요구한 내용이 다 들어 있었다. 또한 황제의 칙서는 후일『대명회전』을 속간할 때 이 내용을 실을 것을 명확히 했다. 단,「조훈조장」은 고황제가 만세토록 지우는 것을 금했기 때문에 고칠 수 없다고 했다. 중종은 이로부터 5년 후 승하했고 수정된『대명회전』을 보지는 못했다. 수정본을 확인한 것은 선조 17년, 중종이 경회루 외교를 펼친 지 47년이 지난 후였다.

태조와 태종은 잘못된 종계를 고치기 위한 씨앗을 뿌렸고, 중종은 물과 거름을 주고 가지치기를 하면서 정성을 쏟았으며, 그 열매를 확인한 것은 선조였다. 종계가 잘못되었음을 발견한 이후 190년이 지나서야 역사 왜곡을 바로잡았다. 중종은 임금으로서 자세를 낮추어 설명했고, 신하들은 근거자료를 만들어 여러 차례 명나라를 오가면서 수정을 요구했으며, 때로는 수모를 당하면서 울분을 삭여야 했다. 이웃나라로 하여금 잘못된 역사를 올바르게 고치게 하는 것은 쉬운 일이 아니었다. 중종에게 이 부분은 박수를 보내고 싶다.

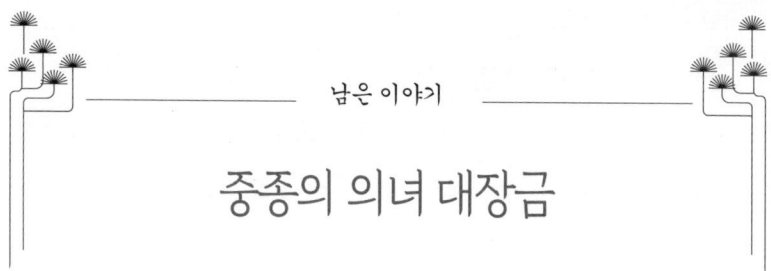

남은 이야기

중종의 의녀 대장금

MBC 드라마 〈대장금〉의 주인공 장금은 중종 때의 실존 인물이다. 『중종실록』에는 대장금 혹은 장금으로 기록되어 있고 의녀였다.

대장금은 중종10년 3월 『중종실록』에 처음으로 등장한다. 신하가 의녀 장금에게 벌을 주어야 한다는 상소를 올렸고 임금은 이에 반대했다.

"의녀 장금은 왕비의 출산을 도운 공이 있어서 당연히 큰 상을 받아야 하지만, 왕비가 승하해서 상을 받지 못했다." 『중종실록』 10년 3월 21일

약 한 달 전 중종의 계비 장경왕후 윤씨가 아들을 낳았으나 6일 후 산후병으로 승하했다. 왕비의 아들 출산은 나라의 경사였다. 출산을 도운 사람들에게 은전을 주는 것은 당연했다. 그러나 불행하게도 왕비가 승하하여 경사와 불행이 겹친 것이다. 신하들은 왕비의 불행에 초점을 맞추어 의원과 의녀에게 책임을 물어야 한다고 주장했다. 반면 중종은 왕비의 출산을 도운 공에 방점을 두고 공과를 참작하라고 한 것이다. 대장금은 장형을 받을 처지였으나, 돈을 내고 벌을 면하는 비교적 가벼운 처벌에 그쳤다.

대장금은 어떻게 의녀가 되었을까?

조선에서 의녀가 되는 것은 쉬운 일이 아니었다. 각 관청의 노비나 지역에서 13세 이하를 선발해서 교육을 시킨다. 조선시대의 여인이 문자 한문를 배우는 것은 극소수 양반 자녀에게 국한되었다. 세조 비 정희왕후 윤씨도

언문은 알았지만 한문은 몰랐을 정도이다.

그러나 의녀가 되기 위해서는 한문을 익혀야 했다. 『천자문』, 『효경』뿐만 아니라 사서논어·맹자·대학·중용도 읽어야 했다. 또한 전문서적 『인재직지맥』, 『동인침혈침구경』, 『가감십삼방』, 『산서출산에 관한 책』 등도 공부해서 시험을 보아야 했다. 매달 시험에서 통을 많이 받으면 급료를 받는 의녀가 되었고, 불통을 세 번 받으면 다시 관노비로 전락했다.

의녀는 3등급으로 나눈다. 첫째는 내의 2명으로 매달 급료를 받는다. 둘째는 간병의 20명으로 시험에서 높은 점수를 받은 4명은 급료를 받는다. 셋째는 초학의로 아직 간병까지는 할 수 없고 학업에 전념해야 한다.

중종은 모든 잡직의 기예를 키우고자 했고, 특히 의술을 중요하게 생각했다. 중종은 대장금의 의술이 뛰어나다면서 내전으로 출입해서 간병을 하도록 하고, 전체아를 주게 했다. 전체아는 상시 근무하고 급료를 받는 정규직에 해당한다. 대장금은 정규직 의녀였고, 내전의 출입까지 허락받은 것이다.

대장금은 대왕대비의 병간호로 상으로 쌀과 콩을 각각 10석씩, 임금의 병간호로 쌀과 콩을 각각 15석씩을 받기도 했다. 또한 중종이 아플 때 대장금은 가장 가까이에 있었다. 그녀가 왕의 증세를 알리면 의원이 들어와서 진맥을 하고 약방제조책임자, 대신와 상의해서 처방을 내렸다.

중종은 승하하기 약 20일 전 산증이 다시 도졌다. 산증은 허리 또는 아랫배의 복통이다. 대장금이 중종의 증세를 알렸다.

"어제 저녁에 임금께서 삼경에 잠이 들었고, 오경에 또 잠깐 잠이 들었습니다. 소변은 잠시 통했으나 대변이 불통한 지가 3일이나 되었습니다." 『중종실록』 39년 10월 25일

이에 의원이 들어와서 진맥을 하고 약재를 의논해서 처방을 내렸다. 대장금은 중종의 곁을 밤새워 지킨 것이다.

왕의 병은 나라의 운명과 같이 하기에, 신하들은 임금의 병의 경과가 궁금했지만 내전까지 들어갈 수 없었다. 신하들은 문안인사를 하면서 임금의 병세를 살피려고 했으나, 임금은 허락하지 않았다. 그 대신 임금의 건강 상태를 알려준 것도 대장금이었다.

"비로소 아래의 기운이 통해 매우 기분이 좋다고 하셨습니다."『중종실록』 39년 10월 29일

중종은 몸의 상태가 조금 나아지자 다시 전교를 내렸다.

"아래의 기운이 평소와 같이 거의 회복되었다. 약방제조, 의원 및 의녀가 모두 왕래할 필요가 없다. 약방제조는 돌아가고 의원은 당직을 설 필요가 없다."『중종실록』 39년 10월 29일

중종은 약방제조, 의원들은 당직을 설 필요가 없다고 하면서 대장금만 곁에 있게 한 것이다. 대장금이 임금에게 대단히 신뢰를 받고 있음을 알 수 있다. 이로부터 보름 후 중종은 승하했다. 대장금은 임금의 곁을 계속 지키고 있었고, 임금의 승하를 알리는 역할도 했다. 대장금이 밖으로 나와서 도승지에게 전달했다.

"임금의 증후가 위급합니다."『중종실록』 39년 11월 15일

이어서 바로 내전으로부터 곡소리가 나고 임금의 승하가 신하들에게도 퍼져나갔다.

대장금이 의녀로서 『중종실록』에 등장한 것이 중종10년이고, 전체아를 받고 내전을 출입한 것이 중종19년이다. 중종은 39년 동안 재위했다. 이 기록을 보면, 대장금은 중종 곁에서 최소한 20년을 임금의 건강을 살핀 것으로 추정한다. 중종의 승하와 더불어 그녀에 대한 기록도 없다. 대장금은 드라마에서처럼 음식을 만드는 여인이 아니라, 중종을 마지막까지 지켰던 의녀였던 것이다.

신문고, 임금과 백성의 소통창구

태종 16년, 생원 정지담을 비롯한 50여 명은 과거장에 사흘 늦게 도착했다. 청운의 꿈을 안고 물을 건너고 산을 넘어서 숱한 고생을 겪고 한성까지 올라왔으나 헛일이 된 것이다. 그러나 이들이 기댈 언덕이 있었다. 바로 신문고였다.

정지담 등은 신문고를 쳤고 임금의 명으로 재시험의 기회를 얻었다. 오늘날의 비행기와 철도처럼 빠른 이동수단이 있었다면 이들의 변명은 통하지 않았을지도 모른다. 정지담은 문과 친시에서 장원을 해서 바로 사간원 우정언(정6품)으로 임명되었다. 신문고가 출셋길을 열어준 것이다.

태종 1년 7월, 안성학장 윤조와 전 좌랑 박전은 등문고 설치를 건의했다.

"송나라 태조가 등문고를 설치해서 백성의 소리를 들었는데, 지금까지도 그 일을 칭송하고 아름답게 여깁니다. 옛 고사에 따라서

등문고 설치를 간절히 바랍니다." 『태종실록』 1년 7월 18일

태종은 이를 받아들이고 등문고를 설치했다.

"나의 귀와 눈이 미치지 못하여 옹폐의 환에 이를까 두려워서 신문고를 설치한다." 『태종실록』 2년 1월 26일

옹폐의 환은 임금의 총명을 가리는 것을 말한다. 신문고는 태종이 백성의 소리를 직접 듣기 위해서 마련한 제도이다. 당시는 정종의 개성 환도로 개성의 고려 궁궐에서 정사를 처리할 때였다. 조선의 신문고등문고는 개성의 고려 궁궐에 설치되었고 이후 신문고로 이름이 바뀌었다세종 때는 '승문고'라고 했다.

: 신문고를 칠 수 있는 조건 :

그러나 백성이 신문고를 치는 것은 쉽지 않았다. 조건이 까다로웠기 때문이다. 의정부에 글을 올려도 반영되지 않은 경우, 또한 한성에서는 해당 관청, 지방에서는 수령이나 감사관찰사에게 글을 올려 안 되면 사헌부에 올리고, 사헌부에서도 안 되면 북을 치라고 했다. 단, 반역 등 나라의 안위에 관련된 사항은 바로 신문고를 칠 수 있었다.

태종 때 백성의 대부분은 문자를 몰랐다훈민정음도 반포되기 전이었다. 일반 백성이 억울함을 문서로 작성하는 것이 쉽지 않았다. 또한 백성의 억울함은 보통 관청으로부터 생기는데, 관청에 먼저 문서로 호소해서 받아들여지지 않으면 신문고를 치라는 것이다. 특히 지방의 백성이 신문고를 치려고 한성까지 올라오려면 수고로움과 비용도 감수해야 했다.

: 초기에 신문고를 친 사람은 대부분 사대부 :

조선 초기를 보면 신문고를 두드린 일반 백성은 일부에 불과했다. 태종 때 신문고를 친 사람의 신분을 보면 대부분 사대부이거나 전현직 관료들이었다. 문자도 알고 궁궐 출입이 용이하기 때문에 신문고를 두드릴 수 있었던 것이다. 그 내용도 노비소송이 대부분이었다.

"노비소송이 잘못되었습니다."

"천인이 아니라 양인입니다."

조선 초기는 고려의 패망과 더불어 노비들에게도 이합집산의 시대였다. 양반들 사이에서는 노비의 소유권 문제가 터졌고, 노비들은 자신이 노비가 아니라고 억울함을 호소했다.

태조4년 노비변정도감을 설치하고 노비소송에 대한 판결문을 19항목으로 정리해서 예시까지 했으나, 여전히 노비소송이 많았다. 태종5년, 의정부는 다시 노비 판결문 20조목을 만들어 범례를 제시했으나 소송은 여전했다.

"노비소송은 여러 해가 지나도 매듭이 지어지지 않습니다. 소송으로 가까운 친족끼리 서로 싸우고 죽이는 추잡한 풍속까지 이르렀습니다."『태종실록』13년 9월 1일

태종13년, 원고와 피고에게 노비를 똑같이 나누어 주는 노비중분법까지 시행했다. 노비의 체격이나 나이가 다를 경우, 두루 합해서 제비를 뽑는 보완책도 마련했으나 소송이 그칠 줄 몰랐다. 아무리 왕조국가라도 개인의 재산문제는 나라가 이래라저래라 하는 것이 쉽지 않았다. 그러다 보니 마지막 수단으로 신문고를 두드려 임금에게 호소한 것이다. 신문고를 두드려서 노비문제를 호소한 사람이 무려 300여 명에 이를 정도로 많았다.

하급관리도 신문고를 두드려서 불안한 지위와 부서 폐지, 정당한 근로 대가를 받지 못했다고 호소했다. 예로 응양위 소속 300명은 신문고를 쳐서 근로 대가를 요구했다. 응양위는 의흥친군위 소속으로 궁궐 호위를 맡는 군사로 무보수였다. 태종은 신문고를 듣고 군사의 경비를 충당하기 위해 경작하는 공해전을 내려주었다. 이외에 승려 수백 명도 신문고를 쳤는데, 절의 숫자를 줄이고 소속 노비와 전지를 줄이는 것에 대한 호소였다. 조선이 내건 숭유억불의 단면이었다.

: 신문고를 두드린 일반 백성 :

일반 백성들이 전혀 신문고를 두드리지 않은 것은 아니었다. 주로 자신들이 천인이 아니라 양인이라는 호소였다.

　오금록, 장금 등은 노비가 아니라 양인이라고 주장하는 소량장을 접수했지만 사헌부가 처리하지 않고 무시하자, 다음 단계로 신문고를 쳤고, 그 호소가 임금에게 전달되어 양인으로 신분이 바뀌었다. 소량장을 처리하지 않은 사헌부 관리 2명은 유배를 갔고 1명은 파직을 당했다. 이후 사헌부는 백성의 소량장을 소홀히 할 수 없었을 것이다. 임금과 백성이 직접 소통한 신문고 덕택이었다.

　일반 백성은 문자도 잘 모르고 궁궐 출입도 허가를 받아야 하므로 신문고를 두드리는 것은 사실상 어려운 일이었다. 오금록, 장금처럼 직책이 없는 일반 백성이 신문고를 두드린 것은 소수에 불과했다.

: 신문고로 벌 받은 이 :

신문고를 악용해서 벌을 받은 사람도 있었다. 태종 11년 11월, 전 장흥부사 김기는 신문고를 쳐서 원종공신에 넣어달라고 호소했다.

"1차 왕자의 난 때 장철 등 15명과 함께 세자 방석을 죽였습니다."

"방석이 죽은 책임은 나에게 있지만, 지금까지 방석이 죽은 날짜, 시간, 장소를 모른다. 나는 방석을 죽이라고 명령을 내린 적이 없다."『태종실록』11년 11월 6일

결국 김기는 신문고의 호소가 거짓이었음을 실토하고 유배를 가게 되었고, 유배 후에도 한성에 들어와 사는 것이 허용되지 않았다.

: 무고금지법 :

신문고 때문에 업무가 늘어나서 비명을 지르는 부서도 있었다. 형조는 노비소송의 호소가 모두 배정되니 폭주하는 업무를 개선해 달라고 요구했다. 태종10년 4월, 급기야 사간원은 무고금지법까지 건의했다.

"고자질하는 풍속이 성행하고 익명서를 내거는 사람도 있으며, 신문고를 분풀이로 두드리는 사람도 있습니다."『태종실록』10년 4월 8일

그럼에도 조선 초기까지 신문고는 노비문제 등 백성의 원통함을 해결하는 데 큰 역할을 했다. 그러나 조선 중후기로 가면서 신문고의 활용은 차츰 사라진다. 심지어 숙종 때는 신문고를 두드린 백성에게 죄를 주도록 했다.

숙종30년, 태안 백성들은 나라의 말을 관리하는 부서인 태복시가 논밭을 빼앗았다고 신문고를 두드리며 억울함을 호소했다. 이에 태

복시는 그 땅이 '옛 목장'이라는 『여지승람』의 기록을 근거로 거짓 주장이라고 했다. 숙종은 태복시의 손을 들어주었다. 신문고가 더 이상 백성의 호소 수단이 되어 주지 못한 것이다.

: 부활한 신문고 :

신문고는 영조 때 다시 부활했다. 영조47년, 조선 초기의 옛 제도에 따라서 창덕궁 진선문과 경희궁 건명문의 남쪽에 신문고를 설치한다. 북의 앞뒤에 '신문고'라는 글자를 새겨서 일반 백성도 알게 했고, 적첩분별, 형륙급신, 양천변별, 부자분별 등 북을 두드리는 네 가지 원칙도 정한다.

한번은 영조가 전국의 80세 이상을 조사해서 관작을 내리고자 했는데, 조사를 소홀히 한 지역이 있었다. 신문고를 두드려서 아버지가 명단에 빠졌다고 호소한 사람이 있었다. 영조는 전국에 다시 재조사를 명하고 조사를 소홀히 한 충청도와 함경도 관찰사를 파직했다. 신문고가 두 관찰사의 관직까지 끌어내린 것이다.

신문고에 호소해 천인에서 양인으로 신분을 바꾼 사람들도 있었다. 신문고가 없었다면 자손까지도 계속 천인으로 살아가는 억울한 명에를 져야 했을 것이다.

"임금에게 직접 호소할 수 있다."

백성이 신문고를 두드리는 것은 어려운 절차였지만, 임금에게 직접 호소할 수 있는 길이었다. 임금에 따라서는 그 통로가 활짝 열리기도 했다. 신문고는 임금과 백성을 직접 연결한 소통창구였고, 조선의 열린 길이었던 것이다.

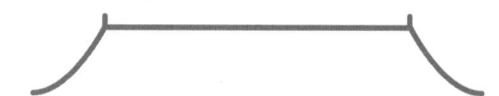

상소, 임금과 신하의 소통길

조선왕조실록에서 상소上疏는 약 2,900여 회나 등장한다. 집현전·홍문관·사헌부·사간원 등의 부서나 개인 이름으로 올렸다. 나라와 백성을 위한 구체적 정책 제언도 있고, 때로는 어떤 불이익을 감수하더라도 자신의 품은 뜻을 임금에게 고하겠다는 강개한 기상도 엿보인다. 상소로 나라의 정책이 바뀌는 경우도 있고, 임금의 마음을 사로잡아 조정에 발탁되기도 했고, 반대로 상소가 문제가 되어 자리에서 물러나고 유배를 가거나 생명을 잃는 경우도 있었다. 조선시대 상소의 몇 가지 예를 통해서 그 시대의 흐름을 보자.

: 집현전의 상소 :

세종26년 2월, 집현전 부제학 최만리 등은 상소를 올렸다. 서두에서는 세종의 언문창제에 대해서 칭찬의 말을 꺼냈다.

"지극히 신묘하고 만물을 창조하며 지혜를 운용하는 것이 천고에 뛰어나십니다." 『세종실록』 26년 2월 20일

그러나 속내는 따로 있었다. 칭찬 뒤에 언문창제를 반대하는 이유를 조목조목 열거했다. 만일 언문이 중국에 흘러들어가서 알려지면 대국을 섬기는 데 부끄러움이 있으며, 몽고·서하·여진·일본·서번은 각자 글자를 가지고 있으나 모두 이적여진족의 낮춤말으로, 우리가 언문을 만드는 것은 중국을 버리고 스스로 이적이 되는 것이며, 언문은 새롭고 기이한 하나의 기예에 지나지 않는다는 등이다. 언문은 상스러워서 무익한 글자라고까지 깎아내려 학문의 발전이나 정치의 유익함이 없다고 주장했다.

세종은 최만리 등을 불러 "아무짝에도 쓸데없는 용속庸俗, 어리석고 속된 한 선비"라고 일축했다. 상소에 관여한 집현전 관리들을 의금부 옥에 하루 동안 가두는 상징적 조치를 취하고, 응교 정창손은 파직했다. 집현전은 당대 최고 인재들로 구성되었지만, 백성을 위해서 멀리까지 내다본 세종의 혜안을 모르고, 당시의 눈으로만 세상을 본 것이다. 3년 후 세종은 다시 집현전의 정인지·신숙주·성삼문 등에게 훈민정음의 해석과 범례를 짓도록 해서 백성이 스스로 언문을 깨칠 수 있게 했다. 이 시기의 집현전은 반대상소를 올리지 않았다. 훈민정음은 세종의 혜안으로 우리의 글이 된 것이다.

: 출세의 디딤돌이 된 유자광의 상소 :

유자광은 남원의 갑사였다. 갑사는 갑옷을 입고 전투에 나갈 수 있는 병사를 말한다. 서얼 출신으로 무과 급제자도 아니었기에 출셋길이 막막했다. 그러나 그에게 기회가 왔다.

세조13년 6월, 유자광은 이시애의 난을 평정할 계책을 담은 상소를 올렸다. 진압군에 자신의 부대가 포함되었으나 조정의 명령이 없어 출진하지 못해 안타깝다면서, 죽음으로 나라에 공을 세우겠다는 심정으로 홀로 남원을 출발해서 한성으로 올라오는 길에 상소를 쓴다고 했다.

　　또한 군사를 1진, 2진, 3진, 4진까지 파견했으나 이시애를 참수했다는 소식이 들리지 않는다고 한탄하면서 『손자병법』의 "교묘한 전략으로 오래 끌지 말라"라는 말을 인용하며, 힘으로 몰아붙이는 속전속결을 주장했다. 아울러 공자의 "사람으로서 말을 폐하지 말라"라는 말을 인용하며 미천한 출신인 자신의 말을 버리지 말고, 전쟁의 한 모퉁이에서 싸워 이시애를 참수할 수 있게 해달라고 호소했다. 세조는 유자광의 상소를 읽고 감탄하여 도승지 윤필상에게 명을 내렸다.

　　"이 글은 내 뜻에 매우 합당하다. 진실로 기특한 인재이다. 임용하라." 『세조실록』 13년 6월 14일

　　유자광은 이시애의 난에 참여해 공을 세우고, 남원의 병사에서 무려 14단계의 품계가 뛴 병조참지3품에 올랐다. 예종 때는 익대공신, 성종 때는 도총관정2품, 숭정대부종1품 행지중추부사, 연산군 때는 무오사화를 일으키는 결정적 계기를 만들고 갑자사화에도 관여했다. 중종반정 때는 참수당할 것으로 보였으나 오히려 반정에 참여했다고 정국 일등공신에 오른다. 유자광은 상소 한 장으로 세조에게 발탁되어 예종·성종·연산군을 거쳐서 중종까지 5대에 걸쳐서 활동했다.

　　"유자광은 조정의 독사이다." 『중종실록』 10년 9월 8일

　　유자광에 대한 사관의 평가이다. 무오·갑자사화로 희생당한 사

림세력은 유자광의 극형을 요구했다. 유자광은 결국 유배를 가서 최후를 마쳤다. 유배지에서 두 눈까지 멀었다고 한다『음애일기』. 그는 부관참시를 우려해서 종의 무덤을 봉분하고 자신의 무덤은 봉분하지 말라고 하며 숨기고자 했다『어유야담』. 어쨌든 전쟁이나 난으로 나라가 어수선할 때는 현실적 해결책을 제시하는 말이나 글이 신분이나 직급에 상관없이 등용의 계기가 되었음을 유자광의 예로서 알 수 있다.

: 언로를 개방하소서 :

성종19년, 대사헌 권건은 10여 년 전 김하·김거·김석 3형제가 어머니의 빈소에서 각각 3명의 기생들과 간통해서 열 달 후 아이를 낳은 사건을 다시 소환해서 죄줄 것을 청했다. 대사헌으로서 합당한 업무였다. 성종이 말의 출처를 물었으나 권건은 끝끝내 대답하지 않았다.

임금은 대사헌 권건을 파직하고 외방에 부처했다. 부처付處는 거주지를 제한하는 일종의 귀양살이지만 유배와 달리 가족을 데리고 갈 수 있다. 이는 이례적 조치였다. 요즘 기자의 취재원 보호처럼, 조선에서도 간관의 말에 출처를 묻지 않는 것이 상례였다. 언로가 막히는 것을 우려했기 때문이다.

사간원 사간 김심 등이 장문의 상소를 올렸다.

"옛날의 현명한 왕은 입을 다무는 풍조가 조장되어 위아래가 소통이 되지 않으면 나라의 화가 초래함을 알았습니다. 그래서 눈과 귀를 열어놓은 것을 성덕으로 여겼습니다. 간관은 임금의 용린*을 거스르고 동료들로부터 원한을 맺을 수 있는 자리입니다. 임금의 너그러움이 있어야 그 직책을 다할 수 있습니다.

간관에게 말의 출처를 따지시면 누가 간관의 귀에 말을 전달하겠습니까? 간관의 눈과 귀를 막으면 임금의 눈과 귀를 가리는 것입니다. 전하께서는 지난날의 좋은 평판과 명망을 잃지 마시고 더욱더 언로를 열어 나라의 행복이 되도록 하소서. 무릇 임금의 말씀을 따른다고 해서 그 임금을 사랑하는 것이 아니며, 반대로 임금의 말씀을 거역한다고 해서 그 임금을 사랑하지 않는 것도 아닙니다." 『성종실록』 19년 1월 14일

간언을 너그럽게 받아들이지 않은 임금에게 직언을 올린 것이다. 성종은 사간원을 불러 상소 내용을 따졌으나 이들의 자세는 변하지 않았다. 임금이 취한 조치가 부당하다고 여기면 과감하게 자신들의 품은 뜻을 다 쏟아냈다. 아무리 왕조국가라고 해도 선비정신은 굴하지 않은 것이다. 김심처럼 임금에게 직언을 올리는 상소는 조선 500년 동안 곳곳에 있다.

: 남명 조식의 상소 :

남명 조식은 경상도 삼가현에서 태어나 퇴계 이황과 더불어 영남 유학의 양대산맥으로 불린다. 과거에 3번 낙방한 탓도 있었지만, 조식은 벼슬에는 크게 뜻을 두지 않았고 오히려 처사로 불리기를 더 좋아했다고 한다. 조식은 명종 때 천거를 받아 조정에 나아갔으나, 바

- 용린(龍鱗): 용의 비늘, 용의 턱 아래 거꾸로 난 비늘을 건드리면 용이 노하여 사람을 죽인다고 한다. '역린'이라고도 한다.

로 사직하고 낙향해서 학문과 후학 양성에 심혈을 쏟았다. 그가 죽은 지 20년이 지난 후 임진왜란이 일어났을 때, 조식의 제자들은 유독 의병장이 많았다. 합천의 정인홍, 의령의 곽재우, 고령의 김면은 영남의 3대 의병장으로 불렸고, 이외에도 50여 명의 의병장이 조식의 문하에서 공부했다고 알려졌다.

명종10년 11월, 조식은 60세에 다시 단성현감을 제수받자 바로 사직 상소를 올렸다.

"나랏일이 이미 잘못되고, 나라의 근본이 망하여 하늘의 뜻과 인심이 벌써 떠났습니다. 자전慈殿, 임금의 어머니은 궁중의 과부에 지나지 않고, 전하는 단지 선왕의 후사에 지나지 않습니다."『명종실록』10년 11월 19일

어린 나이12세로 즉위한 명종과 수렴청정을 한 문정왕후 윤씨에게 직격탄을 날렸다. 명종은 어머니를 비난한 그를 불경죄로 다스리고자 했으나, 청렴하고 강개한 그의 뜻을 비호하는 신하들 덕택에 죄를 받지는 않았다.

선조1년 5월, 조식은 67세에 다시 상소를 올렸다.

"예로부터 권신, 외척, 부인이나 내시들이 나라를 마음대로 한 것을 들은 적이 있지만, 서리가 나라를 마음대로 했다는 것은 들어보지 못했습니다."『선조실록』1년 5월 26일

"우리나라는 서리 때문에 망한다"는 조식의 상소는 이후 광해군·인조·현종·숙종·정조 등 여러 상소에서 인용되었다. 현대에서 많이 인용되는 논문이 좋은 평가를 받듯, 조식의 상소도 자주 인용되는 만큼 그 값어치가 있다고 할 수 있다. 조식의 상소는 왜 자주 인용되었을까?

"서리는 관원의 유모이다."『선조실록』27년 2월 4일

서리가 상급자를 오히려 교육하고 백성들과 바로 접촉하기에, 백

성들이 가장 두려워하는 대상임을 상징적으로 표현한 속어다. 임금의 귀에도 들어갈 만큼 널리 알려졌다.

"조정보다 무서운 것이 수령이고, 수령보다 더 무서운 것은 서리다."『숙종실록』 34년 12월 30일

지방의 수령이 책임감을 가지고 일을 처리하지 않는 것도 문제지만, 수령이 너무 자주 바뀌는 탓도 있었다. 수령의 임기는 30개월이지만,* 이런저런 정치적 이유로 반드시 지켜지는 것이 아니었다. 반면 서리는 그 관청에 오래도록 근무해서 실정을 잘 안다. 서리가 업무 파악이 되지 못했거나 게으른 수령을 대신해서 백성들에게 농간을 부릴 수 있는 빌미를 준 것이다.

조식은 조정에서 파견된 수령은 나그네 신세로 전락하고, 서리가 주인 노릇을 해서 백성들을 수탈하는 어처구니없는 사태를 고발한 것이다. 조정을 떠나 지방에서 백성들과 어울려 살면서 느낀 체험이 그대로 상소에 담겼다.

"우리나라는 서리 때문에 망한다"는 조식의 상소는 자주 인용된 조선의 인기 상소였다. 백성과 직접 접촉하는 행정 일선과 감독자의 책임감 있는 일 처리의 중요성을 다시 일깨운다.

: 조헌의 지부상소 :

지부持斧는 도끼를 가지고 있다는 뜻이다. 지부상소는 자신의 목을 베도 좋다는 강한 의지의 표현이라고 할 수 있다. 선조22년, 전 교수 조헌은 백성들의 어려움과 대책을 담은 장문의 상소를 올렸다.

• 수령의 임기는 세종 때 6기법으로 6년이 되었으나, 세조 때 30개월로 바꾼다.

"남쪽지역 사람들을 북방으로 이주시키는 사민정책을 한꺼번에 취하면, 백성은 유리걸식을 하게 됩니다. 개간한 땅을 풍요롭게 한 후에 점차적으로 들여보내야 합니다. 또한 백성에게 부과되는 이중 삼중의 세금이 너무 과해서 전답과 집까지 팔고 심지어 소까지 빼앗겨 흩어져 살고 있습니다. 군역이나 노역에 동원되는 장정의 어려움은 말할 것도 없고, 지방의 수령을 자주 바꿈으로써 옛 수령을 보내고 새 수령을 맞이하는 절차가 빈번하고, 백성으로부터 받은 뇌물로 가득한 수레가 날로 늘어나고 있습니다. 심지어 재상들의 집을 수리하는 데도 백성들을 동원하고 있습니다. 이는 백성들을 더욱 곤궁하게 만들고 도둑으로 내모는 것입니다.

더구나 형벌과 감옥은 법이 아니라 뇌물의 많고 적음에 따라서 일을 처리해서 백성들의 살가죽이 온전한 데가 없을 정도입니다. 중략 이렇게 위급한 시기에 태만한 무리에게 나라의 중요한 직책을 맡겨서 그르치게 할 수 있겠습니까?

판부사종1품 김귀영은 재물을 부당하게 모았고, 전 우의정 유전은 뇌물을 받고 장수를 천거했으며, 우의정 정언신은 지식이 없는데도 최고의 품계에 이르렀습니다. 그럼에도 언관들은 입을 다물고 있습니다." 『선조수정실록』 22년 4월 1일

조헌은 백성들의 삶을 고단하게 하는 실상을 낱낱이 밝히고, 탐욕스럽고 무능한 관리들과 이를 비판하지 않는 언관들까지 싸잡아 비판했다. 조헌은 상소를 올린 후 궁궐 앞에서 도끼를 가지고 거적자리를 깔고 임금의 명을 기다렸다. 지부상소를 올린 것이다.

조헌이 거론한 재상들은 모두 동인이다. 반면 조헌은 율곡 이이의 가르침을 받은 서인이다. 조헌은 백성들의 삶의 고단함과 대책을 이야기하면서 동인을 공격한 것이다.

당시 조정의 주류 세력은 동인이었고, 임금의 비답은 내려오지 않았다. 대신 조헌에게 비난당한 삼사는 조헌이 흉악하고 음험하며 형편없는 인물이라며 유배를 보내라고 연달아 상소를 올렸다. 백성들의 삶에 대한 진지한 논의는 실종되었고, 서로 상대를 공격하는 당파싸움으로 번졌으며, 동인의 뜻대로 되었다.

선조는 삼사의 요구를 받아들여 조헌을 함경도 길주로 유배를 보냈다. 유배 도중 전염병이 돌아 아우 조전과 두 명의 종이 죽었다. 조헌은 벗에게 편지를 보냈다.

"나의 어리석은 계책으로 백성들의 삶을 마련하고자 했으나, 오히려 나의 친척을 먼저 떠나보내게 되었다. 20여 년 동안 책을 읽었으나 물이 얕으면 옷을 걷어 건너고, 물이 깊으면 옷을 입고 건너가는 도리를 통달하지 못했다. 누구를 탓하겠는가." 『선조수정실록』 22년 4월 1일

조헌의 지부상소는 백성들의 삶을 위한 실상과 제언이 담겼으나, 백성들의 삶을 개선하는 정책으로 이어진 것이 아니라 당파로 나누어 서로를 공격하는 빌미가 되었다. 손가락으로 달을 보라고 가리켰으나, 달은 보지 않고 손가락에 얼룩이 묻었다고 비난하는 것과 마찬가지였다. 한 줌도 안 되는 권력을 빼앗고자 한 동인과 서인, 바다 건너서 호시탐탐 노리는 야욕을 보지 않았고, 오히려 애써 외면했을지도 모른다. 조헌이 지부상소를 올린 지 3년 후, 임진왜란이 일어났고 선조는 피난길에 올랐다.

조헌은 임진왜란이 발발하자, 책 대신 창을 잡고 의병을 모집했다. 의병장으로 청주의 왜적을 물리쳐서 청주성을 수복했고 이후 금산의 전투에서 목숨을 잃었다. 그의 아들도 같이 전사했다. 나라와 백성들의 삶을 위해서 상소의 주장과 마찬가지로 언행일치의 모범을 보여준 것이다.

오늘날도 여전히 달보다는 손가락에 묻은 얼룩을 공격해서 문제의 본질보다 곁가지의 싸움에 치중하고 있지는 않은지 되돌아볼 필요가 있다. 역사는 반복되기 때문이다. 율곡 이이도 "말한 내용은 공격하더라도 그 사람은 공격하지 말라"고 일찌감치 강조했다. 연산군처럼 폭군 아래거나, 당파로 서로의 눈과 귀를 가릴 때는 상소나 간언이 제 기능을 발휘하지 못했다. 그러나 조선시대 대부분은 상소가 활발하게 작동되었고, 임금과 신하의 소통의 길로서 조선을 지탱한 큰 힘이 된 것 또한 사실이다.

에필로그

이 책을 세상에 낼 수 있는 것은 조선시대의 역사를 치열하게 기록한 사관들 덕분입니다. 나라의 흥망성쇠, 임금의 잘잘못, 벼슬아치의 옳고 그름, 백성의 희로애락 등을 가감 없이 기록한 정신을 보면서 그 만분의 일이라도 세상에 알리고 싶다는 간절한 소망을 갖게 되었습니다.

사관이 후세에 전달하고자 한 정신을 조금이라도 소홀히 하지 않기 위해 조선왕조실록을 읽고 또 읽었습니다. 그 기록을 분류하고 축약해서 전달하는 지난한 과정도 거쳐야 했습니다.

그럼에도 불구하고 미흡한 부분이 있다면 그것은 오로지 저의 부족한 능력 탓입니다. 앞으로도 계속 더욱 치열하게 고민하고 자료를 꼼꼼히 챙기고 정리해서 사필(사관이 글 쓰는 법)에 부끄러움이 없는 책을 만들어 가겠습니다. 책의 최초 독자로서 조언을 해준 가족 최미희, 아들 세영, 딸 신영에게 고마운 마음을 전합니다.

『왕PD의 토크멘터리 조선왕조실록』 1권을 출간한 후 격려와 응원을 보내주신 독자분들께 이 자리를 빌어 감사의 인사를 드립니다. 감사합니다.

왕현철 드림